과학기술과 인간에 관한 기독교적 성찰

과학기술과 인간에 관한 기독교적 성찰

초판 1쇄 인쇄 | 2023년 7월 24일
초판 1쇄 발행 | 2023년 8월 1일

지은이 이창호
펴낸이 김운용
펴낸곳 장로회신학대학교 출판부

등록 제1979-2호
주소 (우)04965 서울시 광진구 광장로5길 25-1(광장동)
전화 02-450-0795
팩스 02-450-0797
이메일 ptpress@puts.ac.kr
홈페이지 http://www.puts.ac.kr

값 18,000원
ISBN 978-89-7369-003-9 93230

과학기술과
인간에 관한
기독교적 성찰

● 이창호 지음

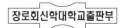
장로회신학대학교출판부

사랑하는 딸 수아에게

머리말

현대 과학기술[1] 문명의 의미를 비평적으로 성찰한 대표적인 기독교 사상가를 꼽으라면, 엘륄 Jacques Ellul 을 생각할 수 있을 것이다. 엘륄은 현대 과학기술 문명에 관한 비평서들에서 '기술의 종교화'의 가능성과 그 확장성에 대해 예민하게 파악하며 철학적·사회학적·신학적·윤리적 응답을 시도하였다. 엘륄은 자신의 기술 문명에 대한 비평서인 『기술 체계』의 부제를 "인간은 기술의 신성함을 끌어내릴 수 있는가"라고 달았다. 현대 사회에서 과학기술이 종교성을 띠고 있다고 진단하면서, 어떻게 그러한 종교성을 벗겨낼 수 있는지에 대해 묻고 있는 것이다. 엘륄은 현대 과학기술에 내재된 몇 가지 주된 본성적 특징들을 선택의 자동성, 자기확장성, 통합성, 자율성 등으로 제시한다. 기술은 창조의 잠재력혹은 능력을 가지며 스스로를 변화시키고 확장할 수 있고 또 그렇게 하고 있다. 기술은 인간 사회를 구성하는 여러 요소들 가운데 하나로서의 지위에 머물지 않고, 다른 요소들과 결정적 관계성을 형성하고 또

---

1 과학기술은 과학과 기술을 결합한 융합적 개념이라고 할 수 있는데, 이 둘은 따로 떼어낼 수 없다는 인식을 반영한다. 도성달은 "순수 과학과 공학적 기술의 구분이 불가능할 뿐만 아니라 기술적 응용을 전제하지 않는 과학은 무의미[하다]"는 점을 밝히면서 과학과 기술을 일체적으로(혹은 융합적으로) 보아야 한다고 강조한다["과학 기술 문화에 대한 윤리적 성찰," 『과학 기술 시대의 삶의 양식과 윤리』 (서울: 울력, 2002), 41]. 또한 김국현은 역사적 고찰을 통해 과학혁명기(16-17세기)를 거치면서 과학과 기술이 밀접하게 연결되었고 현대에 이르러서는 서로 분리할 수 없는 관계성으로 변화되었다는 점을 지적한다[『과학기술과 윤리』 (대구: 정림사, 2003), 20-21]. 과학과 기술의 관계를 융합적으로 보는 입장에 동의하면서, 본 저작에서 필자는 과학기술과 기술을 혼용하여 쓸 것임을 밝힌다.

제諸 요소들을 통합하는 핵심적 지위를 차지한다. 엘륄은 기술의 이러한 특징들을 일종의 '종교성'으로 파악하고 있는데, 현대 사회에서 과학기술이 갖는 이러한 종교성을 기독교 신앙의 관점에서 비판적으로 바라보고 있는 것이다.

과학기술의 획기적 발전이 과학기술의 지위를 신적 경지로 끌어올리고 있다는 평가를 내리며 과학기술을 거기로부터 끌어내려야 한다고 주장하는 엘륄은 과학기술에 대한 인간의 종속을 우려하고 있다. 이와 대비적으로 과학기술의 진보에 힘입어 인간이 신의 경지에 오르고 있다는 점을 긍정적으로 전망하는 이들도 있다. 대표적인 보기가 커즈와일 Ray Kurzweil 이다. 커즈와일은 『특이점이 온다』에서 인간 지능과 기계 지능의 결합을 통해 지식의 폭발적 확장이 있을 것이라고 예견하며 이를 특이점으로 설명한다. 과학기술 발전의 단계에 상응하여 인류 역사를 6기로 나누는데, 특이점이 포함된 5기를 지나 최종 시기인 6기에 이르면 인간은 우주를 인간지능화하여 우주 전체를 통합·통제하는 데까지 영향력 혹은 지배력 을 확대하게 될 것이라고 주장한다. 이를 신학적으로 표현한다면 우주 안에서 전지하고 무소부재한 존재로서의 지위와 역량을 보유하게 된다고 보는 것이다.

하라리 Yuval N. Harari 는 과학기술의 발전에 힘입어 현존 인간종보다 '업그레이드된' 인간종으로서 '호모 데우스'가 출현할 것이라고 예견한다. 심지어 그는 생명공학과 컴퓨터공학의 결합으로 대표되는 고도의 융합기술의 발전으로 인해 인간종은 데이터 처리 시스템의 한 부분으로 전락하고 결국 새로운 형태의 인간종에게 자리를 내어줄 것이라는 전망도 내놓는다. 인간이 과학기술의 창출과 발전의 주체이기도 하지만 과학기술에 의해 인간種의 운명이 달라질 수 있고 또 그렇게 되고 있다는 인식을 분명하게 드러내고 있는 것이다.

과학에 대한 무한한 신뢰를 가지고 있는 과학주의적 입장은 인간종과 세계의 변화에 대한 이해와 해석과 전망에 큰 영향을 미친다는 점을 지적해 두어야 하겠다. 도킨스 Richard Dawkins 는 과학이 생명과 세계의 기원에 대해 해명할 역량과 권한을 가지고 있다는 신념을 견지하며, 심지어 신의 기원에 대해서도 과학이 해명해야 하며 또 그렇게 할 수 있다고 주장한다. 만약 과학이 그렇게 하지 못한다면, 인류는 생명과 신의 기원을 밝히는 인류의 과제에 실패할 것이라는 비관적인 전망을 내놓는다. 그에게 과학은 인간과 세계에 대한 서술을 위한 가치중립적 도구일 뿐 아니라 해석과 규범생산을 위한 핵심적인 토대가 된다.

과학기술이 인간의 삶과 문명에 미칠 영향에 관한 미래적 전망뿐 아니라 현재 과학기술이 갖고 있는 강력하고 광범위한 영향을 고려할 때, 과학기술의 본질에 대해 성찰하고 과학기술과 연관된 인간론적 논의와 탐구를 수행하는 것은 필요한 학문적·실천적 과제가 될 것이다. 이에 필자는 본 저작에서 신학적·기독교윤리적 관점뿐 아니라 철학적·사회학적 관점도 적절하게 고려하는 일종의 융합적 연구를 통해 과학기술과 인간 문명이 추구해야 할 신학적·윤리적 방향성을 모색하고 제안하고자 한다. 각 장에서 수행하고자 하는 연구와 저술의 핵심적인 내용은 다음과 같다.

1장에서 필자는 과학기술을 통한 문명 창출의 주체인 인간의 창조성에 대해 신학적으로 논구하고자 한다. 인간의 창조성에 대한 신학적 논의를 위해 하나님 창조에 대한 신학적 담론을 그 기초로 삼을 것인데, 인간은 신적 창조의 결과이기에 인간됨의 본질적 요소를 창조의 본성과 연관하여 성찰하는 것은 타당하며 인간의 창조성은 하나님의 창조와 유비가 있다는 점을 고려할 때도 그렇다. 또한 인간의 문명 창출과 창조성에 대한 탐구는 문화명령의 수용·실행과 문화명령의 실행역량으로서의 하나님 형상에 대한 신학적·윤리적 성찰과 논의의 틀 안에서 주요하게 전개되어 왔다는 점을 지적해 두어야 하겠다. 이러한 점들을 고려하면서, 1장에서 필자는 크게 두 가지 연구 과업을 수행하고자 한다. 하나는 창조론의 관점에서 인간됨의 본질과 인간의 창조성을 탐구하는 것이고, 다른 하나는 문화명령과 하나님 형상에 대해 과학기술을 통한 문명 창출이라는 논점과 연계하여 논구하는 것이다. 전자를 위해 하르트 Julian Hartt 와 켈시 David Kelsey 의 작업을 주로 참고하고, 후자를 위해 칼뱅 Jean Calvin, 마우 Richard J. Mouw 그리고 스택하우스 Max L. Stackhouse 를 주로 다룰 것이다.

2장의 주제는 신적 초월과 내재 그리고 인간의 기술문명적 가능성이다. 신론의 한 주제로서 초월과 내재는 하나님의 내적 본성에 대한 신학적 논의로 중요한 의미가 있지만 하나님과 세계 세계의 존재들 사이의 관계성을 논한다는 점에서도 주목할 필요가 있다. 하나님과의 연관성 안에서 인간의 자율, 인간의 도덕적 가능성, 인간의 창조성 발현과 과학기술을 통한 문명 창출 등의 주제를 다룸에 있어서 필수적으로 성찰·논구할 논제라고 할 것이다. 이에 2장에서 필자는 그렌츠 Stanley J. Grenz 와 올슨 Roger E. Olson 이 제시한 현대 기독교 신학의 '초월과 내재'에 대한 주된 논자들 곧 바르트 Karl Barth, 니버 Reinhold Niebuhr, 리츨 Albrecht Ritschl, 구티에레즈 Gustavo Gutiérrez, 캅 John B. Cobb 등의 초월-내재 신학을 논구하고 그러한 신학적 논구에 근거하여 과학기술을 통한 인간의 문명 창출·전개의 가능성을 성찰하고 논할 것이다.

3장의 목적은 과학기술에 관한 규범적 방향성을 모색하는 것이다. 이를 위해 먼저 현대 과학기술과 과학기술을 통한 문명 창출에 대해 비평적으로 탐구·성찰한 대표적인 기독교 사상가인 엘륄에 주목하고자 한다. 앞에서 잠깐 언급한 대로, 그는 과학기술이 그 힘을 확장하여 신의 경지에까지 곧 종교성을 확보하는 지위에까지 이르렀다고 진단하면서 이러한 종교성에 대해 철학적·신학적·윤리적 관점 등을 포괄하며 다양한 논의와 성찰의 지평에서 심도 있는 비평의 작업을 수행한다. 과학기술의 규범적 방향성이나 기준을 모색하는 데 있어 엘륄이 채택하고 수행한 간학문적·다차원적 방법론이 타당하고 유효하다고 생각하며, 필자도 3장에서 기독교 신학적 관점뿐 아니라 철학적·사회학적 관점도 포함하는 융합적 접근을 취하고자 한다. 이러한 방법론적 특징을 견지하면서, 3장에서 필자가 하고자 하는 바는 크게 두 가지이다. 먼저 엘륄의 과학기술 이해를 살피고 그것에 대한 주요한 비판의 입장들을 탐색하는 것인데, 비판의 입장들로는 바이커^{Wiebe E. Bijker}로 대표되는 '기술의 사회구성'론과 라투르^{Bruno Latour}의 행위자-네트워크^{actor-network} 이론을 들 수 있겠다. 또한 기독교의 신학적 신념에 근거하여 규범적 방향성을 모색하고자 한다. 엘륄의 기술 이해에서 도출한 주요 논점들에 대해 몰트만^{Jürgen Moltmann}, 슈바이커^{William Schweiker} 그리고 구티에레즈의 신학적 응답을 탐색하고 거기로부터 규범적 함의를 도출할 것이다. 아울러 이렇게 도출된 규범적 기준을 트랜스휴머니즘의 주제에 적용하고자 하는데 모라벡^{Hans Moravec}과 커즈와일을 중심으로 논할 것이다.

4장에서 필자는 4차 산업혁명으로 대표되는 고도의 과학기술의 발전이 가져다줄 인류사회의 미래상에 대해 전망하고 그러한 미래적 변화에 대해 기독교윤리적으로 응답하고자 한다. 기독교윤리적으로 응답한다는 것은 4차 산업혁명이라는 문명사적 계기를 통해 인류가 맞게 될 사회에서 필연적으로 수용하고 내면화해야 할 규범적 방향성이나 가치지향^{트뢸취적 개념으로, '포괄적 규범윤리'}을 선제적으로 탐구한다는 것을 의미한다. 4장에서 필자는 4차 산업혁명과 과학기술의 혁명적 발전으로 도래할 미래사회의 포괄적 규범윤리를 탐색하고 그것에 대해 기독교윤리적으로 응답하고자 하는데, 특별히 사랑과 정의에 대한 신학적·윤리적 성찰을 중시할 것이다.

5장에서 필자는 하라리의 인간종의 진보론에 대한 신학적·윤리적 비평을 수행하고자 한다. 인간종의 본성에 대한 하라리의 이해와 신념에서 진보의 관념이 핵심적 지위를 차지한다고 판단한다.『호모 데우스』에서 하라리는 인간이 유신론적 종교의 시기와 인본주의 종교의 시기를 지나, '호모 데우스'의 출현을 가능하게 하는 기술인본주의 혁명의 시기를 거칠 것이라고 전망하는데, 호모 데우스는 신과 동일한 존재는 아니더라도 현존 인간종보다는 우월한 곧 호모 사피엔스에 비해 업그레드된 인간종이다. 인간종의 진보는 거기서 멈추지 않는다. 생명과학과 컴퓨터공학의 결합을 통해 기술종교로서의 데이터교 시대가 열리게 되면 개별 인간은 온 우주를 통합하는 거대한 데이터 처리 시스템의 한 부분으로 속하게 되며 이 시스템은 하나의 인간종의 지위를 얻게 될 것이라고 주장한다. 이로써 보건대, 하라리에게 인간종의 진보의 결정적 계기는 과학기술의 발전이라는 점을 주목할 필요가 있다. 5장에서 필자가 하고자 하는 바는 크게 두 가지이다. 하나는 하라리의 인간종의 진보론을 논술하는 것이고, 다른 하나는 하라리의 이론에 대해 신학적으로 또 윤리적으로 비평하는 것이다. 신학적·윤리적 비평을 위해 필자는 몰트만과 슈바이커를 주목하고자 하며, 과학과 종교의 관계성 고찰, 근대적 힘의 추구와 인간 문명의 상관성, 인간종의 진보에 관한 역사적 성찰 등을 주요 논점으로 삼을 것이다.

6장의 논제는 과학주의적·진화론적 무신론에 대한 기독교적 비평이다. 유신론적 논증과 관련된 철학적·과학적·신학적 논쟁은 짧지 않은 역사를 보유하고 있는데, 마이어 Stephen C. Meyer 같은 학자는 현대에 와서 '신 가설'의 부활로 유신론적 논증의 흐름이 강화되었다고 진단한다. 다만 유신론적 논증에 대한 비판이나 반대 논증도 점증하고 있다는 점을 주목해야 할 것이며, 그러한 비판과 반대 논증의 대표적인 목소리를 꼽으라면 도킨스를 생각할 수 있을 것이다. 도킨스는 한편으로 과학의 힘을 절대적으로 신뢰하여 궁극의 차원으로 고양하고 다른 한편으로 진화론적 자연선택론을 논증의 핵심 근거로 삼으면서 무신론 논증을 완수하려고 한다. 국내외를 막론하고 도킨스에 대한 비평도 유의미하게 전개되었는데, 6장에서는 비평가 두 사람을 정하여 도킨스와의 논쟁을 정리하고 비평적으로 성찰해 보고자 한다. 필자는 한국 신학자 김기석과 영국 신학자 맥그래스 Alister E. McGrath 를 도킨스의 대화상대자로 삼을 것이며, 도킨스와 김기석 그리고 도킨스와 맥그래스 사이의 주된 논쟁을 논술하고 평가하고자 한다.

이 책이 나오기까지 힘과 도움이 되어 준 소중한 분들이 있다. 장로회신학대학교 김운용 총장님을 비롯한 선배, 동료 교수님들, 학교를 위해 동역하는 직원 선생님들, 신학함의 길을 동행하는 우리 학생들 그리고 배움의 길을 이끌어주신 스승님들과 사랑하는 가족에게 이 자리를 빌려 깊은 감사의 마음을 전한다.

목차

제 1 장

문명 창출과
신학적 인간론

하나님의 창조에 대한 신학적 논의는 과학기술을 통한 문명 행위와 과정의 주체인 인간에 대한 신학적 이해를 위해 중요하고 또 필수적이다. 인간은 하나님 창조의 결과이기에 창조의 본성으로부터 인간됨의 본질적 요소를 연관·유추할 수 있고, 하나님의 창조에서 인간의 창조성을 유비적으로 탐색해 볼 수 있기 때문이다. 또한 인간의 창조성의 발현과 그것을 통한 문명의 창출에 대한 신학적 정당화는 신학적 인간론의 관점에서 볼 때 문화명령의 신적 위임과 문화명령 수행을 위한 인간론적 토대이자 역량으로서의 하나님 형상에 대한 해명과 논증을 통해 중요하게 이루어졌다는 점을 주목해야 할 것이다.

이러한 점들을 고려하면서, 본 장에서 필자가 하고자 하는 바는 크게 두 가지이다. 하나는 창조에 대한 신학적 논의로부터 인간됨의 본질과 인간의 창조성에 대한 신학적 통찰을 끌어내어 기술하는 것인데, 이를 위해 하르트Julian Hartt와 켈시David Kelsey의 작업을 주로 참고할 것이다. 다른 하나는 문화명령과 하나님 형상에 대해 신학적으로 또 윤리적으로 논구하는 것이다. 이를 위해 문화명령과 문명 창출의 신학적 연관성을 견지하며 신학적 인간론을 전개한 대표적인 학자들인 마우Richard J. Mouw와 스택하우스Max L. Stackhouse를 주로 다룰 것이다. 이들의 인간론의 핵심적인 고전적 토대가 되는 칼뱅Jean Calvin의 인간 이해를 인류에게 보편적으로 주어진 문명 창출의 역량을 중심으로 하여 먼저 살필 것임을 밝혀둔다.

Ⅰ '창조와 섭리'론과 신학적 인간론

1. 창조와 섭리에 관한 고전적 합의와 인간론적 함의

하르트는 창조에 관하여 기독교회가 오리겐 오리게네스, Origenes Adamantius 으로부터 칼뱅까지 기본적으로 공유하고 있는 전통적 신념을 크게 여덟 가지로 제시한다. 교파나 교단 혹은 신학자나 신학적 흐름에 따라 세부적인 내용에서는 다양성과 차이가 존재한다는 점을 인정하면서, 기본적인 선에서 공통적으로 고백하는 내용이 있다는 점을 밝히고 있는 것이다. 이 여덟 가지 의견일치 혹은 합의의 항목 중에는 오늘날까지 유효한 것도 있는가 하면, 현대의 질문과 도전에 직면하여 변화의 과정을 겪고 있는 것도 있음을 밝혀 둔다. 하르트가 제시하는 여덟 가지 의견일치를[1] 필자는 크게 네 가지로 정리해 보고자 한다. 첫째, '태초에' 하나님이 행하신 창조는 무로부터의 창조이다. 창조의 행위를 가리키는 히브리어 동사 '바라' בָּרָא가 오직 하나님에 의한 창조 행위에만 해당되는 바와 같이, 태초의 창조는 하나님만이 하실 수 있는 창조이다. 인간에게도 창조성이 있고 창조 행위를 수행하지만, 인간의 창조에서 하나님의 태초의 창조 곧 무로부터의 창조에 대한 유비는 도무지 찾을 수 없다. 둘째, 창조는 목적이 있으며, 창조세계는 이 목적을 지향하는 어떤 체제와 질서로 구성된다. 이 체제와 질서 안에 존재하는 피조물들은 창조의 목적을 이루기 위해 모두 필요한데, 목적의 성취에 기여한다는 의미에서 모든 것은 선하다는 가치평가를 내포한다. 셋째, 하나님은 악의 기원이 아니시다. 선하신 하나님이 창조하신 모든 것은 선하다는 어거스틴 St. Augustine 의 신념은 기독교 신론과 창조론의 핵심적 토대이다. 그러나 고전적 이해는 악으로 경험되는 현실에 대해서는 부정하지 않는다. 이는 섭리의 일부분일 수 있으며, 특별히 교육적 기능을 수행한다고 본다. 넷째, 이 세계에는 끝이 있다. 기독교 창조론은 종말 신앙에 잇닿아 있

---

1   여덟 가지의 요점을 여기에 직접 인용한다. 첫째, "세계와 그 속에 있는 만물을 창조하실 때, 하나님은 아무것도 존재하지 않는 곳에서, 그리고 무엇인가가 존재할 추상적인 가능성조차도 없는 곳에서 그 무엇인가를 만드셨다. 다시 말하면 무(無)로부터(ex nihilo) 하나님은 모든 것을 창조하셨다. 그 어떤 다른 존재도 신적인 권능, 선함, 또는 지혜를 부여받지 못한다. 시원적(始原的)인 신적인 행위는 그 어떤 피조물들의 그 어떤 행위에서도 적절한 유비를 발견할 수 없다." 둘째, "모든 것을 형성하는 하나님의 활동의 포괄적인 결과가 바로 창조의 질서세계이다. 그것은 유한한 존재들의 닫혀져 있는 질서이다. 그것은 그 안에 있는 여러 부류의 실체들(entities) 사이의, 그리고 그 실체들과 전체 질서 사이의 본질적인 관계가 창조의 생명 역사 전반에 걸쳐서 변하지 않는 그러한 세계이다. 이 질서 안에서 각각의 하위질서(suborder)는 그 자신의 고유한 결정법칙들을 지니고 있고, 각각의 부류의 실체들은 반드시 추구하고 획득하기로 되어 있는 특정한 선을 지니고 있다." 셋째, "전체 피조세계의 근본적이고도 불변적인 법칙은 상부질서체계(superordination)와 하부질서체계(subordination)로 구성되는 위계적 계층질서를 요구한다. 물질성(materiality)이 그 사다리의 맨 아래 단계에 위치하고 정신성(spirituality)이 가장 높은 곳에 위치한다." 넷째, "하나님이 세계를 창조했기 때문에, 세계는 하나님이 세계에 당연히 있어야 하고 또 세계가 가져야 할 것으로 의도하신 그 어떤 것도 결여(缺如)할 수가 없다. 신적인 목적과 신적인 관리는 그 어떤 피조물들의 의도적이거나 비의도적인 행위에 의해 파괴되거나 심지어 순간적으로라도 좌절될 수조차 없다." 다섯째, "하나님의 창조적이고 지속적인 활동의 완전성에 대한 질문은 이러한 갈등이 제기하는 것보다 더욱 큰 실존적인 상처(bite)를 지니고 있다. 이것은 악의 문제로서 가장 예리하게 느껴진다. 창조와 섭리는 우리가 악으로 경험하는 것을 포함한다. 따라서 악은 기형적인 사건의 발생이 아니다. 그것은 하나님의 세계창조와 섭리에서 예상되지 못하고, 예견되지 못하고, 계획되지 않은 그 무엇이 아니다." 여섯째, "어떠한 방식으로든 악은 섭리의 일부분이다. 인간을 위하여 고통은 제정되어진 교육적 기능을 수행한다. 예수 그리스도 안에서 그리고 성령의 후견(後見)을 통하여 고통은 또한 구속적인 기능을 수행한다. 역사는 죄가 끔찍한 결과를 가져온다는 사실을 증명하고 있다. 괴물과도 같은 사악함은 그것이 인간의 공동체에 초래하는 엄청난 고통 속에서 그 진정한 색깔이 인식되어진다. 그래서 우리는 선하고 동시에 악한 인간성 속에 포괄적인 공동체가 존재한다는 사실을 배운다. 따라서 우리는 그것(포괄적 공동체)의 본질적인 존재와 가치가 변화무쌍한 역사 전체를 통하여 하나님에 의해 보존된다는 사실을 발견한다." 일곱째, "기적들은 하나님이 인간의 삶을 보존하고 아울러 풍성하게 하기 위하여 행하는 비일상적인 사건들이다. 어떤 기적들은, 가령 치유의 기적들과 같은 것들은 자연의 법칙들의 국부적이고 일시적인 유보를 포함한다. 다른 경우들에 있어서 하나님은, 가령 앗시리아로부터 예루살렘을 구원하는 사건처럼, 역사적인 사건들의 과정 가운데 개입한다. 예수 그리스도의 부활은 절대적으로 중요한 기적이다. 그것은 한편으로는 자연적인 삶과 죽음의 세력들을 끌어안으며, 그리고 다른 한편으로는 이스라엘의 메시야 사상의 악마적 교만과 로마의 제국적인 힘 같은 역사적인 실재들을 포괄한다. 예수 그리스도의 부활에서 하나님의 백성의 궁극적인 구원이 보증된다. 전통적인 교리들이 가르치는 영원한 생명은 영혼과 몸이 재결합되는 기적을 전제한다." 여덟째, "이 세계를 창조하고 유지하고 그리고 신실한 자들의 공동체를 보존함에 있어서, 하나님의 목적은 세계와 세계역사의 완전한 종식(終熄)을 포함한다. … 하나님은 이 세계의 원천이다. 하나님의 선한 즐거움 속에서 이 세계는 세계를 위해 마련된 충분한 기간 동안 존속할 것이며, 따라서 하나님이 이 세계에 부여해 준 모든 잠재성을 실현할 것이다. 하나님의 신호에 의해 이 세계는 끝이 난다." Julian Hartt, "창조와 섭리," Robert C. Hodgson and Robert H. King, eds., *Christian Theology: An Introduction to Its Traditions and Tasks*, 윤철호 역, 『현대 기독교 조직신학: 기독교 신학의 전통과 과제에 대한 개론』(서울: 한국장로교출판사, 1999), 219-27.

다. 종말론 없이 창조론은 없다 해도 지나친 말이 아닐 것이다. 세계의 끝은 어떤 모습인가? 두 가지 가능성이 있을 것이다. 하나는 현재의 세계가 파멸에 이르고 현재의 세계와는 완전히 다른 새로운 세계가 시작된다는 관념이고, 다른 하나는 현재의 세계와 연속성을 가지면서 종말의 때에 세계가 완성된 형태를 이루게 될 것이라는 관념이다. 어느 쪽이든 하나님이 태초에 창조하신 세계는 끝을 보게 될 것이며 마지막 날 하나님의 궁극적인 완성의 역사가 있을 것이라는 신념이 고전적 이해의 의견일치인 것이다.

창조와 섭리의 맥락에서 인간이 갖는 의미, 특별히 문명 창출자로서의 인간이 갖는 신학적 의미는 무엇인가? 피조물 인간은 문화명령을 하나님으로부터 받아 제1차 환경인 자연을 대상으로, 자연 안에서 그리고 자연과 더불어 문화를 형성하고 전개해야 할 주체로서 창조적 행위를 수행하고 구체적으로 문명적 결실을 맺어가야 한다. 이러한 인간 차원의 창조의 과정에서 하나님의 창조와의 유비^{혹은 연속성}를 가질 수 있겠지만, 무로부터의 창조로서의 태초의 창조 곧 무로부터 유^有의 창조는 오직 하나님의 창조에 속하는 것임을 분명히 해야 할 것이다. 인간이 하나님의 창조를 따라 또 그것과 연속성을 가지면서 창조의 소명을 수행한다고 하더라도, 인간의 창조는 필연적으로 태초의 창조를 통해 하나님이 마련해 두신 '유' 없이는 이루어질 수 없다. 다시 말해, 인간의 창조는 '무로부터 유'의 창조가 아니라 이미 있는 '유로부터 새로운 유'의 창조라는 것이다.

인간은 하나님이 창조하신 세계 안에서 목적을 가진 존재로서 전체로서의 세계 그리고 세계의 다른 부분들^{지체들}과의 관계를 필연적으로 형성하며 그 관계 안에서 주어진 목적을 이루어가야 하는 목적론적·

관계론적 존재라는 신념이 두드러진다. 특별히 문화명령을 수행하고 문명을 창출·전개함에 있어 자연은 근본적이고 필연적인 토대임을 부정할 수 없지만 '관계성'을 존중하는 '목적' 수행이라는 신학적 기조를 견지해야 한다는 점을 생각할 때 피조물로서 인간은 생태적 본성을 내포한다고 할 것이다.

세계와 역사의 과정은 종말론적 완성을 떼어 놓고 생각할 수 없다. 하나님은 창조하신 세계를 지극한 사랑으로 섭리하시며 궁극적 완성으로 이끌어 가신다. 이러한 종말론적 완성을 향한 하나님의 주권적 섭리 안에서 인간과 인간 공동체는 하나님 나라를 궁극적 소망으로 지향할 뿐 아니라 하나님 나라의 이상을 문명적 창조 행위의 기준과 목적으로 삼아야 할 것이다.

2. 인간 본성에 관한 기독교의 고전적 이해와 문명 창출을 위한 인간론적 함의

켈시는 기독교 신학의 인간 본성에 관한 고전적 이해를 창조와 첫 인간의 이야기^{창 1-3장}에 대하여 그리스 철학적 관점에서 해석한 결과로 보면서, 인간의 본성에 관한 중요한 두 가지 주제를 적시한다. 하나는 "하나님에 의해 창조된 우주의 불변하는 구조 속에서 차지하는 인간의 본성의 위치에 대한 해명"이며, 다른 하나는 "하나님과의 연합을 이룰 수 있는 인간의 독특한 능력 — 전통적으로 하나님의 형상^{imago dei} 이라고 일컬어지는 것 — 에 대한 해명"이다. 이 둘을 하나로 묶어 정리해 본다면, 인간의 본성은 본질적으로 하나님의 창조의 전체적 맥락에서 바로 이해될 수 있는데, 특별히 하나님 형상의 부여로 대표되는 인간의 특수한 지위와 역할의 문제를 피조세계나 다른 피조물들과의 관계성의 관점에서 해명해야 한다는 것이다. 이러한 전제를 갖고 켈시는 인간의 본성을 크게 네 가지로 설명한다. 첫째, 인간의 존재는 영혼과 육체로 구성된다. 창세기 2장 7절에 따르면 인간 창조의 요소는 '티끌'과 '생기'이다. 티끌은 땅에서 온 물질이며, 생기는 생명의 호흡으로 영적인 것이다. 그리하여 티끌은 육체를 그리고 생기는 영혼을 가리킨다. 인간은 육체와 영혼의 결합체이다. 영혼의 생기가 있을 때 육체는 참 생명이 되며, 영혼이 육체를 떠나는 것이 곧 죽음을 의미한다. "죽음에 있어서 물질로서의 육체는 해체를 경험한다. 하지만 영적인 것으로서의 영혼은 해체를 경험할 수 없으며 계속해서 존재한다."[2]

고전적 이해에 따르면, 인간 생명은 영혼을 담고 있는 그릇으로 이해되며 다른 생명체들과는 구별되는 생명으로서 두 가지 특별한 정신적 능력을 보유한다. 하나는 진리 인식의 능력이고 다른 하나는 삶과 행동을 규범적으로 규율하는 능력이다. 이것들이 인간을 인간되게 하는 독특한 내재적 능력이 되는 셈이다. 따라서 영혼은 인간을 인간으로서의 고유한 생명을 가능하게 하는 핵심 요소일 뿐 아니라 '합리적이고 자유로운 생명의 원리'이기도 하다. "더 나아가서 두 종류의 합리적인 능력이 종종 구별되어졌다. 즉, 증거를 모아서 분석하고, 추론적인 논증을 세워나가고, 문제들을 해결하는 능력[이것을 '논증적 discursive 사고'라고 부른다.]이 하나이고, 변화하지 않고 보편적으로 타당한 진리眞理와

---

2   David Kelsey, "인간," Peter C. Hodgson and Robert H. King, eds., *Christian Theology: An Intro-duction to Its Traditions and Tasks*, 윤철호 역, 『현대 기독교 조직신학: 기독교 신학의 전통과 과제에 대한 개론』 (서울: 한국장로교출판사, 1999), 256.

선善 그리고 미美의 원리들을 포착할 수 있는 능력[이것은 '이해'라고 부른다.]이 다른 하나이다." 어거스틴은 후자에 더 큰 비중을 두면서 "정신은 진리와 미, 그리고 선의 불변적인 기준을 직접적으로 인식하는 가운데 그리고 이 인식과 더불어 하나님에 대한 직접적인 직관直觀을 갖는다."고 했고, 아퀴나스Thomas Aquinas는 전자의 관점에서 "하나님에 대한 직접적인 직관을 가진다는 사실을 부인하고, 오히려 우리가 사물들의 원인들을 포착하게 되는 논증적 사고discursive thinking 속에서 우리는 역시 암시적으로만 하나님의 실재를 포착할 수 있다."고 주장했다.³

둘째, 인간은 사회적 본성을 지닌다. 첫 인간은 사회적 존재로 창조되었으며, 모든 인간은 첫 인간을 범례로 따른다는 점을 켈시는 지적한다. 아담 없이 하와는 온전한 인간일 수 없고, 하와 없이 아담은 그 자신만으로 완전할 수 없다는 것이다.⁴ 하나님이 인간을 여자와 남자로 창조하심은 인간은 인격적·사회적 관계 속에서 살아갈 수 있고 또 그렇게 해야 한다는 진실을 내포한다고 할 것이다.

셋째, 인간은 목적론적 존재이다. 인간 본성의 구조 안에는 아직 이루어지지 않았으나 지속적으로 실현을 위해 지향하게 되는 두 가지 목적이 자리 잡고 있다는 것이다. 하나는 다른 피조물들과의 관계 안에서의 목적이고 다른 하나는 하나님과의 관계 안에서의 목적이다. 전자는 문화명령과 연관된 것으로서, 인간은 다른 피조물들을 돌보고 다스릴 책임을 부여받는다. "창조세계 안에서 그리고 창조세계를 위하여 수행할 역할과 소명을 지니고 있다는 점은 인간 본성의 구조에 속하는 것

---

3   위의 논문, 258-59.
4   위의 논문, 261-62.

이다."[5] 후자는 하나님과의 관계성과 연관된 것으로서, 인간은 하나님과의 친밀하고 지속적인 사귐의 관계를 위해 지음 받았다는 것이다. 이 관계는 동등한 관계라기보다는 순종의 관계이다. 이 사귐의 지속성은 바로 인간 편에서의 순종에 달려 있다는 것이다.[6]

넷째, 인간은 시간에 연루된 실존이다. 한편으로, 시간 안에서 일어나는 사건들이 인간 본성의 구조를 근본적으로 바꿀 수 없다는 의미에서 인간 본성은 시간을 넘어서 있다. 다른 한편으로, 그럼에도 인간은 시간 안에서 살 수밖에 없는 존재라는 점에서 시간의 제한을 받는 존재이다. 요컨대, "인간의 본성은 본질적으로 시간 속에 참여하지만, 그러나 시간은 인간의 본성 속으로 들어오지 못한다."[7]

켈시는 인간 본성의 세 번째와 네 번째 특징이 결합할 때, 치명적인 실패로 이어질 가능성이 있다는 점을 지적한다. 이에 관한 켈시의 설명을 옮긴다. "인간은 피조물들을 보살피고 또 하나님과 교제하도록 방향정위方向定位되어 있지 않을 수 없으며, 그리고 행동할 때 그들은 시간 속에서 행동하지 않을 수 없다. 이러한 것들이 인간 본성의 불변적인 구조의 측면들이다. 하지만 바로 인간은 자유롭기 때문에, 그들은 실제로 구체적인 보살핌과 또 순종적인 교제의 행위들인간의 본성이 그것들을 향하여 정향되어진을 수행하는 데 실패할 수 있다. 더욱이 하나님과의 실제적인 교제를 구성하고 있는 순종적인 행위의 실패는 바깥으로는 창조세계와의 실제적인 관계를 기형화시키고 또 안으로는 영혼과 육체가 상관相關되는 방식을 기형화시킨다. 하나님과의 순종적인 교제의 실패는 단지 하나 더

---

5   위의 논문, 264.
6   위의 논문, 265.
7   위의 논문, 266.

추가된 실수가 아니다. 그것은 인간 자신의 근본적인 기형화를 초래한
다."[8]

인간의 본성이 사회적이듯이, 인간이 문화명령 수행을 통해 창출
하는 문화 역시 사회적 본성을 갖는다. 니버[H. Richard Niebuhr]는 문화의 특
성 중 하나로 사회성을 중요하게 드는데, 문화는 기본적으로 개별 인간
들이 모여 이루는 사회를 기반으로 하며 사회적 기반 위에서 일어나는
사회적·공동체적 행위와 작업의 결과라는 인식을 반영하고 있는 것이
다.[9] 여기서 사회성은 인간이 전체 창조세계 안에서 갖는 특수한 위치
와 역할의 관점에서 검토할 필요가 있다. 인간의 문명적 토대가 되는 피
조세계와 연관해서 하나님이 인간에게 부여한 고유한 사명이 존재한다
는 신학적 신념을 존중해야 한다는 것이다. 다시 말해, 창조자와 섭리자
로서 하나님이 피조세계 안에서와 피조세계를 통하여 이루시고자 하는
목적과 의도를 살피면서 인간에게 부여하신 특수한 역량을 발휘하여
문명 창출의 결실을 맺어가고 또한 그렇게 함으로써 궁극적으로 신적
목적 구현에 기여해야 하는 것이다.

앞에서 살핀 '논증'과 '직관'이라는 인식론적 지적 능력과 특성은
신학적 방법론의 패러다임을 가르는 근거가 되기도 하지만, 좀 더 일반
적으로 문화명령 수행을 위한 인간의 지적 능력을 지시하기도 한다. 인
간과 인간 공동체는 과학기술을 통해 세계와 세계의 존재들에 대해 이
해·서술하고 자연에 대해 인공적으로 개입하여 변화와 재구성의 결과
를 산출해냄을 통해 문명을 창출하고 전개해 가는 것이다. 아울러 존재

---

8   위의 논문, 266-67.

9   H. Richard Niebuhr, *Christ and Culture*, 홍병룡 역, 『그리스도와 문화』(서울: IVP, 2007), 110-12.

에 대한 서술과 현상의 변화·재구성에 대해 규범적으로 해석·평가하고 방향성을 제시하는 지적 역량을 발휘하는데, 이러한 규범적 작업을 위해 종교, 신학, 철학 등이 의미 있는 기여를 해 온 것이 역사의 증언이다.

켈시가 비평적으로 평가한 대로, 목적론적 존재이면서 동시에 시간적 존재인 인간이 이 두 가지 본성을 결합하여 부정적 방향으로 표출할 때 생길 수 있는 오류에 대해서는 경계해야 할 것이다. 그러나 변화를 본질로 하는 시간 안에 있으면서 또 초월하고자 하는 인간은 시간의 본성에 따라 시간적 존재로서 변화를 경험하고 살아내며 또 창조할 수 있는 가능성을 담지한 존재라는 점을 생각할 때 창조세계 안에서 또 동료 피조물들과의 관계에서 긍정적 변화를 일으킬 수 있다는 점을 추론할 수 있을 것이다.

Ⅱ 인간의 하나님 인식과 이성^{혹은 지성}의 능력에 관한 칼뱅의 이해[10]

1. 하나님에 대한 지식 그리고 인간의 지적 무능과 부패

칼뱅의 인간 이해의 핵심에는 인간의 죄악됨과 깨어짐이 자리 잡고 있다. 타락을 통하여 인간은 하나님으로부터 소외되었고 그리하여 하나님 형상이 완전히 파괴된 것은 아니지만 상당한 수준으로 손상을 입게 되었다. 칼뱅에 따르면, 인간의 자기 이해는 무엇보다도 죄성에 대한 이해에 다름 아니다. "인간의 마음은 완전히 하나님의 의로부터 이탈되어 있다. … 마음이 죄의 독에 흠뻑 절여 있어서 역겨운 악취 외에는 아무것도 숨 쉴 수가 없다."[11] 여기서 칼뱅은 죄가 인간 존재에 미치는 치명적인 악영향을 극적으로 표현하고 있다. 다만 인간의 죄성의 심각성에 대한 칼뱅의 강조는 인간에 대한 전적인 부정을 내포하는 것은 아니라는 점을 밝혀 두어야 하겠다. 즉, 하나님이 창조하신 인간에게 선한 것이 전혀 남아 있지 않다는 결론에 이르러서는 안 된다는 말이다. 인격을 구성하는 모든 부분에 죄의 영향이 미치고 있다는 점을 고려할 때, 인간은 구원을 위해 예수 그리스도에게 의지할 수밖에 없다는 것이 칼뱅의 생각이다.[12]

칼뱅은 세 가지 영적 통찰에 대해서 말하는데, 하나님을 아는 것, 하나님의 사랑을 아는 것, 그리고 구원받은 이들이 마땅히 살아내야 할 삶의 길을 아는 것이다.[13] 첫 번째와 두 번째 통찰은 궁극적으로 중요한데, 하나님과 하나님의 사랑에 대한 온전한 지식이 있어야 구원을 얻을 수 있기 때문이다. 여기에 심각한 문제가 있다. 인간은 이 두 가지 통찰에 이를 수 없고 그래서 구원을 얻을 수 없는데, 왜냐하면 죄가 이 통찰 곧 구원을 위한 하나님 지식을 결정적으로 가로막기 때문이다. 죄 때문에 하나님 지식에 이르지 못하는 것이다. 어떻게 할 것인가? 하나님의

---

10 이 주제와 연관해서 다음의 문헌에서도 다루었다. 이창호, 『신학적 윤리: 어거스틴, 아퀴나스, 루터, 칼뱅을 중심으로』(서울: 장로회신학대학교출판부, 2021), 173-80.

11 Jean Calvin, *Institutes of the Christian Religion*, ed. John T. McNeill and trans. Ford Lewis Battles (Philadelphia: The Westminster Press, 1960), II. 5. 19.

12 William J. Bouwsma, "The Spirituality of John Calvin," in *Christian Spirituality: High Middle Ages and Reformation*, ed. Jill Raitt (New York: The Crossroad Publishing Company, 1987), 326.

13 Jean Calvin, *Institutes of the Christian Religion*, II. 2. 18.

은혜가 절대적으로 필요하다. 예수 그리스도 안에서 주어지는 은혜 곧 예수 그리스도를 믿음으로 받게 되는 은혜를 통해서 하나님에 대한 구원적 지식을 얻게 되는 것이다. 다만 죄에 사로잡혀 하나님에 대한 지식이 심각하게 왜곡되었다 하더라도, 인간의 이성적^{혹은 지성적} 능력이 완전히 무력화되었다는 것을 의미하지는 않는다.[14] 칼뱅은 이성에 대한 전적 부정을 옹호하지 않는다. 구원론적 하나님 인식과 연관해서 인간은 전적으로 무력하지만 인간으로서 공동체를 구성하고 삶을 영위해 가는 데 있어 이성은 여전히 유효하다는 생각인 것이다.

2. 사회적 삶과 '과학'함의 근원적 동력으로서의 이성

1) 정치사회적 삶과 인간 이성

칼뱅은 인간이 사회적 삶을 위해 정치사회 공동체를 형성하고 운영해 가는 데 있어 이성은 중요한 역할을 할 수 있고 또 그렇게 해야 한다는 점을 견지한다. "자연적 이성은 그 본질에 맞게 [인간과 인간 공동체에게] 모든 법적 명령들을 존중하라고 지시한다."[15] 인간 사회를 기능하게 하는 데 필수적인 법과 제도와 구조적 뼈대를 구성하기 위해 이성은 유용하게 작용한다는 것이며 이성이 기능적으로 또 규범적으로 근본 토대가 된다는 인식인 것이다. 홀렌바흐^{David Hollenbach}는 칼뱅의 이

---

14 위의 책, II. 2. 12-16.

15 Jean Calvin, *Commentary on Deuteronomy*, 17:12, David Little, "Calvin and the Prospects for a Christian Theory of Natural Law," in *Norm and Context in Christian Ethics*, eds. Gene Outka and Paul Ramsey (New York: Scribner, 1968), 183에서 재인용.

러한 생각을 창조신학의 관점에서 설명하는데, 이성의 창조자가 하나님이시라는 진실로부터 이성의 사회적 기능은 보편적으로 정당화될 수 있는 근거를 찾을 수 있다고 본다. "[인간과 정치사회 공동체의] 공공선과 그것의 구현과 관련된 사회적 규범들을 구성해 가는 과정에서 이성이 유용하게 작용한다는 점은 기독교의 성서적 신앙과 충분히 양립할 수 있다."[16] 특별히 신자들이 공적 영역에서 신자가 아닌 사회 구성원들과 함께 공동체를 형성하고 공동의 공적 목적을 위해 협력할 수 있는 근거를 이성의 보편적 보유와 기능에서 찾는다. "인간 경험에 대한 비평적 성찰이 사회윤리의 근거가 된다고 신학적으로 주장함으로써 정치사회 공동체 안에서 비기독교인들과 어떻게 공존할 수 있는지에 대해 답을 찾고자 할 때 필요한 공동의 기반의 여지를 마련하고 있다."[17]

칼뱅은 시민법이나 실정법과 같은 법적 체제의 뿌리에는 이성과 자연법의 규율이 있다고 보는데, 이성과 자연법이 규범적 원리로서 법의 제정과 운영의 과정에서 중요하게 작용한다는 인식을 내포한다. 이성과 자연법이 중요하고 필연적이지만 그 지위에 있어서 파생적이다. 이성과 자연법이 독립적으로 작용하는 것이 아니라 심층적 토대가 있다는 점에서 그렇다.[18] 그 토대는 무엇인가? 칼뱅에 따르면, '사랑의 법'이다. 다시 말해, '사랑의 영원한 지배'인데, 사랑의 지배가 모든 자연적·도덕적·정치사회적 질서가 토대로 해야 하는 원리 중의 원리가 되는 것이다.[19] 따라서 정치사회 공동체의 법과 제도는 그 형성과 운영에

---

16   David Hollenbach, *The Common Good and Christian Ethics* (Cambridge: Cambridge University Press, 2002), 149.

17   위의 책, 150.

18   David Little, "Calvin and the Prospects for a Christian Theory of Natural Law," in *Norm and Context in Christian Ethics*, eds. Gene Outka and Paul Ramsey (New York: Scribner, 1968), 183.

있어서 궁극적으로 사랑의 법에 근거를 두고 사랑의 구현을 지향해야한다는 것이 칼뱅의 생각이다. 다만 이성은 완전히 독립적인 지위를 보유하는 것은 아니더라도 인간의 사회적 삶에 있어서 규범적으로 또 기능적으로 중요한 역할을 한다는 점을 다시금 밝혀 두어야 하겠다.

2) 하나님에 대한 자연적 인식과 과학적 활동을 위한 은사로서 의 이성

칼뱅은 창조세계 안에서 하나님을 인식할 수 있는 여지를 열어둔다. 다시 말해, 하나님은 지으신 세계 가운데 스스로를 드러내시고 이러한 세계내적 드러나심에서 인간이 하나님을 인식할 수 있는 길을 마련해 두셨다는 것이다. "[하나님은] … 인간의 마음에 종교의 씨앗을 뿌리셨을 뿐 아니라, 우주에 하나님이 만드신 모든 것 안에 자신을 드러내신다. 그러므로 인간은 눈을 뜨면 그분을 볼 수밖에 없다."[20] "눈을 뜨면" 어디에서든 하나님을 볼 수 있다는 선언인 것이다. 이렇듯 자연적 하나님 인식의 길을 열어두지만 그렇다고 세계 안에 하나님의 실재를 남기신다는 의미는 아니라는 것이 칼뱅의 생각이다. 그림 안에서 실재의 흔적을 볼 수 있듯이, 피조세계 안에 있는 하나님의 흔적을 통해 하나님의 존재를 유추할 수 있다는 것이다. 자연적 하나님 인식에 대해 말하는 의도가 무엇인가? 사도 바울의 논지를 그대로 따른다. "우리는 생래적 능력으로 하나님에 대한 참된 지식에 이를 수 있는 능력은 없지

---

19   Jean Calvin, *Institutes of the Christian Religion*, IV. 20. 16.
20   위의 책, I. 5. 1.

만, 그 어떤 변명도 쓸데없다. 왜냐하면 어리석음의 잘못은 결국 우리 안에 있기 때문이다."[21]

칼뱅에 따르면, 하나님에 대한 자연적 인식에 있어서 과학은 중요한 가치가 있다. 과학을 통해 하나님의 흔적을 세계 속에서 발견하고 인식하며 또 경험하게 된다는 점에서 그렇다. 이에 관한 최윤배의 설명을 옮긴다. "그러므로, 전문 자연과학자들뿐만 아니라, 전문 과학지식을 가지고 있지 않는 교육받지 못한 무지하고도 평범한 사람도 하늘과 땅 어디서든지 하나님의 지혜를 발견할 수 있다. 칼뱅의 계시론적 입장에서 볼 때, 과학의 전공여부와 기독교 신앙 여부를 떠나 모든 사람들은 전문 과학자 또는 아마추어 과학자인 셈이다."[22] 기독교인들은 과학이 하나님 인식을 위한 유효하고도 중요한 통로가 된다는 점에서 과학을 긍정적으로 보고 또 실제적으로 과학을 선용할 필요가 있다고 칼뱅은 강조한다. "하늘과 땅에 하나님의 놀라운 지혜를 선포하는 수많은 증거들이 있다. 천문학astrologia, 의학medicina 그리고 모든 자연과학tota physica scientia을 통해 면밀하게 탐구해야 알 수 있는 심오한 증거들뿐 아니라, 전혀 교육을 받지 못한 무식한 사람들도 보기만 하면 바로 알 수 있는 그런 증거들이 무수히 많아 눈을 뜰 때마다 그것들을 증거하지 않을 수 없다."[23]

과학은 신자들의 전유물이 아니다. 모든 인간에게 주어진 선물이라는 의미에서 칼뱅은 과학을 통한 학문적 실천적 활동을 '일반 은총'으로 이해한다. 창세기 주석에서 칼뱅은 과학을 비롯한 다양한 학문들,

---

21　위의 책, I.5.15.
22　최윤배, 『깔뱅신학 입문』(서울: 장로회신학대학교출판부, 2012), 703.
23　Jean Calvin, 『기독교강요』, I.5.1, 최윤배, 『깔뱅신학 입문』, 703에서 재인용.

인류의 기술적 성취, 예술적 탁월함 등을 '성령의 선물' 곧 성령의 은사로 제시한다. "모세는 지금 어떤 선한 것들이 가인의 가계로부터 발생했던 악들과 뒤섞여졌다는 사실을 설명한다. 왜냐하면 예술과, 생활의 일상적 용도와 편의에 사용되는 다른 것들은 결코 무시되지 않아야 할 하나님의 선물이며, 칭찬할 만한 능력이기 때문이다. … 현재의 삶의 유익을 위하여 모든 시대에 대한 경험들과 신적 광선들이 얼마나 폭넓게 믿지 않는 나라들^{민족들} 위에 비추었는지를 우리에게 가르치고 있듯이, 현재도 우리는 영^{성령}의 탁월한 선물들이 전 인류를 통해 확산되었다는 사실을 보고 있다. 그러나 인문학과 의학과 시민정부의 질서를 이교도들로부터 받아들였다는 사실을 우리는 참으로 인정하지 않을 수 없다."[24] 그렇다면 신앙의 유무를 떠나 인간과 인간 공동체가 이룬 모든 문명적 성취 곧 과학을 비롯한 학문 활동의 산물, 인간의 삶에 유용한 기술적 발전, 탁월한 예술성으로 꽃피운 문화적 결실, 정치사회적 질서나 구조 등은 어떤 것이든 일반 은총의 차원에서 성령의 은사로 긍정할 수 있는 것인가? 칼뱅은 판단의 기준을 제안한다. 음악은 인간의 삶에 필요하며 그 자체로 악하거나 부정한 것으로 단정해서는 안 된다는 점을 밝힌다. 그러면서 "만약 그것이 하나님에 대한 경외와 인간사회의 공익과 연결되지 않는다면, 즐거움은 참으로 정죄 받아야 한다."는 점을 적시하는데 여기서 기준은 하나님 경외와 정치사회 공동체의 공익이다.[25] 또한 칼뱅은 이성을 비롯한 인간의 역량을 발휘하여 수행하는 '땅의 일' 곧 인류의 모든 문명적 활동과 그 결과는 "하나님에 대한 순

---

24   Jean Calvin, 『창세기 주석』, 4장 20절, 최윤배, 『깔뱅신학 입문』, 705에서 재인용.
25   위의 책.

전한 지식과 참된 의의 본성과 천국의 신비"로서의 '하늘의 일'을 지향하는 것이어야 한다는 점을 덧붙인다.[26]

Ⅲ 마우의 신칼뱅주의적 창조와 문화명령 이해[27]

1. 문화명령과 하나님 형상에 대한 신칼뱅주의적 해석

마우는 카이퍼 Abraham Kuyper 를 소개하는 입문서에서 자신의 사상의 뼈대를 형성하는 데 있어 카이퍼가 차지하는 비중이 크다는 점을 강조하면서 1898년 카이퍼가 프린스턴 신학교에서 행한 스톤 강연 Stone Lectures 을 주목한다. 이 강연에서 카이퍼는 현대인의 삶과 사상에 대한 칼뱅주의 신학의 적합성에 관한 자신의 신념을 피력한다. 그는 칼뱅주의의 역사적 과업은 과거의 전통을 되살리는 것이 아니라 칼뱅주의의 기본적인 원리들을 존중하면서 현시대의 요구와 도전에 적절하게 응답하는 것이라고 역설한다.[28] 카이퍼의 영향 아래서 마우의 칼뱅주의는 시대의 변화와 역사의 요청에 응답하면서 발생할 수 있는 신학적 혁신에 대한 보호주의적 저항을 경계하는 한편 새로운 문화적 현실에 적절

---

26   Jean Calvin, *Institutes of the Christian Religion*, II. 2. 13.

27   이 주제와 연관해서 다음의 문헌에서도 다루었다. 이창호, "문화사역의 신학적 토대에 대한 성찰: 몰트만과 마우를 중심으로," 『기독교사회윤리』 46 (2020), 226-38.

28   Richard J. Mouw, *Abraham Kuyper: A Short and Personal Introduction*, 강성호 역, 『리처드 마우가 개인적으로 간략하게 소개하는 아브라함 카이퍼』 (서울: SFC 출판부, 2015), 12-13.

하게 반응하고 더 나아가 창조적으로 상호적 관계를 형성하고자 한다. 여기서 우리는 카이퍼와 마우를 비롯한 신칼뱅주의의 낙관론을 탐지할 수 있는데, 현대적 도전과 변화에 대해 기독교 신앙의 본령을 손상시키지 않으면서 창조적으로 응답해 나갈 수 있다는 확신이 있다는 점에서 그렇다. 이러한 낙관론의 심층에 문화명령에 대한 존중과 실제적 구현에의 헌신이 자리 잡고 있다. 이 점에서 마우와 신칼뱅주의의 문화명령 이해를 살피는 것은 필요한 과업이 될 것이다.

마우는 창세기 1장 28절 풀이를 중심으로 자신의 '문화명령'론을 전개한다. 마우에 따르면, 태초의 창조의 맥락에서 주어진 이 말씀은 세 가지 긴밀하게 연결된 명령들로 구성된다. '생육하고 번성하라'는 첫 번째 명령은 후손의 생산과 연관된 것이다. 태초로부터 하나님은 두 명의 인간 존재만을 의도하신 것이 아니라 인간이라는 종種의 창조를 의도하셨다는 말이다. 두 번째 명령은 문화명령의 요지를 반영하는데, 여기서 하나님의 의도는 인간들로 하여금 단순히 더 많은 인간 존재로 '땅을 채우게充滿케' 하시는 것이 아니라 문화적 활동의 과정들과 산물들로 채우게 하시는 것이다. 세 번째 명령은 리더십과 연관된다. 앞선 명령 수행을 통한 문화적 형성은 청지기적 '다스림'으로 귀결될 것인데, 이는 하나님의 통치 아래서 선한 창조를 돌보는 것이다.[29]

문화 형성의 양태와 결과물들을 만들어내고 보존·유지하는 과업은 하나님의 창조의 뜻에 순종하여 이루어져야 한다. 웨스트민스터 신앙고백이 밝히고 있는 대로, 인간의 제일 목적은 "하나님을 영화롭게 하고 그분을 영원히 즐거워하는 것"이다. 그러나 인간의 타락의 결과

---

29   위의 책, 24.

로, 반항한 인간은 문화적 활동을 왜곡하고 더욱 부패하게 만들고 있다. 타락 이전의 상태에서 기술적 혁신이라는 것은 좋은 일이었다. 그것은 인간이 행하는 모든 것을 통하여 하나님을 영화롭게 하라는 명령에 순종하여 살아내는 여러 방식들 가운데 하나였다. 그러나 창세기 11장에 이르러 죄악된 인간들이 "우리의 이름을 내[기]" 위해 "성읍과 탑을 건설하여 그 탑 꼭대기를 하늘에 닿게" 하기로 결심하는 장면에서[4절] 기술문명이 잘못된 길로 가는 분명한 보기를 만나게 된다. 다만 이것은 문화 형성의 중심성이 죄가 창조세계 안에 들어옴으로써 축소되었다는 점을 의미하는 것은 아니라고 마우는 강조한다. 죄악된 상태에서 관건은 문화적 순종이냐 문화적 불순종이냐의 문제가 되는 것임을 밝히고 있는 것이다.[30]

또한 마우는 죄로 인한 왜곡들이 선한 창조를 돌이킬 수 없을 만큼 망쳐 놓은 것이 아니라는 점을 지적한다. 상황이 안 좋다고 해도 하나님의 본래적 설계를 전적으로 파괴해 놓은 상태는 아니란 말이다. 이 점에서 니버가 '그리스도와 문화'를 주제로 한 그의 논의에서 내놓은 통찰은 주목할 만하다. 타락한 것으로 판단되는 문화는 "타락시키는 질서라기보다는 모두가 타락해버린 질서이다. … 그것은 선이 왜곡된 것이지, 악이 아니다. 다르게 말하자면 그것은 왜곡이라는 의미에서 악인 것이지, 그 자체로 나쁜 존재로서 악인 것은 아니다."[31] 문화에 대한 전면적 긍정까지는 아니더라도 전면적 부정이 아니라고 한다면, 문화의 선악혹은 진위에 대한 판단의 기준은 무엇인가? 문화에 대한 규범적 판단

---

30 위의 책, 29-30.

31 H. Richard Niebuhr, *Christ and Culture* (San Fransico: Harper and Row, 1951), 194, Richard J. Mouw, 『리처드 마우가 개인적으로 간략하게 소개하는 아브라함 카이퍼』, 31에서 재인용.

보다는 다양성을 존중하고 각 문화가 갖고 있는 고유한 특징을 상대적 관점에서 수용하려고 하는 추세가 강화되는 현재적 상황에서, 마우의 이러한 이해는 문화의 다양성에 대한 전향적 수용이라고 평가할 수 있는가?

이러한 질문들에 대해 응답하면서, 마우는 바빙크 Herman Bavinck 가 문화적 다양성과 창세기의 하나님 형상에 대한 언급을 연결하는 방식이 매우 유용하다고 주장한다. 바빙크는 개별 인간 존재가 하나님 형상을 따라 창조되었을 뿐 아니라 하나님 형상을 집단적으로 혹은 공동체적으로 보유하고 있다는 점을 강조한다. 창세기가 증언하는 신적 형상에 따른 인간의 창조는 하나님이 인류와 함께하시는 여정이 시작됨을 알리는 것이라는 통찰을 바빙크는 제시한다. 하나님은 첫 인간들에게 '생육하고 번성하라'고 명령하시면서, 하나님 형상 자체가 갖는 잠재성이 상당히 크지만 그렇다고 혼자서는 그 명령을 온전히 수행할 수 없기에 아담 혼자나 아담과 하와 둘에게만 하나님 형상을 부여하신 것이 아니라 인류 전체를 두고 완전히 실현된 하나님 형상이라는 점을 분명히 해 두셨다고 바빙크는 풀이한다. 또한 이러한 형상의 공동체적 의미는 정적인 것이 아니라 인류가 시공간적으로 더 넓게 퍼져나가면서 형성하게 되는 풍성한 다양성 안에서 구현되고 또 확장되어 간다는 점을 내포한다고 바빙크는 강조한다.[32] 요컨대, 마우는 바빙크와 함께 "인류 전체가 집합적 의미에서 하나님의 형상을 가지고 [있으며] 지구상의 풍부한 문화적 다양성은 어떤 개인이나 집단이 홀로 반영할 수 없는 하나님의 찬

---

32 Herman Bavinck, *Reformed Dogmatics* Vol. 2, ed. John Bolt and trans. John Vriend (Grand Rapids: Baker Academic, 2004), 577-78, Richard J. Mouw, "Thinking about 'Many-ness': Inspirations from Dutch Calvinism"(미간행 원고, 2015)에서 재인용.

과학기술과 인간에 관한 기독교적 성찰

란한 영광을 드러내고 있다."는 점을 밝히고 있는 것이다.[33]

바빙크에 따르면 하나님 형상에 대한 이러한 이해는 종말론적 의미를 확보할 수밖에 없는데, 마지막 때에 열방의 모든 나라와 민족들의 영광이 새 하늘과 새 땅으로 옮겨지게 될 것이라는 점을 고려할 때 더욱 그렇다. "종족들, 민족들, 나라들이 새 예루살렘에서의 삶을 더욱 풍성하게 하는 데 기여할 것이다. … 사람들을 나누는 모든 기준들에 비추어 그들 가운데 존재하는 다양성은 영원 속에서 파괴되는 것이 아니라 죄악된 모든 것으로부터 정결케 되고, 하나님과의 사귐 그리고 타자들과의 상호교류를 위해 귀하게 쓰임 받게 될 것이다."[34] 창조주 하나님은 문화적 그룹들에게 하나님 형상의 다양한 측면들을 나누어 주신다는 것인데, 말하자면 각각의 그룹은 하나님 형상의 상이한 측면들을 전개하라는 고유한 과업을 받았다는 것이다. 마우에 따르면, 이 땅의 모든 민족이 함께 한 자리에 모이게 될 종말론적 비전의 관점에서 이러한 과업으로부터 새로운 깨달음을 얻을 수 있다. 곧 궁극적 완성의 마지막 날에 새 하늘과 새 땅에서 모든 종족과 민족과 나라들이 명성과 영광 가운데 나타나게 될 것이며 거기서 다양한(혹은 다수적) 광채로 가득한 하나님 형상이 완전히 실현되는 현장을 목도하게 될 것이다.[35]

---

33 Richard J. Mouw, *Uncommon Decency: Christian Civility in an Uncivil World*, 홍병룡 역, 『무례한 기독교: 다원주의 사회를 사는 그리스도인의 교양』(서울: IVP, 2014), 108.

34 Herman Bavink, *Reformed Dogmatics* Vol. 3, ed. John Bolt and trans. John Vriend (Grand Rapids: Baker Academic, 2006), 727, Richard J. Mouw, "Thinking about 'Many-ness': Inspirations from Dutch Calvinism"에서 재인용.

35 Richard J. Mouw, "Thinking about 'Many-ness': Inspirations from Dutch Calvinism."

2. 마우의 일반은총론과 문명 창출의 창조론적·인간론적 기초

앞에서 본 대로, 마우는 현대 사회의 문화적 변화와 도전에 대해 기독교회가 적절하게 또 창조적으로 응답해야 하며 또 그렇게 할 수 있다는 낙관적 신념을 피력한다. 이러한 낙관론을 마우의 신칼뱅주의적 문화명령 이해와 연결하여 고찰하였다. 이 같은 낙관적 인식에 대한 심층적인 신학적 근거로서 마우의 일반은총론에 주목할 필요가 있다. 특별히 마우가 강조하는 일반은총론의 핵심은 이 세계 안에서 하나님이 이루어 가시는 창조와 구원의 목적의 '다수성' many-ness 혹은 다원성이다. 곧 개인의 구원도 중요하지만 하나님은 그것과 함께 다른 부분들도 정성껏 돌보고자 하시며 또 그렇게 하고 계신다는 신념이다. 이 신념의 관점에서 하나님은 훌륭한 예술 작품, 건실한 가족 관계, 정의로운 정치적·경제적 질서, 진지하고도 정직한 학문적 추구와 같은 가치들 안에서도 기쁨을 누리시는 분이시다.

마우의 일반은총론을 이해하기 위해 먼저 신적 창조의 다원성에 대한 그의 주장을 살필 필요가 있다. 마우는 창조의 인간중심성을 분명하게 넘어서며 창조와 섭리의 목적의 다원성을 강조한다. 하나님은 인간 안에서 또 인간이 이 세상에서 창조적으로 생산해 내는 것 안에서 기쁨을 찾으시고 누리실 뿐 아니라 인간이 아닌 다른 피조물들 안에서도 그렇게 하신다는 것이다. 이 생각에 대한 성서적 전거로서 시편 104편을 주목한다. 이 시편은 하나님의 창조의 능력과 선하심을 찬양하는데, 여기에서 인간에 대한 언급은 찾아볼 수 없다는 점을 마우는 지적한다. 시편의 기자는 하나님이 우주 만물의 기초를 창조하셨음을 밝히고 창조하신 피조물들을 섬세하게 묘사하며 하나님이 하신 일이 참으로 많으시고 그 일들로 즐거워하신다는 고백을 드린다. 특별히 마우는 인간이 창조되기 전에 하나님과 다른 피조물들 사이에 많은 일들이 일어났음에 주목할 것을 요청한다. 하나님은 빛이 있게 하시고 선언하신다. "보기에 좋다!" 그러고 나서 "천하의 물이 한 곳으로 모이고 뭍이 드러나도록" 하셨는데, 이 또한 하나님이 보시기에 좋았다고 성경은 증언한다. 동일한 하나님의 찬사는 지으신 식물, 해와 달 그리고 살아 움직이는 모든 생명체들에게로 향하고 있다는 사실을 우리는 잘 알고 있다. 이를 통해 하나님이 창조하신 인간뿐 아니라 인간이 아닌 다른 피조물들도 얼마나 기뻐하셨는지를 잘 알 수 있다. 아직 인간은 등장하지도 않은 상태에서 하나님은 당신이 기뻐하시는 많은 존재들을 이미 갖고 계셨다는 사실을 예사롭게 넘겨서는 안 된다는 것이 마우의 생각이다.[36]

하나님은 인간이 아닌 다른 피조물들을 기뻐하시고 또 그들을 통해 영광을 받으신다는 이 사실을 주목해야 하는 이유는 무엇인가? 생태환경에 대한 오늘날의 관심들을 생각할 때 이를 인정하는 것은 매우 중요한 의미가 있다고 밝히면서, 마우는 세계의 창조자는 광범위하면서 다원적인 관심사들을 가지고 계신다는 점을 내포하기 때문이라고 풀이한다. 하나님은 창조하신 모든 것을 기뻐하신다. 하나님의 창조와 구원의 사역은 특수한 방식으로 인간에 초점을 두고 있다는 점을 부정할 수 없을 것이다. 그러나 하나님의 구원은 오직 인간에 관한 것 곧 십자가로 구원 받은 개별적인 인간 존재들에 관한 것만이 아님을 알아야 하며 하나님의 구원의 목적들 안에서 인간이 중요하다는 점을 인식하는 만큼 인간인 우리도 하나님의 광범위하고 다원적인 관심사를 존중

---

36   위의 논문.

하며 또 충실하게 반응해야 한다고 마우는 역설한다.[37] 달리 표현한다면, 하나님은 창조와 구원을 위한 하나님의 계획에 있어서 복수의 목적을 설정하고 계신다는 점을 강조하고 있는 것이다.

창조와 구원을 위한 계획과 목적을 궁극적으로 완성해 가시는 하나님은 인간으로 하여금 하나님의 역사에 동참하게 하신다. 마우는 창조와 구원 안에서 인간의 소명은 단순히 '유지'를 위한 기능을 수행하는 것은 아니라는 점과 인류는 나름대로의 복잡다단한 창조적 프로젝트에 참여하도록 부름을 받았는데 거기에 참여함으로써 일정 부분 하나님의 '복합적인 목적들'multiple divine purposes에 기여하게 될 것이라는 점을 밝힌다. 하나님은 개별 영혼에 대한 구속적 역사뿐 아니라 창조의 전체 지평을 보존하고 궁극적 완성을 향해 이끌어 가시는 구원론적 섭리를 위해서도 역사하고 계시며, 하나님의 일꾼들을 부르셔서 창조와 구원을 위한 총체적이고 다원적인 신적 역사에 참여케 하신다는 것이다.[38]

마우는 일반은총에 대한 미학적·도덕적 해석을 통해 하나님의 창조와 구원의 다원성뿐 아니라 인간론적 다원성에 대한 논지로 확장해 간다. 일반은총을 인정한다면, 그래서 특별은총 밖에 있는 이들에게서 찾을 수 있는 '선하고 아름답고 진실한' 것들을 긍정적으로 받아들여야 한다면, 특별은총 안에 선택받은 이들과 그 은총 밖에 있는 이들을 가르는 기준은 무엇인가?[39] 마우는 전통적으로 칼뱅주의는 이 질문

---

37   위의 논문.

38   Richard J. Mouw, *He Shines in All That's Fair: Culture and Common Grace*, 권혁민 역, 『문화와 일반 은총: 하나님은 모든 아름다운 것 가운데 빛나신다』 (서울: 새물결플러스, 2012), 80.

39   위의 책, 56.

에 대해 하나님의 의도라는 관점에서 해답을 찾아왔다고 설명한다. 곧 하나님이 좋아하시고 그래서 허락하시는 것을 우리도 좋아해야 하며, 그 반대의 경우에는 우리도 하나님의 의도를 따라 싫어해야 한다는 것이다. 전통적으로 칼뱅주의는 구원의 문제와 연관해서 하나님의 의도가 분명하다는 점을 견지한다. 하나님의 의도에 따라 선택받은 이들 곧 특별은총 안에 있는 이들은 천국에 들어가게 될 것이지만, 선택받지 못한 이들 곧 특별은총 밖에 있는 이들은 천국에서의 영원한 복락을 누리지 못할 것이다. 다만 여기서 마우는 구원과 연관된 선택과 비선택의 기준으로만 인간을 구분할 수 있는지에 대해 의문을 제기한다. 다시 말해, "최종적인 구원으로 구분하여 평가하는 것만이, 모든 인간 ― 구원받은 자나 구원받지 않은 자나 ― 을 향한 하나님의 의향을 모두 드러내기에 충분한가 하는 것이다. 좀 더 구체적으로 묻자면 과연 인간의 궁극적인 최종 운명만이 하나님이 지금 우리가 생각하고 느끼고 행하는 모든 것을 평가하는 유일한 기준인가 하는 것이다."[40] 선택받지 못한 이들이 그들의 삶에서 행하는 선택과 행동 그리고 행동의 결과들에 대해 하나님은 오직 구원과 연관된 기준으로만 평가하시고 그것과 무관한 다른 기준으로 평가하실 여지는 전혀 존재하지 않느냐는 것이다.

어떤 기독교인들은 그러한 여지를 원천적으로 차단하기 위해 일반은총을 전적으로 부정하려 할지도 모른다. 곧 특별은총 밖에 있는 이들에게서는 선하고 진실하고 아름다운 것을 전혀 찾을 수 없다는 점을 굳건하게 견지하는 것이다. 마우는 이러한 생각을 일반은총에 대한 부정으로 보고, 이를 경계하며 반박한다. 무엇보다도 반박의 요점 중 하나

---

40 위의 책, 57.

로 하나님이 인간 외의 다른 피조물들을 어떻게 보셨는지를 유념할 필
요가 있다고 주장한다. "창세기 1장의 창조 기사에서 하나님은 물속에
서 헤엄치는 물고기들을 창조하신 후 보시기에 좋았더라고 만족해하셨
다. 또 시편 기자가 "여호와는 자신이 행하신 일들로 말미암아 즐거워
하시리로다"시 104:31 라고 기록했듯이, 독수리가 처음으로 날갯짓을 하며
날아올랐을 때도 하나님은 이처럼 기뻐하셨을 것이다. 선택받은 사람
과 그렇지 않은 자에 대한 별다른 언급 없이, 하나님은 해가 지는 풍경
과 바다의 파도가 바위에 부딪치는 모습, 벚꽃이 피고, 표범이 빨리 달
리는 것과 같은 이 모두를 분명히 기뻐하셨을 것이다."41 마우는 하나님
이 인간을 포함하여 모든 피조물들을 기뻐하신다면 그들이 삶의 자리
를 두고 있는 세계 안에서 이루어지는 일들에서도 기쁨을 찾으실 것이
라고 추론하는데, 그는 한 걸음 더 나아가 하나님이 선택받지 못한 이
들의 삶과 그들의 세계에서 일어나는 일들 가운데서도 기쁨을 찾으시
고 또 기쁨을 누리고 계신다는 결론을 이끌어낸다. 이런 맥락에서 "하
나님은 벤저민 프랭클린의 유머, 타이거 우즈의 퍼팅, 살만 루시디의 소
설의 잘 짜인 구성 등 비그리스도인들의 위대한 업적에 대해서도 기뻐
하신다고 생각한다. 하나님이 이러한 것들을 기뻐하시는 이유는 단지
이러한 것들이 - 선택받은 자들은 영광으로, 선택받지 않은 자들은 하
나님의 존재로부터 영원히 분리시키는 - 구원 계획을 향한 하나의 수단
이기 때문이 아니다. 나는 하나님이 분명 이러한 것들의 존재 자체를 기
뻐하신다고 생각한다."42

41 위의 책, 59.
42 위의 책, 61.

그리하여 마우는 선택과 비선택의 두 가지 범주 말고 또 다른 하나의 범주 곧 제3의 범주를 설정할 필요가 있다고 생각한다. 특별히 미학적 관점뿐 아니라 도덕적 관점에서 볼 때 더더욱 그럴 필요가 있다고 본다. 구원받은 이들은 의롭다함을 받고 성화의 은혜 가운데 의로운 선택과 행위의 결실을 생산할 수 있다. 그렇다면 선택 밖에 있는 이들은 하나님의 의의 기준에 턱없이 부족할 뿐 아니라 그 기준과는 완전히 동떨어져 오직 죄와 악으로만 점철된 삶을 살아갈 수밖에 없는 것인가? 마우는 특별은총 밖에 있는 이들에게서 미학적인 선을 찾을 수 있음은 물론이고 도덕적 선도 발견할 수 있다고 주장한다. 신앙인이 아니지만 그 행동에서 하나님의 의의 기준을 반영하거나 부합되는 무언가를 드러낼 수 있고 또 그렇게 하는 이들이 존재한다는 생각인 것이다. "나는 단순히 이러한 행위들이 하나님을 모르는 불의함에서 나왔기 때문에 의로움을 가장하고 있다고 말할 수 없다. 예를 들어 믿지 않는 자들 가운데서도 1960년대 미국에서 국민의 인권을 위해 투쟁하고 목숨까지 바친 용감한 사람들과 히틀러 정권 아래 유대인들을 학살한 사람들 사이에는 엄청난 도덕적인 차이가 존재한다."[43]

이러한 생각을 뒷받침하기 위해 마우는 카이퍼가 일반은총을 외적 작용과 내적 작용으로 구분한 것을 중요하게 참고한다. 외적 작용은 과학이나 예술 분야에서 인류가 발휘하는 역량과 그 역량 실현의 결과들을 가리키며 내적 작용은 "사회적인 미덕, 내면적인 양심, 자연스러운 사랑, 인간성의 실현, 공공 의식의 성장, 신실함, 사람들 간의 신뢰, 경건한 삶을 위한 갈망 등" 인간의 내면적 삶과 관련된다.[44] 카이퍼의

---

43   위의 책, 63.

이해를 존중하면서 마우는 나름대로 일반은총의 내적 작용의 구체적 보기들을 제시하는데, 지독한 갈등 가운데 살아가는 기독교인 부부보다 신자는 아니지만 서로 진실하게 사랑하는 부부를 더 기뻐하실 것이며 또 자녀에 폭력적인 기독교인 부모보다 이슬람교도이지만 자녀를 진심으로 사랑하는 부모를 더 기뻐하실 것이라고 주장한다. 마우는 만일 "믿지 않는 자들이 삶 속에서 경험하는 모든 것들은 그들의 죄악된 본성이 근본적으로 작용하기 때문에 이기적일 수밖에 없으며 따라서 하나님의 관점에서는 별반 차이가 없다고 말하는 것"은 타당치 않다고 본다. 그는 "이는 마치 전우의 목숨을 구하기 위해 수류탄 위로 뛰어드는 행동도 마찬가지 의미에서 이기적이며, 은행을 털고 그 범죄를 목격한 사람을 모두 죽이는 것도 이기적이기 때문에 두 행위는 근본적으로 같다고 하는 것과 같다."고 설명한다.[45]

3. 기독교의 공적 책임과 일반은총 안에서의 문화명령 수행

마우는 '교양'이라는 이름으로 기독교인들의 사회적으로 감당해야 할 덕목을 논하면서, 교양의 두 가지 핵심 원리를 밝힌다. 하나는 성과 속 곧 교회와 세상을 포괄하여 온 세상의 주권자가 되시는 하나님의 보편적 섭리에 상응하여 세속 사회^{혹은 공적 공동체}의 선과 행복을 위해 지속적으로 헌신해야 한다는 것이다. 다른 하나는 기독교인들의 성화의 삶

---

44 "Westminster Confession of Faith," Chapter XVI, Article 7, in Shaff, *Creeds*, Vol. III, 636, Richard J. Mouw, 『문화와 일반 은총: 하나님은 모든 아름다운 것 가운데 빛나신다』, 71에서 재인용.
45 Richard J. Mouw, 『문화와 일반 은총: 하나님은 모든 아름다운 것 가운데 빛나신다』, 71.

이란 개인적 차원이나 신앙 공동체에만 제한되는 것이 아니라 사회적 성화 곧 사회생활 속에서도 구체적인 거룩의 실천과 태도로 드러나야 한다는 것이다.[46]

　　마우에 따르면, 칼뱅주의자들 가운데는 기독교회와 신자들이 전체 사회의 공공선을 위해 헌신하는 것을 반대하는 이들이 있어왔다. 주된 반대의 이유는 세상의 타락과 죄악됨이 극심하기에 기독교 신앙 공동체가 그 정체성을 고수하며 생존할 수 있는 길은 일종의 문화적 금욕을 실천하는 것이라는 신념에 있다. 문화적 금욕주의를 옹호하는 이들도 기본적으로 문화명령을 존중하고 극단적인 문화적 격리나 단절에 대해 신중한 입장을 취한다. 다만 이들은 세속 문화의 상황이 너무나 좋지 않다는 점을 고려할 때 곧 "현재의 위기 상황을 고려[할 때]"[47] 문화명령 수행의 한계와 문화적 금욕의 적절성을 진지하게 논의해야 한다는 점을 견지한다. 문화적 금욕주의에 대한 마우의 응답은 무엇인가? 마우는 한편으로 문화적 금욕은 반문화나 문화에 대한 전적 부정을 명령하는 것이 아니라 '문화적 활동의 영역의 제한'을 권면하는 것이라고 풀이하고[48] 다른 한편으로 상황이 심각하다 하더라도 공공선에 대한 책무 의식과 실천은 성서적으로 마땅히 할 바라고 강조한다.

이렇게 문화적인 금욕주의를 요구하는 현 시대에 우리들이 처한 환경이 어떤가 묻지 않을 수 없다. 분명한 것은 구약 시대에 우리 주님

---

46 Richard J. Mouw, 『무례한 기독교: 다원주의 사회를 사는 그리스도인의 교양』, 43-45.

47 Klass Schilder, *Christ and Culture*, trans. G. Van Rongen and W. Helder (Winnipeg: Premier Printing Ltd, 1977), 69-70, Richard J. Mouw, 『문화와 일반 은총: 하나님은 모든 아름다운 것 가운데 빛나신다』, 121에서 재인용.

48 Richard J. Mouw, 『문화와 일반 은총: 하나님은 모든 아름다운 것 가운데 빛나신다』, 121-22.

은 그분의 백성을 바벨론이라는 세속 사회 속에 처하도록 허락하셨고, 그 사회의 공익을 증진시키기 위해 노력하도록 명령하셨다는 것이다. 그 당시를 오늘날과 비교한다면, 그때의 문화적인 긴박함이 덜했다고 할 수 있을까? 그렇다면 우리 모두에게 "문화적인 고자"가 되도록 요구하는 현 시대는, 그때와 비교했을 때 무엇이 그리 다르단 말인가? 예를 들어 스킬더[Klass Schilder]가 나치를 피해 몇 개월 동안 은둔해 지냈던 전쟁의 경험들을 통해, 아마도 "위기 상황"이라는 심각성을 갖게 되었을 수도 있다. 그러나 그가 주장하는 바를 현재의 문화적인 상황 가운데 있는 기독교 전체에 적용하거나, 그렇지 않으면 칼빈주의 공동체 전체에 적용해야 한다고 하는 주장은 납득하기가 어렵다.[49]

마우는 문화명령 존중이나 문화적 금욕 실천에 대한 논의에서 일반은총에 대한 성찰과 토론은 매우 중요한 의미가 있다고 생각한다. 특별히 문화적 금욕주의를 경계하며 문화명령을 적극적으로 수행하는 것이 기독교인의 문화적 책무라고 인식하는 신자들 가운데서도 일반은총에 대한 불충분한 이해를 갖고 있는 이들이 있다고 우려한다. 일반은총이라는 개념은 신자와 비신자를 연결해 주는 고리의 역할을 할 뿐 기독교회와 신자들이 세속 영역에 들어가 적극적으로 전체 사회의 선과 행복을 위해 헌신해야 한다는 권면을 내포하고 있지는 않다고 생각한다는 것이다. 그래서 일반은총을 수용한다 하더라도, 일반은총의 작용은 신자들의 적극적인 실천을 통해서가 아니라 하나님의 주도적인 역

---

49 위의 책, 123.

사내적 개입을 통해서 이루어지기에 신자들은 세속 영역에서 선과 정의가 구현되기를 그저 바라고 기도하는 것밖에 할 일이 없다는 생각까지 갖게 될 수 있다는 것이다. 마우는 일반은총에 대한 이러한 생각과 해석은 개선이 필요하다고 판단하며, 오히려 일반은총에 대한 바른 이해는 일반 사회 안에서 기독교인들은 구체적으로 죄와 악을 제어하고 사회적 선을 증진하기 위한 실천 방안과 삶의 방식을 적극적으로 모색해야 함을 내포한다고 역설한다.[50] 이런 맥락에서 마우의 칼뱅 인용은 유익하다. "공적으로 다스리는 행정당국civil authority은 하나님이 세우신 권위임을 누구도 의심해서는 안 된다. 이 직무는 하나님 앞에서 거룩하고 합법적일 뿐만 아니라, 결국 죽을 수밖에 없는 인간의 모든 삶과 전체 일들 가운데 가장 신성하고 영광스러운 일임에 틀림없다."[51] 여기서 칼뱅은 정치 영역에서의 일반은총의 작용에 대한 중요한 국면을 제시했지만, 마우는 이 영역에만 제한되는 것이 아니라는 점을 밝힌다. 그는 일반은총의 구현을 위해 기독교인들은 그 책무의 범위를 확장하여 "인간 사회의 모든 영역에서, 우리 그리스도인들이 더 고상하고 순수한 사회적인 선을 이루기 위해 적극적인 노력을 기울여야 한다."는[52] 카이퍼의 주장을 중요하게 인용한다. 그리하여 마우는 기독교인의 소명의 삶은 "일반 은총과 연관된 선goodness을 증진시키는" 결실에 이르게 될 것이라는 점을 밝히면서, "어떻게 믿지 않는 사람들이 인류에 공헌하는

---

50 위의 책, 123-24.

51 Jean Calvin, *Institutes of the Christian Religion*, trans. Ford Lewis Battles and ed. John T. McNeil (Philadelphia: Westminster, 1960), IV. 20. 4, Richard J. Mouw, 『문화와 일반 은총: 하나님은 모든 아름다운 것 가운데 빛나신다』, 124-25에서 재인용.

52 Abraham Kuyper, "Common Grace," in *Abraham Kuyper: A Centennial Reader*, ed. James D. Bratt (Grand Rapids: Eerdmans, 1998), 197, Richard J. Mouw, 『문화와 일반 은총: 하나님은 모든 아름다운 것 가운데 빛나신다』, 125에서 재인용.

일을 할 수 있는지에 관심을 집중시키기보다는, 우리 그리스도인들이 우리의 의로운 삶을 통해 믿지 않는 자들의 삶에 영향을 미칠 수 있는지를 고민하며 하나님이 우리에게 주신 일반 은총을 활용할 방안을 모색해야 한다."고 권고한다.[53]

4. 마우의 문화명령론과 신학적·윤리적 함의 요약

마우는 창조와 구원에 대한 다원적 이해, 특히 목적의 관점에서 하나님의 창조와 구원의 다원성혹은 다양성을 강조함으로써, 인간과 역사와 세계를 향한 하나님의 구원론적 섭리를 인간 영혼의 궁극적 구속에 배타적으로 제한하는 것을 경계한다. 그는 피조세계의 보존, 인간의 정치사회적 생존과 발전, 문화 창출과 변혁에 대한 긍정과 도전 등의 관점에서 하나님의 역사내적 섭리의 폭과 내용을 심화하고 다원화한다. 특별히 마우의 일반은총론은 이러한 심화와 다원화를 위한 핵심적인 신학적 기반이 되는데, 미적 차원뿐 아니라 도덕적 차원에서 일반은총이 작용할 수 있고 또 작용하고 있다는 점을 밝힘으로써 문화명령 수행을 통한 문화문명의 창출과 발전적 전개를 위한 정당화의 근거를 분명하게 제시한다. 일반은총의 역사와 그 역사에 참여함을 통해 성과 속을 포괄하여 인간 삶의 전체 지평에서 '선하고 아름답고 진실한' 문명 창출의 결과물들을 산출할 수 있다는 신념을 피력한다는 점을 주목할 필요가 있다. 아울러 문화적 금욕주의를 경계하며 일반은총론을 공적 책임과

---

53   Richard J. Mouw, 『문화와 일반 은총: 하나님은 모든 아름다운 것 가운데 빛나신다』, 125.

공공선 구현의 관점에서 전개함으로써 문화명령의 수행이 공공선을 지향하는 것이 될 수 있고 또 그렇게 되어야 한다는 사회윤리적 지향성을 제시하는데, 이 지점에서 규범적 방향성에 대한 논의와 실천의 심화를 꾀할 수 있다고 본다.

Ⅳ 스택하우스의 '문화명령'론과 신학적 인간론

1. 스택하우스의 공공신학 해설[54]

스택하우스는 기독교 신앙의 공적 본성을 강조한다. 어떤 의미에서 공적인가? 기독교의 복음은 신자들과 신앙 공동체 안에서만 제한적으로 들려지고 수용되어야 할 것이 아니라 교회 밖 비신자들과 잠재적 신자들에게도 들려지고 또 공유되어야 한다는 점에서 그렇다. 또한 기독교 신앙은 본질적으로 정치사회적 공동체에 책임적인 신앙이라는 점에서 공적이다. 공적 책임을 충실히 수행함에 있어 신자들이 아닌 사회 구성원들과의 공존과 협력이 중요하게 요청되는데, 특별히 공적 공동체의 공동의 목적^{혹은 공공선}을 함께 지향하며 그렇게 해야 한다고 스택하

---

[54] 이 주제와 연관해서 다음의 문헌들에서도 다루었다. 이창호, "교회의 공공성에 관한 신학적·윤리적 탐구: 고전적 '두 정부'론의 규범적 이해와 현대신학적 전개 및 발전 탐색을 중심으로," 『기독교사회윤리』 29 (2014), 173-77; 이창호, "기독교의 공적 참여 모형과 신학적 '공동의 기반'의 모색," 『기독교사회윤리』 31 (2015), 97-104.

우스는 강조한다.[55] 공공선을 향한 여정에서 신자들과 비신자들이 함께 할 수 있는 공동의 기반을 모색하고 또 그 기반 위에서 협력하는 것도 필요하지만 동시에 기독교는 기독교적으로혹은 신학적으로 '안내함으로' 기여할 필요가 있다는 것이 스택하우스의 생각이다.[56] 공공선 증진을 위한 공적 실천에 있어서 기독교에 고유한 기여의 가능성을 열어두고 있는 것이다.

스택하우스는 공공신학을 정치신학과 견주어 설명하는데, 전자는 정치에 대한 사회이론으로 그리고 후자는 사회에 대한 정치이론으로 구분한다.[57] 정치신학은 본성상 공적인 지향이나 특성이 강하지만 권력을 목적으로 하는 정치와 정치 영역에서의 강제력 사용, 권력적 관점에서의 사회의 변화나 변혁 등의 의제에 방점을 둔다는 점을 밝히면서, 정치 영역이 아닌 다른 영역들, 특히 정치 영역의 배경이나 근거가 되는 영역들에 적절하고 유효하게 응답하지 못하고 있다는 비평적 평가를 내놓는다.[58] 이와 대비적으로, 공공신학은 정치뿐 아니라 공적 공동체의 다른 영역들 곧 '정치 질서의 형성에 앞서 존재하는 삶의 영역들'[59]에 대해서 포괄적인 관심을 가진다는 점을 강조한다. "[정치질서, 정권, 정치형태 그리고 정책들]은 늘 필요하지만 이들 역시 정치체제보다 선행하는 종교적·문화적·가족·경제적 그리고 지적 전통들로부터 파

55   이상훈, "신학해제: 스택하우스의 공공신학에 관한 이해," 새세대 교회윤리연구소 편, 『공공신학이란 무엇인가?』 (서울: 북코리아, 2007), 29-30.

56   이상훈, "공공신학적 주제로서의 소명과 코이노니아 관점에서 본 고령화사회," 『기독교사회윤리』 28 (2014), 210-11.

57   Max L. Stackhouse, 이상훈 역, "공공신학이란 무엇인가? - 미국 기독교의 관점에서," 새세대 교회윤리연구소 편, 『공공신학, 어떻게 실천할 것인가?』 (서울: 북코리아, 2008), 34.

58   Max L. Stackhouse, *Globalization and Grace*, 이상훈 역, 『세계화와 은총』 (서울: 북코리아, 2013), 166-67.

59   위의 책, 167.

생된 결과물"이며[60] "모든 정당과 정부가 사회의 보다 근본적인 권력들 즉 도덕적으로 영적으로 그리고 사회적으로 정치질서의 형성 이전에 존재하는 삶의 영역들에 종속되는 것"이라는 점을 밝힌다.[61] 이런 맥락에서 스택하우스는 한편으로 정치 영역과 권력의 주체들은 다른 영역이나 주체들과 긴밀하게 소통해야 하며 다른 한편으로 후자에 대해 정치권력을 사용하여 과도하게 혹은 부당하게 통제하거나 억압하려 해서는 안 된다고 권고한다.[62]

앞에서 언급한 대로, 스택하우스의 공공신학은 전체 사회의 공공선에 관심이 크며 신학이 이를 위해 기여해야 한다는 점을 견지한다. 공공선에 대한 논의와 추구는 지역 공동체나 개별 국가의 범주에 국한되지 않고 세계적 차원으로 확장되어야 한다는 것이 스택하우스의 생각이다. 이런 맥락에서 공공신학은 세계화에 주목하며 또 긍정적인 전망을 내놓는다. 세계화가 "새로운 형태의 시민사회의 가능성을 보여주는 세계적인 인프라의 성장을 수반하는 문명의 전환을 가져올 수" 있으며 "이전의 모든 민족적, 인종적, 정치적, 경제적 혹은 문화적 정황을 포괄"하는 범세계주의적 cosmopolitan 인류 공동체 형성을 앞당길 수 있다고 전망한다.[63] 이러한 관점과 전망의 신학적 근거는 무엇인가? 무엇보다도 세계에 대한 하나님의 애정 어린 보편적 섭리를 든다. 여기서 보편성은 만인구원론에서 의미하는 보편성이 아니라 모든 인간이 인간답게 살 수 있도록 섭리하시는 하나님 사랑은 포괄적이라는 의미에서의 보

---

60   위의 책.

61   Max L. Stackhouse, "공공신학이란 무엇인가? - 미국 기독교의 관점에서," 35.

62   위의 논문.

63   Max L. Stackhouse, 『세계화와 은총』, 30.

편성이다. 하나님의 섭리적 사랑의 넓이가 이러하다면, 기독교의 공적 책임과 실천은 전체 세계를 포괄하는 것이어야 한다는 것이 스택하우스의 생각인 것이다.[64]

어떻게 공공신학을 실천할 것인가? 기독교는 세계에 대해 폐쇄적인 신앙이 아니라 열려 있는 신앙이기에, 복음을 들고 세계 속으로 들어가 적극적으로 전하고 드러내고 보여 주어야 한다고 스택하우스는 강조한다. 문화적·종교적·정치사회적 차이나 구분을 뛰어넘어 온 세계를 향해 기독교 복음과 진리를 소개하여 모든 사람들에게 '선택의 기회'를 제공할 수 있어야 한다는 것이다.[65] 또한 기독교는 기독교의 신앙과 진리를 세계의 모든 구성원들과 나누기 위해 힘쓰는 것도 중요하지만 동시에 세계의 동료 시민들과 함께 세계적 맥락을 존중하며 공공선 증진을 위해 협력·연대해야 한다고 스택하우스는 권고한다. "이렇게 함으로 우리는 공적인 언어와 행동으로 비기독교인들에게 하나님의 정의로운 사랑을 증거할 수 있을 것이다."[66] 요컨대, 스택하우스의 공공신학은 공공선·지향적 특성을 두드러지게 내포하며 세계적 지평과 세계 시민들의 연대를 중시한다. 스택하우스는 인류가 구성하는 세계의 모든 정치사회 공동체들 안에서 구성원들이 함께 공공선을 증진하기 위해 헌신할 것을 도전하고 있다.

---

64 Max L. Stackhouse, "Why Christians Go Public"(미간행 원고, 2006), Max L. Stackhouse, "공공신학이란 무엇인가? - 미국 기독교의 관점에서," 32-33에서 재인용.

65 Max L. Stackhouse, "공공신학이란 무엇인가? - 미국 기독교의 관점에서," 33.

66 위의 논문.

2. 문화명령과 인간론

창조의 1차적 결과인 자연이라는 환경에 대하여 문화명령을 수행함을 통해 제2의 환경 곧 인공적 환경이 산출된다. 이 인공적 환경^{혹은}_{산물}을 보통 문화라 한다. 스택하우스에 따르면, 자연에서 문화로의 변화 창출에서 가장 중요한 동인으로 작용하는 것이 과학과 기술^{혹은 과학기술}이다. 과학을 통해 인류는 물리적 생명 세계에 속한 존재들을 이해하고 또 서술한다. 그야말로 있는 그대로 그 존재들의 실존과 현상을 설명해 주는 것이다. 과학과 구별하여 기술을 설명한다면 자연이 주는 자원들을 활용하여 인공적 문화를 이루는 구체적인 요소들을 산출하는 역할을 감당하는 것이 기술이다. 스택하우스는 과학과 기술 사이의 이러한 구분에 상응하여 하나님이 창조하신 세계의 두 가지 본질적 속성을 말한다. 하나는 세계의 규범적 영속성^{혹은 불변성}인데, 물리적 생명 세계는 하나님의 창조를 통해 여기에 있게 된 이래로 불변하는 법칙으로 운영되고 또 변함없이 존속되는 측면들을 지닌다는 면에서 영속적이다. 다른 하나는 순응성인데, 인간의 문명적 개입과 같은 외부의 작용에 의해 변할 수 있고 또 재구성될 수 있는 여지가 있다는 면에서 순응적이라는 것이다. 한편으로, 전자에 관하여 과학은 자연 안에 내재하고 영속적 규범으로 작용하는 질서나 법칙을 밝히 드러내 준다. 다른 한편으로, 후자에 관하여 기술은 자연의 상태에 인공적으로 개입하여 새로운 인간의 문명을 창출하고 또 자연의 구성 요소들을 재구성하여 이전과는 다른 모습의 자연을 만들어낸다.[67]

---

67 Max L. Stackhouse, 『세계화와 은총』, 210-12.

스택하우스는 이 두 가지 속성으로부터 문화명령의 두 가지 차원을 추론해 낸다. 그에 따르면 창조자의 선물로서 물리적 생명 세계는 존재론적 차원과 현상적 차원을 내포하며, 인간이 받은 문화명령은 이 두 가지 차원에 적절하게 반응해야 한다. 존재론적 차원에서 문화명령은 하나님이 지으신 세계를 보호하고 보존해야 하는 의무를 가리키는데, 인간이 이 의무를 소홀히 한다면 이 세계는 존재론적 위기를 맞이할 수밖에 없을 것이다. 또한 현상적 차원에서 피조세계 가운데 순응성이 있는 부분들을 찾고 그 부분들에 문명적 손길로 개입하여 현상적 변화를 일으킴으로써 문화명령을 수행한다. 여기서 현상적 변화라는 것은 인류 공동체의 생존과 문명 형성 그리고 번영과 연관되는데, 이러한 현상적 변화를 일으키는 인간의 활동과 이 활동을 가능케 하는 능력을 하나님이 인류에게 선사하신 일반은총으로 이해할 수 있다. 다만 여기서 물어야 할 질문들이 있다. 자연에 순응성이 있다고 한다면 자연에 대한 인간의 개입은 무제한적으로 허용될 수 있는 것인가? 그 개입이 과도하거나 왜곡되어 자연의 존재론적 차원의 붕괴를 불러일으킬 위험은 없는가? 이러한 질문들에 대한 스택하우스의 응답을 들어보자. "자연이 인간의 간섭에 의해 파괴되기 전에 갖고 있던 것으로 추정되는 본래의 조화의 상태로 자연을 되돌리기 위해서 테크놀로지가 사용될 수 있다." 이는 인간들이 "하나님의 특색 있는 피조물과 대리자로서 자신들의 창조된 본성에 따라, 문화와 사회를 형성하도록 하나님에 의해 위임을 받았고 또한 이러한 목적을 위해 세상을 변화시키는 테크놀로지를 개발하고 사용할 수 있는 능력을 하나님으로부터 부여 받았[다]"는 사실에 기인한다.[68]

하나님께 '위임'을 받고 '세상을 변화시키는 테크놀로지'를 창

과학기술과 인간에 관한 기독교적 성찰

출·활용할 수 있는 능력을 하나님이 인간에 주셨다면, 이 능력을 신학적으로 어떻게 해명할 수 있겠는가? 스택하우스는 이를 '하나님 형상'으로 풀어낸다. 그에 따르면, 인간이 창조자 하나님의 물리적 생명 세계를 존재론적으로 보존하고 현상적으로 변화시켜 제2의 환경으로서의 문화^{문명}를 창출하라는 명령을 수행할 수 있는 근거는 하나님의 승인에 있으며 이러한 신적 승인의 핵심적인 인간론적 근거는 바로 하나님 형상이다. 스택하우스는 하나님 형상 개념을 구성하는 핵심 요소들을 기독교의 전통적 이해와의 연속성 속에서 세 가지로 정리한다.[69] 하나님 형상 개념은 전통적으로 영혼이라는 개념과 동일시되어 왔는데, 영혼이라는 존재론적 구성 요소를 인간에게만 주어진 것으로 봄으로써 기독교 신학은 이를 두고 다른 피조물들과 인간을 본질적으로 구별했다. 또한 하나님 형상은 하나님과의 닮음을 내포한다. 인간은 하나님을 가장 가까이 닮은 존재로서 이 세계 안에서 하나님을 유비적으로 반영하는 사명을 받았다고 할 수 있다. 이것과 연관되는 것으로, 하나님 형상을 받았다는 것은 하나님과 친밀한 관계를 맺을 수 있는 가능성을 내포한다. 언어적 도구를 수반한 의미의 소통이 가능한 인격적 관계 형성을 뜻하는 것이다. 다만 하나님 형상 개념에 내포된 인간의 특수한 지위와 역할의 가능성을 인간을 신성시하는 가능성으로 확장해서는 안 될 것이라고 스택하우스는 역설한다.[70]

하나님 형상에 내포된 인간론적 능력은 무엇인가? 특별히 과학 기술과 같은 인공적 손길을 통해 구현되는 인간의 문명적 능력의 관점

---

68   위의 책, 212-13.
69   위의 책, 213-14.
70   위의 책, 214.

에서 어떤 역량혹은 잠재력을 포함하는가? 스택하우스는 크게 세 가지 역량을 제시한다.[71] 첫째, 지적 역량이다. 하나님이 창조하신 물리적 생명 세계와 그 세계 안에 존재하는 개별 사물들을 존재론적으로 또 현상적으로 이해하고 서술하는 능력을 뜻한다. 둘째, 의지적 역량이다. 자연 세계의 본성적 특징들 중 하나를 비결정성으로 보는데, 결정의 주체로서 선택하고 결의하는 능력을 갖춘 피조물인 인간은 이 역량을 발휘함을 통해 이 세계 안에서 결정성을 불러일으킨다는 이해인 것이다. 셋째, 정서적 역량이다. 타자를 대상화하는 지성적 능력이나 외부 세계에 변화를 일으키는 객관적인 의지적 결정의 능력뿐 아니라 인간은 타자나 외부 세계와 소통하고 공감하는 정서적 능력을 보유한다. 정서의 변화가 능성혹은 불안정성이 타자에 대한 무관심이나 폭력으로 이어질 수도 있지만, 인간은 고유한 정서적 능력으로 돌보고 공감하고 나누는 삶을 살 수 있게 되는 것이다.

하나님 앞에서 모든 인간이 공유하는 창조의 구성 요소들인 문화명령, 하나님 형상 그리고 인간의 잠재적 역량 사이의 관계성을 숙고하면서, 스택하우스는 이 관계성이 문화명령과 인간의 역할에 대하여 던지는 신학적·윤리적 함의를 크게 두 가지로 제시한다. 첫째, 창조의 결과로 생긴 모든 존재들은 유한하고 불완전하며 그러기에 상호의존적이어야 생존할 수 있다는 점과 생명 주권이 궁극적으로 하나님께 있다는 점을 인정해야 한다는 것이다.[72] "아무것도 영원하지 않으며, 존중되어야 하는 부여된 존엄성을 가지고 있는 우리 자신을 포함하여 어떤 피

71　위의 책, 215-17.
72　위의 책, 219.

조물도 자율적이지 않다. 더구나 모든 것의 배후에 있는 역동적인 우주 만물의 존재를 지배하는 법칙과 창조주를 제외하고 그 어떤 것도 불변하는 것은 없다. 많은 사물과 많은 사람이 생겨나서는 사라졌으며 세계 자체도, 우리도 영원히 존속하지는 않는다. 하나님은 자연을 창조하셨고 지탱하신다. 자연은 자력으로는 불안정하고 신뢰할 수 없다."[73] 둘째, 문화명령의 청지기적 특성을 진지하게 수용해야 한다.[74] 세계의 창조자이자 주권자이신 하나님의 의도와 계획을 존중하면서 인간중심적 임의성을 극복하고 하나님과 세계와 동료 피조물들에게 책임적인 삶을 살아야 한다는 것이다. "만약 우리가 '문화명령'을 하나님의 명령으로 진지하게 받아들인다면, 지배가 아닌 하나님의 청지기직 수행과 하나님의 창조물의 경작으로서 우리의 다스림 dominion 을 완수하기 위해 테크놀로지에 가능한 한 능해야 하는 것이 신학적인 의무다."[75]

3. 스택하우스의 문화명령론과 신학적·윤리적 함의 요약

기독교 신앙과 교회의 공적 본질에 대한 스택하우스의 신학적 정당화는 통전적인데, 인간과 인간의 정치사회 공동체 그리고 전체 피조세계를 향한 하나님의 보편적인 섭리에 그 정당화의 근거를 둔다는 점에서 그렇다. 인생과 역사와 세계를 향한 하나님의 애정 어린 섭리에 상응하여 기독교회와 신자들은 신적 사랑을 모범으로 삼는 사랑을 근

---

73 위의 책, 219-20.
74 위의 책, 220-22.
75 위의 책, 220-21.

본 동기로 하여 세상에 공적으로 참여해야 한다는 것이다. 또한 스택하우스는 하나님 형상에 내포된 바로서 문화명령 수행을 위한 인간론적 역량을 강조하고 이에 대한 건설적 수용을 권고함을 보았다. 이 점에서 그는 인간 사회와 전체 생명 세계의 구성원들 사이의 상호의존과 협력을 통해 생명 주권을 이루어 가시는 하나님의 섭리를 존중하고 청지기로서의 정체성 인식과 하나님 뜻에 대한 신실한 지향을 견지하면서 문화명령을 수행해야 한다는 규범적 방향성을 분명히 제시한다. 우리는 이를 문명 창출과 전개에 있어 중요한 신학적 토대로 받아들일 수 있을 것이다.

V 맺는 말

문화명령의 수행자이자 문명 창출의 주체로서의 인간에 대한 신학적 탐구를 근거로 하여 인간과 인간 공동체의 문화 행위의 규범적 방향성을 신학적·윤리적 관점에서 몇 가지로 제안하고자 한다.[76]

첫째, 기독교의 문화명령 수행은 인간의 문명적 가능성을 긍정한다. 칼뱅은 인류가 과학기술을 비롯한 다양한 지적 학문적 과업을 수행하여 공익을 극대화하고 인간 문명을 건실하게 세워가는 데 있어 인간

---

[76] 이 부분은 다음의 문헌을 중요하게 참고하였음을 밝힌다. 이창호, "문화사역의 신학적 토대에 대한 성찰: 몰트만과 마우를 중심으로," 238-43.

의 이성적 지적 역량이 유익하며 그러한 역량이 일반은총으로 모든 인간에게 주어졌다고 강조함을 보았다. 스택하우스는 문화명령 수행과 문명 창출의 인간론적 역량을 신학적으로 해명할 때 하나님 형상 개념을 중시하는데, 하나님 형상은 하나님이 창조하신 모든 인간이 동등하게 존엄하다는 진실을 내포하며 이러한 존재론적 진실은 모든 인간이 존재론적으로 부여된 존엄성을 실현하고 누리며 살 수 있도록 해야 한다는 도덕적 책무에 대한 명령을 내포한다.

기독교인들은 공적 공동체의 동료 구성원들과 함께 과학기술 문명을 활용하여 문화명령을 수행하고 인간 문명의 발전적 전개에 이바지하기 위해 힘쓰되 청지기적 정체성과 역할을 분명하게 인식하며 하나님의 창조의 지평을 존중하는 구원의 뜻을 현실화하고자 하는 방향성을 견지해야 할 것이다. 여기서 기독교의 문명적 가능성에 관한 인간론적 긍정은 일반은총에 대한 신념에 의해 뒷받침될 수 있다는 점을 밝혀 두고자 한다. 선택과 비선택의 구원론적 구분을 넘어서 모든 인간이 미학적·도덕적 선을 창출할 수 있고 또 향유할 수 있다는 신념으로부터, 기독교의 문화명령 수행은 일반은총의 지평을 포괄하면서 신자와 비신자가 공유하는 미학적·도덕적 선을 창출·확대해 가는 방향성을 존중해야 한다는 통찰을 끌어낼 수 있다. 문화명령 수행을 통한 문명 창출과 전개는 그것이 정치사회적 선을 위한 헌신이든 생명 보존과 증진을 지향하는 목적론적 가치지향이든 혹은 미학적·도덕적 가치 구현을 목적으로 하는 문화적 추구이든 신자와 비신자가 함께 자리 잡고 활동할 수 있는 존재론적 행위론적 기반을 모색해야 할 것이다. 다만 모든 인간과 전체 세계를 향한 하나님의 포괄적인 사랑의 섭리에 대한 신학적 신념과 미학적·도덕적·정치사회적·사회문화적 공동의 기반으로서 궁극적으로 작용하는 일반은총에 대한 신념을 존중할 필요가 있을 것이다.

둘째, 기독교인의 신앙과 역사적인 실존은 궁극적으로 하나님 나라를 지향해야 한다는 규범적 진실을 존중하며 문화명령 수행은 구체적인 삶과 실천을 통한 하나님 나라 구현이라는 포괄적 지향을 견지해야 할 것이다. 하나님 나라는 규범적 이상일 뿐 아니라 동기부여와 동력의 원천이 된다는 점에서 하나님 나라의 궁극적 완성을 바라보면서 동시에 지금 여기에서 하나님 나라를 불러일으키시고 또 하나님 나라의 현재적 실현을 위해 부르시는 하나님의 부르심에 응답해야 할 것이다. 이런 맥락에서 기독교의 문화명령의 수행은 창조와 구원의 목적의 다양성을 존중하면서 복음전도를 위한 선교의 전략적 방편으로 제한되어서는 안 될 것이며 공적 공동체에 대한 사회윤리적 책임을 감당함으로써 전체 사회의 공공선 증진에 이바지해야 할 것이다. 따라서 영혼구원을 위한 교회의 사역을 위해서도 수행되어야 하지만 창조세계의 보존이나 정치사회적 경제적 정의와 평화를 위해서도 정당하게 추구되어야 한다. 다시 말해, 기독교회와 신자들의 문화명령 수행은 지역사회의 문화적 욕구에 응답하는 사역뿐 아니라 지역사회를 비롯하여 더 큰 차원의 정치사회 공동체와 다른 피조물들을 포함하는 전체 생태공동체 안에서 하나님의 구원의 섭리 실현에 동참하는 사역이 되어야 할 것이다.

셋째, 문화명령의 수행과 문명 전개의 중요한 방향성은 사회윤리적 책임 수행과 공적 공동체 강화이어야 한다. 스택하우스의 문화명령론은 하나님이 부여하신 인간론적 역량의 긍정과 하나님의 뜻에 대한 청지기로서의 철저한 순종을 그 신학적 본령으로 하지만 동시에 공공신학적 논지 및 정당화를 중시함을 보았다. 창조하신 세계와 그 세계 안의 존재들에 대한 하나님의 사랑과 섭리에 상응하여 기독교회와 신자들은 전체 세계 안에서 공적 책무 수행과 공공선 증진을 위해 노력해야 한다는 공공신학적 신념은 문화명령 해석에 있어서도 중요한 관점으로 작용한다고 볼 수 있다. 이러한 공공신학적 논지와 결부하여 문화명령을 이해할 때, 문화명령의 수행은 인간의 문명 창출의 능력을 발휘하여 전체 창조세계를 향한 하나님의 애정 어린 섭리를 구현하는 통로로서 작용해야 할 것이다.

앞에서 본 대로, 창조와 구원의 다원성을 강조하는 마우는 하나님의 구원론적 섭리를 영혼구원에 제한하는 것을 극복하고자 하며 이러한 구원론적 확장은 문화명령 수행이 공적 책임성을 내포해야 한다는 규범적 방향성을 견지한다. 일반은총에 대한 논의를 기독교회와 신자들의 공적 책임의 윤리와 연계하여 전개함으로써 문화명령 수행의 공적 지평과 책임성을 확장해 가야 한다고 보는 것이다. 일반은총의 역사 안에서 신자들은 비신자들과 더불어 '선하고 아름답고 진실한' 문화를 창출함으로써 전체 사회의 공동의 선을 산출하게 된다는 것이다.

스택하우스의 공공신학이 문화명령 수행의 공적 책임성을 강화하고 공공선·지향적 실천을 위한 신자와 비신자 사이의 협력의 여지를 확보하는 데 이바지할 수 있다는 점을 긍정한다. 한편, 공공선을 향한 기독교적 안내의 중요성에 대한 스택하우스의 강조가 극단화되었을 때 생길 수 있는 우월주의나 배타주의를 경계할 필요가 있을 것이다. 이 점에서 공적 책임성의 논지를 전개함에 있어 하나님의 구원론적 섭리를 신학적 정당화의 근거로 중시할 뿐 아니라 마우의 일반은총·중심적 정당화의 방식을 존중하는 것은 유익할 것이다. 즉, 일반은총은 신자와 비신자를 동등한 기반에 위치시킴으로써 문명 창출과 향유를 위한 비신자들과의 협력과 연대 그리고 공공선 증진을 위한 책임적인 공적 참여를 내포하는 문화명령 수행이 우월주의나 배타주의에 빠질 수 있는 위험을 경계하는 데 기여할 수 있다는 점에서 그렇다.

제 2 장

신적 '초월과 내재'와
인간의 기술문명적 가능성

초월과 내재는 신론의 중요한 주제이다. 하나님의 내적 본성 자체에 대한 논의로도 중요하지만 하나님과 인간의 관계를 포함하여 하나님과 피조세계 사이의 관계성이라는 관점에서도 중요하게 논의되어야 할 주제인 것이다. 하나님과의 관련성 안에서의 인간의 가능성, 인간의 자율의 여지, 인간의 문명적 개입 등의 논제들을 성찰·탐구함에 있어 필수적으로 다루어야 할 신론적 주제라고 보는 것이다.

초월은 기본적으로 하나님의 타자성 그리고 창조자 하나님과 피조물 사이의 구분을 강조하는데, 초월의 틀 안에서 하나님은 피조물과는 아주 다른 혹은 결정적으로 다른 존재 곧 그 본성과 행위에 있어서 근본적으로 다른 존재로 인식된다. 다시 말해, 초월하시는 하나님은 권위, 능력, 도덕성 등의 관점에서 완전히 다른 존재, 특별히 인간과는 확연하게 구분되는 존재이시다.

내재는 하나님과 피조물 사이의 구분 혹은 간격을 줄이거나 없앤다. 역으로 생각하면, 차이보다는 둘 사이의 유사점, 같은 점, 일치, 동일시 등을 강조한다. 동일시를 중시한다고 할 때, 그 방향은 크게 두 가지로 정리할 수 있을 것이다. 하나는 인간의 하나님화 곧 인간이 하나님이 되는 방향으로의 동일시이다. 인간이 신적 본성과 능력을 보유하고 있다는 점을 보임으로써 동일시에 가까이 다가서고자 한다. 자유주의 신학자 리츨Albrecht Ritschl에게 구원은 인간이 그리스도와의 일치에 이르는 것인데, 특별히 도덕적 관점에서 예수 그리스도와의 일치를 이룰 때 구원의 완성에 이른다고 보는 것이다. 예수는 참된 인간으로서 도덕적 완성을 이루신 분이며 피조물 인간도 예수 그리스도를 모범으로 삼아 도덕적 완성에 이를 수 있다는 낙관론을 리츨은 견지한다. 다른 하나는 하나님의 인간화 곧 하나님이 인간이 되시는 방향으로의 동일시다. 하나님의 철저한 인간화, 전능의 상실, 절대성의 유보 등의 관념으로 설명될 수 있을 것이다. 하나님의 본성, 속성, 능력, 행위 등을 인간론적으로 이해·설명하고 그러한 이해와 설명의 틀 안에서 인간론적으로 혹은 인간적 차원에서 구현하고자 하는 신학적 시도이자 흐름인 것이다.

초월과 내재의 주제를 중요 논점으로 삼아 19-20세기 신학을 정리한 그렌츠Stanley J. Grenz와 올슨Roger E. Olson은 '초월'과 '내재'에 방점을 두고 신론을 전개한 대표적인 신학자들을 제시한다. 내재 쪽으로는 슐라이에르마허Friedrich Daniel Ernst Schleiermacher, '종교적 감정 안에 내재하시는 하나님', 리츨'윤리적 문화 안에 내재하시는 하나님', 틸리히Paul Tillich, '하나님 위에 계신 하나님의 내재성, 상관관계론의 내재성', 캅John B. Cobb, '과정 안에 계신 하나님의 내재성', 구티에레즈Gustavo Gutiérrez, '억압과 해방의 경험 안에 내재하시는 하나님'가 있다. 그리고 초월 쪽으로는 바르트Karl Barth, '자유주의적 내재성에 대한 반란, 하나님의 자유로운 예정과 주권 안에서의 초월성', 니버Reinhold Niebuhr, '자유주의적 내재성에 대한 반란, 이상과 현실 긴장 속에서의 초월의 추구', 몰트만Jürgen Moltmann, '미래의 초월성과 내재성' 등이다.

본 장에서는 초월과 내재에 대한 신학적 논의와 연관하여 인간의 기술문명적 가능성을 탐색하고자 한다. 바르트, 니버, 리츨, 구티에레즈 그리고 캅의 초월-내재 신학을 탐구하고, 그러한 탐구에 근거하여 인간의 기술문명적 가능성 곧 과학기술을 통한 문명 형성과 전개에 있어서의 인간의 가능성을 논할 것이다.

I 바르트 Karl Barth

1. 성육신과 하나님의 자유로운 영원한 결의 안에서의 예정[1]

인간 행위자의 자율과 하나님에 대한 의존 사이의 관계성에 대해 논하면서, 켈시 David Kelsey 는 바르트가 이 둘을 모두 하나님의 자유로운 결정에 근거지움으로써 이 둘을 화해시키려 했다고 주장한다. 켈시는 이를 다음과 같이 설명한다.

> 기독교 신학은 종국적으로 하나님께 대한 것이기 때문에 하나님에 대한 지식에 이르도록 만드는 것이 있다면 유한한 주체들에 관련해서는 무엇인지 또 전적 타락에 이르게 하는 것이 있다면 그들에 관련해서 무엇인지에 대한 질문을 다루면서 인간 존재에 대해서 논의할 수 없다. 오히려 이러한 것들이 가능하게 하는 것이 있다면 하나님께 관련해서 무엇인지를 물어야 할 것이다. 바르트에게 있어서 가장 진지하게 가져야 할 신학적 관점은 하나님을 주체자 혹은 바르트의 표현으로 '인격'로 보는 것인데, 그 용어가 갖는 본연의 의미대로 말이다.[2]

---

1 이 주제와 연관해서 다음의 문헌들에서도 다루었는데, 본 장의 목적에 맞추어 다시 전개하였음을 밝힌다. 이창호, "'율법과 복음'론과 '두 정부'론의 상관성과 사회윤리적 함의 탐색: 루터와 바르트를 중심으로." 『기독교사회윤리』 34 (2016), 152-55; 이창호, 『기독교 공적 관계론: 기독교사회윤리 이론과 실천』 (서울: 장로회신학대학교출판부, 2022), 97-99.

2 David Kelsey, "Human Being," in *Christian Theology: An Introduction to Its Traditions and Tasks*, eds. Peter C. Hodgson and Robert H. King (Philadelphia: Fortress, 1985), 188.

주체자로서 하나님은 하나님이 아닌 다른 존재들과의 관계를 시작하시기로 자율적으로 결정하신다. 성육신 안에서 하나님은 유한한 존재들과 가장 밀접한 언약의 관계를 형성하신다. 피조물로서 모든 주체들은 예수와 연결됨으로써 하나님과의 이 관계에 참여하게 되며, 인자로서 그리스도는 하나님과 인간 사이의 화해를 실현함으로써 인간성의 참된 의미를 완성하신다. 성육신 안에서, "[예수 그리스도]는 우리 죄를 지시고 그 죄를 우리로부터 멀게 하시고 우리 죄의 결과 때문에 고통하시고 우리 죄인을 위한 의로운 한 분이 되시고 또 우리 죄를 용서하실 수 있는 전능한 능력을 보유하신다."[3]

이 점에서 예수 그리스도의 이야기와 복음에 대한 바르트의 해석은 영원에서 출발한다. 다시 말해, 예수 그리스도와 복음은 창조 이전의 하나님의 영원한 결의 God's eternal decree 에 기원을 둔다. 바르트에게 이 결의는 예수 그리스도께서 모든 인간에게 선포하신 기쁜 소식의 본질적인 부분이다.[4] 이 결의는 밖을 향한 ad extra 〈아드 엑스트라〉 하나님의 모든 행위들의 기초가 될 뿐 아니라 인간에게 주어진 하나님의 자유롭고 또 변하지 않는 은혜의 표현이기도 하다. 이 결의를 통해 하나님은 예수 그리스도 안에서 인간의 죄악됨의 결과를 영원히 감당하기로 결정하시며 동시에 예수 그리스도 안에서 하나님은 죄악된 인간을 선택하여 하나님의 영광에 참여하도록 하시기로 결정하신 것이다.[5] 그러므로 이 결의를 통해서 들을 수 있는 메시지는 구원과 저주가 뒤섞인 메시지라기보

---

3   Karl Barth, *Die Kirchliche Dogmatik, Church Dogmatics* IV/1, ed. Thomas F. Torrance and Geoffrey W. Bromiley, trans. Geoffrey W. Bromiley (Edinburgh: T.&T. Clark, 1956), 235.

4   Karl Barth, *Die Kirchliche Dogmatik, Church Dogmatics* II/2, ed. Thomas F. Torrance and Geoffrey W. Bromiley, trans. Geoffrey W. Bromiley et al. (Edinburgh: T.&T. Clark, 1957), 94-95.

5   위의 책.

다는 순전한 복음, 오직 기쁨의 복음이라 할 수 있을 것이다.

　　바르트의 죄론은 하나님의 영원한 결의의 관점에서 잘 이해될 수 있다. 하나님은 왜 죄와 악의 실재를 허용하시고 또 참아주시는가? 바르트는 하나님의 의지의 자유에 초점을 맞추어 응답한다. 하나님은 이 결의 안에서 죄와 악이 존재하도록 허용하셨다. 하나님이 언약의 관계를 형성하고자 하시는 대상인 인간이 죄인이기 때문에 하나님은 이 결의 안에서 스스로 인간의 죄와 악을 감당하기로 선택하셨다는 것이다.[6] 또한 바르트에 따르면, 이 결의 안에서 하나님은 인간을 위하여 복과 생명을 선사하기로 결정하셨다. 하나님이 인간의 죄악을 허용하신 것은 이러한 하나님의 선택^{혹은 결정}의 관점에서 이해할 필요가 있다.

> 하나님의 긍정적 의지와 선택은 오직 그의 영광의 넘쳐남이며 인간의 복과 영생이다. 유혹과 타락에 인간이 쉽게 넘어지도록 허용하신 것조차도 ^{심지어 죄를 허용하신 것도} 언제나 하나님이 의지적으로 뜻하신 것이다. … 하나님은 그의 영광의 빛을 자신에게만 비추시는 것이 아니라 자신 밖을 향해서도 비추도록 의지적으로 결단하셨기에, 인간을 이 영광의 증언자로 세우기로 의지적으로 결단하셨기에, 오직 이런 까닭에 악을 의지적으로 허용하신다. … 그리하여 하나님이 인간을 위해 의도하신 선과 영원 전부터 선사하신 선과 하나님이 '허용한' 악이 가져다주는 위험과 고통 사이의 관계를 균등한 것으로 보아서는 안 되고, 불균형적인 것으로 보아야 할 것이다.[7]

6　위의 책, 168-85.
7　위의 책, 170.

그러므로 하나님은 하나님의 거룩한 뜻에 대한 인간의 자유로운 복종과 예수 그리스도 안에서 주시는 하나님의 은혜에 대한 자유로운 응답을 보장하기 위해 죄와 악을 허용하셨다고 볼 수 있다.[8] 바르트가 주장하는 대로, 하나님의 긍정적 의지^뜻는 지배적이고 인간의 죄에 대한 하나님의 허용은 종속적이다.[9] 바르트의 기독론은 전통적인 죄의 교리가 내포하는 인간론적 비관주의를 교정하는 데 도움이 되며, 죄의 교리를 좀 더 포괄적으로 구원론과 기독론의 맥락에서 논의하면서 이 구도 안에서 죄의 의미를 도출한다는 점도 주목할 만하다.

초월하시는 하나님은 인생 가운데 들어오셔서 함께 하시고 또 지극한 사랑으로 사랑하시기로 '스스로 자유롭게' 선택하신다. 이러한 선택은 구체적으로 예수 그리스도의 성육신 안에서 결정적으로 실현된다. 하나님의 초월이 성육신 안에서 내재의 결실을 맺게 된 것이다. 그렌츠와 올슨이 밝힌 대로, "이것은 무엇보다도 하나님이 예수 그리스도의 십자가 안에서 죄악된 인류와 은혜로이 동화identification 하셨던 것, 곧 '하나님의 아들이 먼 나라로 찾아오신 길'에서 드러난다."[10]

이 참되고 위대하고 자유로운 하나님의 사랑의 선택 곧 하나님이 창조하신 대상을 향한 하나님의 '내재'적 여정은 창조하신 모든 세계를 포괄한다. 세계를 향한 하나님의 사랑의 선택은 자유로운 것이다. 바르트는 사랑으로서의 하나님에 대해 어떤 식으로든 제한을 두지 않고, 이 사랑의 자유를 한껏 강조한다. 이 세계에 대한 하나님의 사랑은

---

8   Herbert Hartwell, *The Theology of Karl Barth: An Introduction* (London: G. Duckworth, 1964), 122.

9   Karl Barth, *Church Dogmatics* II/2, 172.

10   Stanley J. Grenz and Roger E. Olson, *20th-Century Theology: God and the World in a Transitional Age*, 신재구 역, 『20세기 신학』 (서울: IVP, 1997), 112.

참되고 영원한 것이지만 그것이 필연적인 것은 아니다. 이 점을 놓친다면 내재를 강조하다가 하나님의 신성과 초월을 상실하게 된 자유주의 신학의 오류에 빠질 수 있다는 것을 바르트는 잘 알고 있었다. 그렌츠와 올슨은 "하나님은 이 세상에 대한 사랑과 이 세상과의 교제를 갖기 전에, 그리고 그것과는 별도로, 그 자신 안에서, 즉 그의 삼위일체적 삶 안에서, 완전한 사랑과 교제를 가지고" 계신다는 점과 "이러한 방식으로 이해할 때에만 범신론을 피할 수 있으며 이 세상에 대한 하나님의 사랑이 진정 은혜로운 것이 될 것"이라는 점을 역설한 바르트의 입장을 적시한다.[11] 요컨대, 바르트는 이 세계에 대한 하나님의 초월성과 절대성을 견지하면서, 그와 동시에 하나님의 영원한 결의 안에서 세계와 함께 하시고 또 사귀고자 하시는 하나님의 내재적 여정의 신학을 창조적으로 전개하고 있는 것이다.[12]

2. 바르트의 칭의와 성화 이해에서의 인간 행동과 하나님의 초월적 개입[13]

칭의의 본질은 하나님의 사죄 선언이며 성화는 그리스도의 거룩

---

[11] 위의 책.

[12] 그렌츠와 올슨은 "슐라이에르마허와 헤겔 이래로 만연했던 신에 대한 자유주의적 사고의 전반적인 흐름과는 정반대로, 바르트는 이 세상에 대한 하나님의 절대적인 초월을 주장했고, 특히 하나님의 자유라는 입장에서 그것을 생각했다."는 점을 지적하면서, "하나님의 자유의 완벽한 탁월성은 조화와 편재(omnipresence), 불변과 전능, 영원과 영광 등인데, 바르트는 그 모든 것을 창의적으로 재해석했다."고 평가한다. 위의 책, 112-13.

[13] 이 주제와 연관해서 다음의 문헌들에서도 다루었는데, 본 장의 목적에 맞추어 다시 전개하였음을 밝힌다. 이창호, "'율법과 복음'론과 '두 정부'론의 상관성과 사회윤리적 함의 탐색: 루터와 바르트를 중심으로," 155-57; 이창호, 『기독교 공적 관계론: 기독교사회윤리 이론과 실천』, 101-02.

함을 향한 변화를 내포한다. 다만 이것은 구원의 다른 두 가지 행위가 있다는 것을 의미하지는 않는다. 칭의와 성화는 기독교인의 삶 안에서 서로 연관성을 가지며 일어나며, 이 둘은 변증법적 긴장 속에 있다. 칭의와 성화는 상호 연관되어 있지만, 그렇다고 인과적 관계로 얽혀 있는 것은 아니라고 바르트는 주장한다.[14]

바르트는 율법주의와 율법폐기론혹은 무규범주의의 위험을 피하기 위해서 신중하게 칭의와 성화 사이의 균형을 맞추려 한다. 둘 사이의 구분과 연속성을 견지하면서 자신의 '균형'론을 전개한다. 먼저 구분으로 시작한다. 바르트에게 칭의와 성화는 원천적인 구원의 사건의 다른 두 양상이다. 바르트는 예수 그리스도가 이루신 구원 사건의 동일성을 견지하면서 그분의 인격과 사역의 관점에서 이 둘을 구분한다.[15] "예수 그리스도가 한 인격 안에서 참 하나님이요 참 인간이라는 점은 그의 참된 신성과 그의 참된 인간성이 동일한 것이라는 것을 의미하거나 이 둘이 서로 호환될 수 있다는 것을 의미하는 것이 아니다. 마찬가지로, 피조물 인간의 자리까지 자신을 낮추신 하나님의 아들 예수 그리스도의 현실과 하나님과의 교제의 자리로 높임 받은 사람의 아들은 한 분이지만, 그 낮춤과 높임 받음은 동일한 것은 아니다."[16] 여기에서 우리는 칭의와 성화는 동일하지 않으며 어느 한쪽으로 포섭되거나 혼합될 수 없다는 점을 추론할 수 있다.[17] 한편으로 구분이 견지되지 않고 성화가 칭의를

---

14 Karl Barth, *Die Kirchliche Dogmatik, Church Dogmatics* IV/2, ed. Thomas F. Torrance and Geoffrey W. Bromiley, trans. Geoffrey W. Bromiley (Edinburgh: T.&T. Clark, 1958), 503.

15 이창호, "하나님의 사랑과 인간의 사랑, 그 같음과 다름에 관한 신학적·윤리적 연구," 『기독교사회윤리』 22 (2011), 279.

16 Karl Barth, *Church Dogmatics* IV/2, 503.

17 위의 책.

포섭하여 종속의 관계가 되면 칭의의 교리는 율법주의에 빠질 위험이 있다. 다른 한편으로 칭의가 성화를 완전히 지배하여 성화마저도 법정적 의미에서의 의의 전가로만 이해된다면 성화의 교리는 그리스도의 거룩함을 향한 변화의 동기와 동력을 잃게 될 것이다.

　　다음으로 바르트는 이 둘 사이의 연속성을 말한다. 이 둘 사이의 상호연관성을 포착하지 못한다면, 한편으로 기독교 구원론은 이른바 '값싼 은혜' 신앙이나 이것과 연관된 정적주의에 빠지게 될 것이고 다른 한편으로 하나님의 은혜로부터 완전히 분리된 잘못된 행동주의로 귀결될 위험이 있다고 우려한다.[18] 이런 맥락에서 "그 안에서 이 둘이 함께 발생하고 효력을 발생하는 바, 살아계신 예수 그리스도가 동시에 참 하나님이며 또 참 인간이듯이",[19] 칭의와 성화는 별개의 양상으로 발생하는 것이 아니라 '동시에 그리고 함께' 발생한다. 이 점에서 바르트의 견해를 루터와 칼뱅 사이의 어떤 지점에 위치시킬 수 있다. 균형을 맞추고자 하지만, 바르트는 율법주의를 좀 더 경계하는 것으로 보이고 또 성화보다는 칭의에 좀 더 비중을 두고 있는 듯하다. 칭의 받은 신자들의 거룩한 변화도 철저하게 하나님의 은혜의 맥락에서 통전적으로 이해하고자 하는 바르트의 강조점을 감지할 수 있는 대목이다. 바르트는 성화의 과정에서 인간의 행위와 하나님의 행위를 동일시하는 것을 경계한다. 다시 말해, 성화는 인간의 힘으로는 도무지 다다를 수 없는 목적이기에, 하나님의 구원의 은총에 철저하게 의존해야 한다는 것이다.[20]

---

[18]　위의 책, 505.
[19]　위의 책, 507.
[20]　이창호, "하나님의 사랑과 인간의 사랑, 그 같음과 다름에 관한 신학적·윤리적 연구," 280-81.

영원한 자유로운 선택 안에서 구체화되는 하나님의 지고지순한 사랑은 구원의 결실 곧 칭의와 성화의 결실로 이어진다. 초월하시는 하나님의 은혜의 역사가 '이 땅'에서 '피조물의 생명'으로 사는 인간에게 구원의 영광을 가져다주는 것이다. 그러기에 하나님의 자유를 강조하면서도, 바르트는 "인류에 대한 하나님의 사랑을 단순한 일시적 기분과 같은 것으로, 즉 그의 신적 삶에 아무런 변화도 가져다주지 않고 사실 그에게는 별 관심도 없는 어떤 것으로 해석하지 않았다. 오히려 하나님 안에 있는 생명의 충만함은 피조적 생명과의 조화를 '향하여 기울어져 있다.'"[21] 하나님은 창조하신 인간이나 세계와의 친밀한 사귐을 열망하시며 그 열망을 실현하여 피조된 생명들 가운데 하나님의 생명을 불어넣고자 하신다. 태초의 '영원한 결의'의 관점에서 말한다면, 하나님은 예수 그리스도의 성육신 안에서 피조물인 인간이나 세계와 결정적 사귐을 이루고 누리시기로 결정하신 것이다. 그러므로 이 결정은 창조의 이유가 되며, "하나님이 이 세상을 창조한 것은 예수의 성육신, 죽음, 그리고 부활 안에서 세상과 언약적 교제를 맺으려는 바로 그 이유 때문이었다."고 말할 수 있다.[22]

3. 인간의 기술문명적 함의 탐색

바르트는 전통적인 초월과 내재의 구분을 신적 자유와 신적 사

---

21   Stanley J. Grenz and Roger E. Olson, 『20세기 신학』, 113; Karl Barth, *Church Dogmatics* II/1, 274.
22   Stanley J. Grenz and Roger E. Olson, 『20세기 신학』, 113; Karl Barth, *Church Dogmatics* IV/1, 50.

랑 사이의 구분의 관점에서 논의하는 새로운 접근 방식을 취한다. 앞에서 본 대로, 성육신은 초월하시는 하나님이 인간의 몸으로 이 땅에 들어오셔서 인간과 함께 하신다는 의미에서 하나님과 인간의 동일시로서의 '내재'적 사건으로 볼 수 있다. 전통적 해석에 따르면, 하나님이 인간의 자리에 오셔서 신적 능력과 속성을 발휘하심으로, 인간의 역사와 문명 가운데 하나님의 역사적 구체적 개입을 통한 '초월'을 향한 고양과 발전이 있을 수 있게 된다. 이러한 초월을 향한 증진을 내포한 내재의 관념을 기술문명적 가능성에 적용한다면, 인간과 인간의 문명은 초월하시는 하나님의 '창조'적 손길에 힘입거나 위임받아서 '기술'을 통한 새로운 문명적 산물을 도출할 수 있다는 식^도의 신학적 해석을 가능하게 한다.

바르트의 내재론은 과연 이러한 해석을 허용하는가? 필자가 생각하기에, 바르트의 답은 부정적이다. 바르트는 성자 예수의 성육신을 전통적 '내재' 신학의 구도에서가 아니라 신적 자유와 사랑의 관점에서 풀어낸다. 특별히 신적인 '영원한 결의'로부터 태초의 창조의 때에 피조된 인간의 죄와 죽음 그리고 성자 하나님의 십자가와 부활을 통한 궁극적 구원의 실현이라는 구속사적 '사랑의 역사'를 '완전한 자유' 가운데 결정하시고 이루시고 누리시는 하나님의 절대성^{혹은 절대적 주권성}을 철저하게 밀어붙인다. 이를 통해 바르트는 구원에 관한 인간의 영적 가능성, 칭의 이후 성화와 관련된 도덕적 잠재성, 역사 안에서의 인간의 기술을 통한 문명 창조의 능력 등의 관점에서 전통적 내재 신학의 구도가 '인간의 본성적 능력'에 대해 낙관론을 펼칠 수 있는 여지를 차단한다. 다시 말해, 바르트는 신적 자유와 사랑에 초점을 둔 나름대로의 '초월' 신학을 통해, 한편으로 인간과 역사에 대한 구원과 섭리의 가능성을 극대화하고 다른 한편으로 인간의 영적·윤리적·기술문명적 능력과 잠재성을 최소화하는 방향을 택한다.

또한 20세기 인간의 역사와 문명의 비극적 실패에 대한 신학적 반성과 당시 주류 신학특히 자유주의 신학의 내재론에 근거한 인간의 기술문명적 낙관론에 대한 비판적 성찰을 통해, 바르트는 인간의 경험과 이성의 능력을 통한 구원론적 인식과 진리 획득이 불가함을 역설한다. 그는 이런 맥락에서 문명 창출의 관점에서 인간의 주도적 권한과 창조적 능력 발휘에 대해 부정적인 입장을 견지한다.

Ⅱ 니버 Reinhold Niebuhr

1. 인간의 가능성과 '불가능의 가능성'의 이상

니버의 인간론은 비관적이다. 특별히 인간과 인간 사회의 죄와 악에 대한 현실적 인식에 비추어 그렇다. 니버에게 인간의 죄와 악은 단순히 결핍이나 불완전이 아니다. 인간의 삶은 끊임없이 숭고한 이상을 추구하지만 인간 삶의 한 부분이라도 죄악이 닿지 않은 부분이 없다. 만일 인간이 예수의 사랑의 윤리를 따라 살지 않는다면, 인간이 창조한 관계들과 공동체들은 죄의 파괴적 결과로 인해 신음하게 될 것이다. 그러나 죄의 현실을 심각하게 인식한다고 해서, 니버가 정적주의를 지지하는 것은 결코 아님을 밝혀 두어야 하겠다. 죄와 악의 현실들을 직면하면서도, 건설적인 권면을 외면하지 않는다. 니버는 늘 그렇듯이 현실적이고 또 겸손하다. 인간 공동체가 최소한 무정부 상태에 빠져들어서는 안 되기에 그것을 막는 선에서 성취할 수 있는 평화와 질서를 추구하라고 권면한다.[23]

니버는 인간의 죄악됨의 심각성을 예민하게 인식한다. 그러나 동시에 인간이 자신의 죄성을 인식할 능력을 상실하지는 않았다는 점이 결국 하나님의 은혜의 수용을 통해서 죄의 극복의 길로 인도될 수 있는 가능성을 내포한다고 주장할 때, 그는 인간의 긍정적 잠재성을 보고 있는 것이다. 그렌트와 올슨이 옳게 파악하고 있는 대로, "하나님의 초월성을 강조하면서도 그는 하나님을 알 수 있는 가능성까지도 배제할 만큼 하나님이 멀리 계시다고 보지는 않는" 것이다.[24] 그러므로 니버에게 이른바 일반 계시는 "각 사람이 위치해 있는 자연의 체계를 초월하여 한 개인의 삶에 초월적 실재가 부딪혀 오는 '각 사람의 의식 속에 있는 증거'"이며, 특별 계시와 필연적으로 대립하거나 충돌하지 않고 거기에 이르는 데 기여할 수 있는 계시인 것이다.[25]

죄론을 자신의 신학적 윤리의 주제들 가운데 토대가 될 만한 주제로 삼으면서, 니버는 불가피하게 죄와 악에 연루될 수밖에 없는 인간과 역사는 하나님의 은혜 없이 구원받을 수 없음을 강조한다. 인간의 도덕적 지식과 판단을 약화시키거나 때론 무력화하는 죄는 도덕적 행위자인 인간으로 하여금 가장 도덕적인 행위도 잘못된 행위일 수 있다는 점을 인정하게 한다. 다시 말해, "그 은혜로 자신의 가장 의로운 행위의

23   Reinhold Niebuhr, *An Interpretation of Christian Ethics* (New York: Meridian Books, 1956), 49-52.
24   Stanley J. Grenz and Roger E. Olson, 『20세기 신학』, 164.
25   위의 책.

모호성을 기억하게 한다."는 것이다.[26]

　　니버에게 죄는 하나님께 대한 반란이다. 인간의 자유는 기본적으로 죄된 충동에 둘러싸인 인간이 피조물로서의 유한성 너머를 보도록 돕는다. 그러나 동시에, 이성이 도덕적 이상을 볼 수 없고 또 그것을 이룰 수 있는 능력을 갖추지 못했다는 사실을 망각하게 하는 요인이 되기도 한다. "인간은 자신의 유한한 실존을 좀 더 영속적이며 절대적인 실존으로 바꾸려 힘쓴다."[27] 다시 말해, 인간의 자유는 인간으로 자신이 도달할 수 없는 이상을 향해 자기 초월의 능력을 발휘해 가도록 인도한다는 것이다.[28] 그러나 니버는 인간의 본래적 유한성에도 불구하고 초월에의 잠재력을 절대성의 지점까지 끌고 가려고 하는 이러한 시도는 잘못된 것이라고 단언한다.

　　유한함에도 불구하고 절대적이려고 하는 인간의 헛된 시도는 개인적 차원에서뿐 아니라 공동체의 차원에서도 이루어진다는 점을 말하면서, 니버는 도덕가들에게 "인간이 집단화될 때 보이는 잔인성 그리고 모든 공동체 상호 간의 관계에서 나타나는 자기 이해 추구와 집단적 이기주의의 힘"에 대한 현실적 인식이 부족하다고 지적한다.[29] 평화와 질서의 사회를 이루고자 하는 고상한 헌신의 배후에는 자신들의 공동체

26　Reinhold Niebuhr, *Christianity and Power Politics* (Hamden: Archon Books, 1969), 30.

27　Reinhold Niebuhr, *An Interpretation of Christian Ethics*, 81.

28　인간이 스스로 잠재성에 대해 오판하고 신적 절대성까지 이르려고 하는 오류에 빠질 수 있는 가능성을 강조하지만, 니버가 인간의 영적 도덕적 가능성을 전적으로 부정하는 것은 아님을 다시금 확인해 두고자 한다. 이 점을 그렌츠와 올슨은 다음과 같이 밝힌다. "그[니버]는 계시가 인간의 이성에 대한 공격이라는 데 동의하면서도 인간이 진리를 인정할 수 없을 정도라고 생각지는 않았다. 영원이 역사와 전혀 무관하지 않은 만큼 자연 신학이 완전히 오류투성이인 것은 아니었다. 오히려 믿음을 통하여 식별케 되는 하나님의 지혜는 결코 인간의 경험과 전적으로 모순 관계에 있는 것이 아니므로, 복음의 진리는 비록 경험으로부터 끌어낼 수 있는 것은 아닐지라도 경험에 의하여 확인될 수 있는 것이다." Stanley J. Grenz and Roger E. Olson, 『20세기 신학』, 164-65.

29　Reinhold Niebuhr, *Moral Man and Immoral Society: A Study in Ethics and Politics* (New York: C. Scribner's, 1960), xx.

를 그러한 사회의 중심으로 만들고 또 최대한 유익을 얻어 내고자 하는 집단적 욕망이 꿈틀거린다고 니버는 생각한다. 그러나 인간이 이 역사 속에서 이룰 수 있는 모든 것은 "너무나 부분적이고 불완전하기 때문에 (세상의) 중심이 될 수 없음"을 알아야 한다는 점을 분명히 한다.[30] "인간 정신의 가장 고상한 열망들에서조차 허식에 찬 이상화의 시도가 섞여 있다."는 니버의 경고를 귀담아들을 필요가 있다.[31] 그러한 허식은 현대 국가들이 공통적으로 갖는 특징 가운데 하나이다. 개인적 차원에서 그러한 허식을 교정할 수 있는 가능성 곧 "은혜로 가는 지름길로서의 회개를 통해 구원받을" 가능성을 열어 두지만 집단적 차원에서는 개선이나 교정이 참으로 힘들다고 강조하는데, 다만 절대적으로 불가능하다고 못 박지는 않는다는 점을 밝혀 두어야 하겠다. "인류의 집단으로서의 삶은 그러한 구원의 소망을 약속하지 않는데, 왜냐하면 사람들이 자신들을 하나님처럼 높이고 예배하도록 유혹하는 위장보편성 pseudo-universality의 상징들을 제공하기 때문이다."[32]

이러한 신학적·인간론적 입장은 니버의 현대 평화주의에 대한 비판에서 잘 드러난다. 평화주의의 인간론은 인간과 인간 사회 안에 존재하는 죄악된 경향들에 대한 인식의 측면에서 심대한 결함이 있다고 보는 것이다. 현대 평화주의는 인간이 이 땅에서 하나님 나라의 이상을 실현할 수 있는 도덕적인 능력을 태어나면서 받았다는 신념을 견지한다. 인간 공동체는 완전한 평화를 이루며 살아갈 수 있다고 믿는 것이다. 그러나 니버가 옳게 지적한 대로, 인간의 도덕적 능력에 대한 지나

---

30 Reinhold Niebuhr, *An Interpretation of Christian Ethics*, 82.
31 위의 책.
32 위의 책, 85.

친 낙관론과 인간의 죄성이나 유한성에 대한 인식의 결여는 전쟁과 같은 비극적 현실들에 적절하게 반응하지 못하게 하는 이유가 될 수 있다. 비극적 현실들에 대한 적절한 반응의 부재는 갈등이 없는 상황이라면 어떤 것이든 긍정하게 하는 위험에 빠지게 할 수 있으며, 심지어 독재자 아래서 갈등 없이 사는 것이 전쟁보다 낫다는 생각까지 하게 만든다.[33]

2. 기독교 현실주의와 종말론적 이상

니버는 역사의 진보를 확신하는 자유주의의 역사관에 동의하지 않는다. 니버에 따르면, 진보나 점진적 상승의 이미지는 신약성경에서 찾아볼 수 없다. 신약성경은 역사를 선과 악의 갈등 그리고 종국적으로 악에 대한 선의 승리로 이어지는 드라마로 보지 않는다는 말이다. 역사를 하나님 나라를 향하여 점진적으로 상승해 가는 진보의 드라마로 보기보다는, 신약성경은 하나님 나라가 완성되면 "역사의 모든 모순들은 해결될 것이며 또 그것 때문에 하나님 나라는 손쉬운 역사적 가능성이 아니라"고 가르친다고 풀이한다.[34] 하나님 나라는 하나님의 가능성이지, 인간의 것은 아니다. 그러므로 니버에 따르면, 예수의 윤리적 가르침들은 인간의 정치사회적 현실 속에서 완전히 실현될 수 있는 성격의 것이 아니다. 왜냐하면 그것들은 인간의 능력을 뛰어넘어 있기 때문이

---

33 Reinhold Niebuhr, *Christianity and Power Politics*, 41-42.
34 위의 책, 21.

다. 오직 하나님만이 인간들로 그것들을 실현하도록 하실 수 있다. 다시 말해, 그 가르침들은 하나님이 현재의 질서를 하나님 나라의 도래와 함께 완전하게 변화시킬 때만이 실현 가능하다.[35]

그러나 니버의 종말론은 철저하게 미래적인 것은 아니다. 하나님 나라는 언제나 가까이 있는데, "불가능성들이 실로 가능한 것이 되며 또 역사내적 시간들에서 새로운 현실태로 나타난다는 의미에서 그렇다." 아울러 "모든 역사의 현실태는 그 자체로 … 이상의 근사치적 실현인데, 하나님 나라는 그러나 여기에 있지 않다. 언제나 오고 있는 실재이지만 여기에 완전히 있지는 않다."[36]

현대 자유주의자들에게, 인간론은 기독론이 된다. 니버에게 그리스도는 삼위 가운데 한 분일 뿐 아니라 하나님 나라의 이상 곧 '불가능의 가능성'을 완전히 실현하신 분이기도 하다. 현대 자유주의를 지배하는 유비는 '그리스도를 뒤따름'이 아니라 '닮음' 혹은 '일치'이다. "그리스도의 도덕적 특징들은 우리의 소망인 동시에 절망의 원인이다."[37] 이러한 진단에 근거하여 니버는 예수 그리스도의 복음은 자유주의의 교만의 죄를 드러낸다고 주장하는데, 그러한 교만은 인간이 "공평무사한 선한 의지를 가지고 있고 … 문제들을 해결할 수 있는 능력을 갖추고 있다."고 보는 인간론에 뿌리를 둔다.[38] 인간의 생래적 능력과 역사의 진보에 대한 신앙은 하나님의 능력에 의지하는 것을 거부하게 만든다고 니버는 생각한다.

35　Reinhold Niebuhr, *An Interpretation of Christian Ethics*, 58-60.

36　위의 책, 60.

37　위의 책, 111-12.

38　Daniel D. Williams, "Niebuhr and Liberalism," in *Reinhold Niebuhr: His Religious, Social, and Political Thought*, ed. Charles W. Kegley (New York: The Pilgrim Press, 1984), 275.

따라서 니버의 종말론은 인간의 도덕적 능력에 대한 현실주의적 인식 없이 온전히 이해할 수 없다. 니버의 은혜 교리가 죄 용서를 통한 구속뿐 아니라 하나님의 능력 주심에 의한 삶의 변화로서의 구원을 내포하지만, 생래적 능력으로 이 땅에서 하나님 나라를 이룰 수 있다는 자유주의 신념과는 분명히 다르다. 길키 Langdon Gilkey 는 역사적 성취와 하나님 나라 완성 사이의 변증법적 관계에 대한 니버의 이해를 다음과 같이 설명한다. "[종말론적 완성]은 어떤 이상적 사회의 실현이 역사의 전체 과정에 의미를 준다는 의미에서 역사에서 실현되지 않으며 또 역사의 의미들을 완전히 부정하는 의미에서 역사를 벗어나 있는 것도 아니다."[39] 니버의 종말론은 하나님 나라를 인간·주도적 역사적 성취로 환원하지도 않지만 동시에 역사적 성취의 의미를 전면 부인하지도 않는다. 니버는 "유토피아주의에 거슬러 기독교 신앙은 역사의 완성이 역사 과정의 조건들을 뛰어넘어 있다고 주장하며 타계주의에 거슬러 종말론적 완성은 역사의 과정을 부정하는 것이 아니라 완전케 한다."는 점을 분명히 한다.[40]

---

39 Langdon Gilkey, *On Niebuhr: A Theological Study* (Chicago: University of Chicago Press, 2001), 213.

40 Reinhold Niebuhr, *The Nature and Destiny of Man: A Christian Interpretation* II (New York: C. Scribner's, 1951), 291. 이와 연관하여, 니버는 '이미'와 '아직 아니'의 종말론적 긴장을 견지한다. 예수 그리스도의 삶과 십자가와 부활 안에서 하나님 나라는 예기적으로 선취되었으나 완성된 것은 아니다. 니버는 이 점을 역사와 하나님 나라에 대한 예수 자신의 이해의 관점에서 설명한다. 예수는 하나님 나라를 과거와 미래 시제로 말한다. 곧 "하나님 나라가 임하였다"와 "하나님 나라는 올 것이다," 이 두 가지이다. 성육신 안에서 "하나님의 감추어진 주권이 드러나며, 인생과 역사의 의미의 계시라는 측면에서 절정에 이른다"(위의 책, 47).

3. 예수 그리스도의 구원 사역의 정치사회적·역사적 차원

그리스도의 구원 사역은 단지 개인 신자를 용서하고 새로운 생명을 허락하는 것에 머물지 않고 모든 역사적 공동체들로 확장된다. 그러므로 구속의 복음은 개인들뿐 아니라 나라들에게도 증거되어야 하는데, 그렇게 하여 "그들이 겪고 있는 상처의 신학적 의미를 분별하게 될 것이고 또 새롭고 온전한 삶을 찾게 될 것이다."[41]

니버는 정치사회 공동체들의 구원에 대한 근거를 회개와 거듭남의 신학적 개념에서 찾는다. "개인이든 국가이든 새로운 생명은 옛 자아에 대해 스스로 죽을 때 언제나, 어느 상황에서나 가능하다."[42] 그리스도의 구속의 사역 안에서 새롭게 된 공동체들은 현대의 기술 사회를 함께 헤쳐 나갈 수 있는 상호의존의 범세계주의적 공동체를 지향하며 또 무정부 상태나 독재 체제가 아닌 "기술 사회의 역동적 힘들이 관용적인 정의를 만들어 낼 수 있을 만큼 충분한 균형 잡힌 정의에 근접한 사회"를 이루고자 한다.[43] 정치사회 공동체들은 그러한 상호의존과 정의의 세상을 만들기 위해 예수의 사랑의 법을 최종적 규범으로 삼아야 한다.

정치사회 영역에서의 그리스도의 구속은 '공동의 은혜' common grace라고 일컬을 수 있겠다. 길키에 따르면 니버의 저작들에서 공동의 은혜라는 개념은 "이해 추구의 범위를 자기 자신으로부터 전체 사회에 대한 이해로 확장하게 만드는 사회 실존의 본질적인 구조들을 가리킨

---

41   Reinhold Niebuhr, *Christian Realism and Political Problems* (New York: C. Scribner's, 1953), 112.

42   위의 책, 114.

43   위의 책, 114-15.

다 하겠는데, 그러한 구조들 안에서 지배 계층과 다른 다양한 경쟁적인 그룹들 사이에 '이해관계의 일치'를 이루도록 몰아간다." 공동의 은혜의 역사에서 가장 핵심적 내용은 과도한 자기주장 혹은 자기 사랑의 추구들을 공동의 선을 향하는 분별 있는 시도들로 바꾸는 것이다.[44] 길키가 지적한 대로, 니버는 인간의 창조적이고 자기·교정적인 경향을 통하여 '예기치 않았던 갱신들'이 있어 왔음을 인정한다. 달리 말해, 이 갱신들은 '감추인 그리스도' the hidden Christ 의 사역을 통해 이루어진다.[45] 기독교인이 아니라 하더라도 인간 공동체들은 "일종의 회개나 자기 자신이 아닌 어떤 힘의 실재를 믿게 되는 등의 변화에로 이끄는 길들을 만나게 되며 그리하여 자기 자신의 이해를 뛰어넘어 다른 이들 혹은 다른 그룹들의 이익을 추구하기 위해 힘쓰기도 한다."[46]

니버는 하나님의 섭리의 관점에서 정치사회 공동체들은 그리스도의 구속의 역사 안에서 새롭게 되어야 한다고 주장하는 것이다. 그리스도의 구속의 역사는 개인에게 죄사함과 구원의 은총을 줄 뿐 아니라 국가와 같은 정치 공동체에도 새로운 변화를 일으킨다는 말이다. 그러한 갱신은 상호공존과 정의의 공동체를 지향한다.[47] 그는 사랑이 정치사회 영역에서 정의의 수준을 높이는 역할을 할 수 있다는 여지를 남겨두면서, 사랑의 변혁의 가능성을 정치 현실에 적용한다. "시민들이 자국의 이익을 뛰어넘는 어떤 가치에 헌신하여 국가 공동체에 변화가 있게 함을 통해" 곧 자국의 이익만을 추구하는 것이 아니라 공생적인 시

44   Langdon Gilkey, *On Niebuhr: A Theological Study*, 207.
45   Reinhold Niebuhr, *The Nature and Destiny of Man: A Christian Interpretation* II, 122-26.
46   Langdon Gilkey, *On Niebuhr: A Theological Study*, 210.
47   Reinhold Niebuhr, *Christian Realism and Political Problems*, 114-15.

각에서 공동의 이익을 추구함을 통해 세계 질서 속에서 공공선을 증진하는 데 이바지할 수 있게 된다는 것이다.[48] 하나님의 섭리의 사랑은 신자들만을 위한 것이 아니라 신앙 공동체 밖에 있는 이들에게도 확장된다. 이 점에서 그렌츠와 올슨의 평가는 주목할 만하다. "이 중심적 주제[하나님과 이 세상의 관계]에서 그[니버]는 대륙의 신정통주의의 주요한 강조점들에 대하여 동의하면서도 유럽의 신학적 거인들만큼 하나님과 세상의 분리에 대하여 철저히 초점을 맞추지는 않았던 것이다. 그는 성경에서 하나님의 초월성에 대한 강조를 보았지만, 그것은 하나님이 '이 세상과 밀접한 관계를 맺고 계심'을 강조하는 것에 의하여 균형을 이루고 있는 그러한 강조였다."[49]

4. 인간의 기술문명적 함의 탐색

바르트와 마찬가지로, 니버 역시 자유주의적 낙관론에 대해 비판적이다. 신학적으로 어거스틴적 비관론의 계승과 경험적으로 인류 공동체의 처참한 실패에 대한 첨예한 인식의 결과이다. 니버 당대의 미국 사회만큼 '기술적 효용성'이 탁월했던 시대는 없었다고 주장하면서, 니버는 이러한 사회적 특성 안에서 인문학과 사회과학적 '지혜들'을 자연

---

48 위의 책, 136-37

49 Stanley J. Grenz and Roger E. Olson, 『20세기 신학』, 164. 이 점에서 니버는 이 땅과 '새 하늘과 새 땅', 시간과 영원, 초월과 내재 사이의 변증법적 관계성을 견지하는데, 이 관계성들을 전적인 분리로 본다면 '하나님에 대한 의미 있는 이야기'는 불가능해질 것이다. 니버는 특별히 이 대비적 개념들이 변증법적으로 만나 교차하는 대표적인 지점을 '인격'으로 보았다. 그렌츠와 올슨은 이 점을 적시한다. "그[니버]는 이것이 하나님의 초월성과 내재성을 이해하도록 해주는 '유용한 유비적 개념'이라고 보았다. '인격체'란 삶의 과정을 초월하는 자유를 가지고 있을 뿐 아니라 동시에 그 삶의 과정에 관계를 맺고 있는 존재임을 의미하기 때문이다"(위의 책, 165).

과학_{혹은 과학기술}의 인식론적·방법론적 틀 안에 집어넣으려고 하는 시도가 왕성하게 이루어지고 있다는 점 또한 지적한다. 이러한 시도의 결과는 무엇인가? 니버는 기술적 효용성과 과학적 인식이나 방법론에 대한 과도한 집중으로 인해 사람들이 현대 역사의 거시적 차원에서의 비극적 흐름을 포착하지 못하고 오히려 미시적 요소들에 집착하게 되어 당면한 심각한 문제들에 대해 피상적 해법만을 생산해 내고 있다는 비평적 응답을 내놓는다.[50]

그러나 니버는 바르트처럼 하나님의 주권과 초월성을 극대화하면서 인간의 가능성을 전적으로 부정하는 방향을 취하지 않고, 초월 쪽으로 한참 기울어진 무게중심 추를 내재 쪽으로 옮긴다. 다시 말해, 인간의 가능성과 하나님의 내재를 본질적으로 연관시키면서, 인간의 영적·윤리적·문명적 참여 가능성과 역량을 일정 정도 긍정한다. 특별히 인간의 문명 창출의 토대가 되는 기술적 구성 요소들 가운데 정치, 경제, 사회, 문화 '기술'들에 우선적 관심을 두면서 하나님의 내재를 통해 인간은 성과 속을 포괄하여 보편적으로 새로운 기술과 문명을 창출하고 개선할 수 있는 역량을 보유한다는 신중한 낙관론을 피력한다. 인간의 정치사회 공동체는 개인적으로 또 공동체적으로 죄의 본성과 집단이기주의의 영향을 받을 수밖에 없지만, 그럼에도 (이상의 완전한 실현에는 이르지 못한다 하더라도) 일정 정도의 진보는 가능하다는 입장인 것이다. 다시 말해, 인간의 죄악됨과 지속적인 실패에도 불구하고, '공동의 은혜'의 손길 가운데 '감추인 그리스도'가 계속적 창조와 갱신의 역사

---

50   Reinhold Niebuhr, *The Irony of American History* (Chicago: University of Chicago Press, 2008), 59-60.

를 이루어 가신다는 것이다.

이런 맥락에서 니버는 초월과 내재 사이에 일종의 변증법적 관계성을 상정하고 있다고 평가할 수 있다. 하나님 주권을 인정하면서도 니버는 인간의 문명적·역사적 과정이 갖는 의미를 소홀히 여기지 않는다. 다시금 그렌츠와 올슨의 개념을 빌려 인간론적으로 말한다면, "'인격체'란 삶의 과정을 초월하는 자유를 가지고 있을 뿐 아니라 동시에 그 삶의 과정과 관계를 맺고 있는 존재"이다.[51] 종말론적 개념으로 말한다면 니버는 순전히 미래적인 종말론에 비판적 입장을 견지하면서 종말론적 완성과 역사의 과정 사이에 중요한 연결점을 설정해 두는데, 전자는 후자를 부정하는 것이 아니라 오히려 완성한다고 강조한다. 니버의 종말론의 변증법적 특성은 '이미'와 '아직 아니' 사이의 긴장을 강조하는 그의 주장에서도 잘 드러난다. 하나님 나라는 역사 속에서 한 번 예기적으로 이루어졌는데, 바로 예수 그리스도의 삶과 십자가와 부활 안에서 그렇게 되었다. 그러나 그 최종적 완성은 '마지막 날'을 기다린다. 인간과 인간 공동체는 영적으로, 도덕적으로 그리고 문명적으로 보존과 혁신을 가능케 하는 '새로움'을 가져올 수 있지만 그 새로움은 완전한 새로움 곧 마지막 날 그리스도가 완성하실 궁극적 '새로움'과는 거리가 있다. 완전한 새로움이 이루어지는 궁극적인 '새 창조'의 역사는 모든 지평에서 그것이 정치적이든 사회적이든 기술문명적이든 상관없이 하나님이 완수하실 것이라는 것이 니버의 신념이다.

---

51   Stanley J. Grenz and Roger E. Olson, 『20세기 신학』, 165.

Ⅲ 구티에레즈 Gustavo Gutiérrez

1. 초월의 내재적 실현체로서의 인간

　　종교개혁 전통은 예수의 사랑의 삶과 연관하여 신자들의 윤리적
삶을 설명할 때 '닮음' 혹은 '일치' 이라는 개념보다는 '뒤따름' following after 이라
는 개념을 선호한다. 구원을 위한 사랑의 활동^{행위}의 종류라는 관점에서
예수와 신자들의 활동 사이에는 분명한 불연속성이 존재한다. 인류의
구원을 위해 십자가를 져야 할 행위주체는 예수이지, 인간인 우리가 아
니다. 우리가 사랑하는 이웃을 위해 십자가를 진다고 해서, 그 이웃이
구원에 이를 수 있는 것이 아니란 말이다. 구원을 위해 우리가 할 일은
예수 그리스도의 십자가와 부활을 통한 구원의 성취를 수용하는 것이
라고 종교개혁 전통은 강조한다. 그러나 범위의 관점에서는 사정이 달
라질 수 있다. 예수가 모든 인간을 위해 구원의 사역을 감당했듯이, 기
독교 사랑의 계명은 신자들에게 모든 인간을 품으라고 명령한다. "예수
의 구속적 활동의 포괄성은 타자를 향한 우리의 관심의 폭을 넓히도록
자극한다."[52] 이러한 포괄성은 그 범위에 있어서 기독교 아가페의 보편
성에 상응한다고 할 수 있다. 예수 그리스도의 사랑과 인간의 사랑은 공
통적으로 보편성이라는 특징을 내포하지만, 사랑의 실천가능성이라는

---

[52]　Gene Outka, "Following at a Distance: Ethics and the Identity of Jesus," in *Scriptual Authority and Narrative Interpretation*, ed. Garrett Green (Philadelphia: Fortress Press, 1987), 150.

측면에서 예수 그리스도와 인간 사이에 차이가 있음을 인정해야 할 것인데 '예수의 도무지 철회할 수 없는 타자지향성'Jesus' irreversible forness[53]을 생각할 때 더더욱 그러하다.

닮음보다는 뒤따름에 그리고 연속성보다는 차이에 좀 더 비중을 두는 종교개혁 전통과 달리, 해방신학은 행위자로서의 정체성과 구원활동의 종류의 관점에서 예수와 인간 사이의 연속성을 강조한다. 해방신학은 억압과 착취의 상황적 경험에 대한 성찰을 중요하게 생각한다. 역사 속에서 하나님이 억압받는 이들을 위해 이루시는 해방의 은총을 경험하고자 한다. 믿음은 사변적 지성의 산물도 아니고 하나님의 행위에 대한 인격적 동의에 그치는 것도 아니다. 오히려 믿음은 실천praxis, (프락시스)이다. 철저한 사회변화를 지향하는 실천 말이다. 역사를 변혁하는 실천 안에서 그 실천의 주체들은 자신들과 그들의 세계를 동일시한다. 구티에레즈는 "믿는다는 것은 하나님을 사랑하는 것이며 동시에 극한 갈등과 해방을 위한 투쟁 속에서 가난하고 억압받는 이들과 연대하는 것을 뜻한다."고[54] 역설한다. 정치사회적 환원주의가 아니냐는 비판에 대해 구티에레즈는 다음과 같이 응답한다. "가난한 이들 안에서 예수를 만남으로써, 우리는 실로 진정한 의미에서의 영적 경험을 구성하게 된다. 그것은 성부와 성자, 하나님과 인간, 인간과 인간 사이를 연결해 주는 사랑의 끈으로서의 성령 안에서 사는 것과 다름 아니다. 해방을 향한 역사적 실천에 투신한 기독교인들은 바로 거기에서 이 깊고도 깊은 연합을 살아내고자 하는 것이다."[55] 해방신학이 그리스도와 이 세상의 가

---

[53]　위의 논문, 153.
[54]　Gustavo Gutiérrez, *The Power of the Poor in History* (New York: Orbis, 1983), 20.

난하고 억압받는 이들을 동일시한다면, 이는 정체성에 있어서 그리스도와 인간 사이의 차이를 철폐하는 결과에 이를 수 있다. 그리스도를 대신하여 가난하고 억압받는 이들과 함께 살고 또 연대하는 해방적 실천을 강조함으로써, 구원^{해방} 활동의 종류의 관점에서 예수와 인간 사이의 일치 혹은 연속성을 견지하게 되는 것이다.

2. 하나님의 성전으로서의 인류 공동체와 총체적 구원의 이상

구티에레즈는 인류 전체를 하나님이 거하시는 성전으로 이해한다.[56] 하나님의 임재의 장소로서의 이스라엘 성전의 특수성을 부정하지 않지만 그러한 특수성을 어떤 특정한 시간이나 장소 혹은 사람들의 집단의 관점에서 배타적 지위와 의미를 부여하는 데 사용하는 것을 경계하는 것이다. 예수 그리스도 자신이 하나님의 성전이며 그리스도를 믿고 따르는 이들이 바로 하나님이 거하시는 곳 곧 성령의 전이 된다. 더나아가, 구티에레즈는 성령론의 관점에서 성전론을 보편적으로 확장한다. 구원 사역을 완성하기 위해 이 세상에 오신 성령님은 모든 인간을 구원하기 위해 그들 모두 안에서 역사하시기에 이 땅을 살아가는 인간 존재는 하나님이 거하시는 처소가 될 수밖에 없다는 것이 구티에레즈의 생각이다.

55　Gustavo Gutiérrez, "Faith as Freedom: Solidarity with the Alienated and Confidence in the Future," 40, Avery Dulles, "The Meaning of Faith Considered in Relationship to Justice," in *The Faith that Does Justice: Examining the Christian Sources for Social Change*, ed. John C. Haughey (New York: Paulist Press, 1977), 36-37에서 재인용.

56　Gustavo Gutiérrez, *Teología de la Liberación*, 성염 역, 『해방신학』 (칠곡: 분도출판사, 1977), 210-16.

인류 전체가 하나님의 성전이라면, 이제 타자들과의 만남에서 우리는 하나님을 만날 수 있게 된다. 특별히 하나님이 우선적 관심을 가지고 돌보시는 이웃들을 대면할 때, 우리는 그들의 삶에서 하나님의 임재를 선명하게 경험하게 되는 것이다. 구약성경의 '고아와 과부와 나그네' 신명기 10장과 24장를 만날 때 하나님을 만나며 신약성경의 '지극히 작은 한 사람' 마태복음 25장을 섬길 때 주님을 섬기게 되는 것이다. 다시 말해, "하나님을 순전히 영적으로, 그리고 이 세상을 초월한 초속적超俗的 방법으로 만난다는 것은 있을 수 없는 것이다. 하나님은 '이웃을 위한 삶으로서의 회심' conversion to the neighbor 안에서 그리고 그것을 통하여 만날 수 있을 뿐이지 그 외의 방법은 없다는 것이다."[57] 여기서 죄의 본질을 생각한다. 죄란 무엇인가? 구티에레즈에 따르면, 죄는 하나님이나 동료 존재들과의 "친교를 단절하는 것"이다.[58] 인류가 하나님의 성전이며 타자와의 만남에서 하나님과의 사귐이 이루어진다면, 이제 죄는 타자에 대한 거부 그리고 타자와의 만남의 부재가 될 것이다. 다시 말해, "사랑하기를 거부하는 것, 친교와 형제애를 거절하는 것, 인간 실존의 의미를 부정하는 것이 곧 죄이다."[59]

구티에레즈의 해방신학에서 죄는 단순히 개인적이고 사적인 사고나 행위와 관련된 것이 아니다. 죄는 사회적이고 역사적이며 또 정치적이다. 타자 곧 하나님이나 이웃과의 사귐의 부재가 죄이다. 역사 속 인간의 정치사회 공동체 안에서 벌어지는 온갖 불의한 양상들이 죄이며 죄의 결과이다. "압제적 구조, 인간에 의한 인간의 착취, 민족들과 인

57   Stanley J. Grenz and Roger E. Olson, 『20세기 신학』, 358.
58   Gustavo Gutiérrez, 『해방신학』, 204.
59   위의 책, 222.

종들 사이에 또 사회계급 사이의 지배와 노예제도 속에 죄는 엄연히 현존한다. 그러므로 죄는 근본적 인간소외이며, 불의와 착취라는 상충의 근본 원인이 되고 있다. 죄가 그 자체로 포착되는 일은 없으며 반드시 구체적 순간에, 특정한 소외에서 포착된다."[60] 죄의 현실이 이러하기에, 구티에레즈가 말하는 구원은 내적·개인적 해방에만 머물지 않는다. 그것은 역사적 해방이어야 하며 또 정치경제적 해방이어야 한다. 한 마디로 총체적 해방이다. 이러한 해방이 있을 때에만 인간은 개인의 영혼을 사로잡는 죄악의 권세로부터 자유를 누리고 또 더 나아가 모든 역사적·사회적·정치적 소외로부터 해방을 얻게 될 것이라는 것이 구티에레즈 해방론의 요점이다.[61]

따라서 해방의 주된 두 가지 양상 곧 정치적 해방을 동반하는 인간해방 그리고 죄의 용서와 하나님과의 영적 만남을 정점으로 하는 '그리스도 왕국'의 실현은 따로 떼어 볼 것이 아니라 하나의 구도 안에서 이해되어야 한다. 물론 둘이 동일한 것은 아니다. 이 두 가지는 서로를 필요로 하며 해방이라는 목적을 향해 가는 여정 안에서 하나가 된다. 한편으로 인간해방을 불러일으키는 역사적·정치적 사건들이 없다면 그리스도 왕국의 진보도 생각할 수 없을 것이며, 다른 한편으로 하나님의 초월적 개입으로서의 그리스도 왕국의 도래가 없이는 인간의 해방 운동이 역사적 착취와 억압 그리고 불의한 사회적 구조를 발본적으로 극복하지 못할 것이다. 그러므로 그리스도 왕국은 "역사적으로 인간해방

---

60 위의 책, 205.
61 그렌츠와 올슨은 구티에레즈가 기독교 구원론을 질적인 관점에서 재해석했다고 평가한다. "[구티에레즈는] 과거의 교회가 '양적인' 측면에서 - 즉 최대 다수를 위한 '천국의 보장' - 구원에 집중하는 오류를 범했다고 주장한다. 그러나 오늘날 특히 라틴 아메리카에서 구원은 질적인 측면에서, 즉 사회 변혁을 위한 헌신이라는 측면으로 재해석되어야 한다. 이것은 '하나님을 진정으로 만날 수 있는 유일한 길'이기 때문이다." Stanley J. Grenz and Roger E. Olson, 『20세기 신학』, 358.

'한가운데서' 일어나며,"[62] 인간해방의 역사적 사건들은 그 왕국의 완전함을 역사 속에서 드러내 보여주는 역할을 한다. 그러나 동시에 인간해방의 역사적 사건들이 구원의 총체성을 구성한다고 단언해서는 안 된다는 점을 구티에레즈는 강조한다.[63] 구티에레즈가 말하는 구원은 그야말로 보편적이며 총체적이다. 인류 전체를 거처로 삼으시는 하나님이 만민을 해방으로 이끌어가기를 원하신다는 의미에서 보편적이며, 하나님이 일으키시는 해방이라는 것은 "모든 형태의 비참과 모든 형태의 착취와 모든 형태의 소외에서 인간을 풀어주는 철두철미한 해방"[64]이라는 의미에서 총체적이다. 그렌츠와 올슨은 이 점에 대해 다음과 같이 적시한다. "구티에레즈는 구원을 해방과 거의 동등시하고 있지만, 개인과 사회를 진정으로 구원하는 해방은 '총체적'integral 해방임을 강조한다. 즉 그것은 인간 실존의 모든 측면들을 포괄한다. 그는 분명 천국에 들어가기 위한 최소한의 요구와 같은 질문들에는 관심이 없다. 그렇게 순전히 개인주의적이고, 영적인 구원에 대하여 무어라고 말했을까를 알기 위하여 해방신학의 문헌들을 찾아보려는 일은 헛수고에 그칠 것이다. 구원은 하나님과 인간들이 모든 비인간화된 관계들을 완전히 인간적인 것으로 만들기 위하여 동역하는 활동이다. 해방신학자들의 관심은 우리가 '자매와 형제'가 되는 것, 즉 사람들을 억압하고, 착취하며 소외시키는 불의한 사회 체제들을 폐지하는 것이다."[65]

62   Gustavo Gutiérrez, 『해방신학』, 207.

63   위의 책, 204-208.

64   위의 책, 208.

65   Stanley J. Grenz and Roger E. Olson, 『20세기 신학』, 358.

3. 인간의 기술문명적 함의 탐색

앞에서 살핀 대로, 구티에레즈에게 구원은 총체적이다. 영혼의 구원에만 그치지 않고, 몸의 구원, 구조적·체제적 갱신, 모든 정치사회적·경제적 억압과 불의로부터의 해방 등을 포괄한다는 뜻에서 총체적이다. 이러한 총체적 구원의 관점에서는 기술문명의 지평도 중요한 구원론적 논의의 대상이 된다. 특별히 기술문명의 도구적 가치에 대한 해방신학적 함의에 주목해야 한다. 기술문명이 인간을 비인간화하고 인간의 공동체를 불의와 억압의 공동체로 퇴락시키며 모든 인간이 형제자매가 되어 서로 연합하는 공동체가 되는 것을 가로막는다면, 구티에레즈는 그러한 문명적 시도에 대해 분명하게 반反해방적이라는 평가를 내릴 것이다. 그러므로 인간의 과학기술을 통한 문명의 창출은 '총체적 해방'을 지향하는 것이 될 때, 신학적·윤리적 정당성을 확보하게 될 것이다.

해방의 주체는 인간이라는 구티에레즈의 낙관적 인간론은 '해방적인' 기술문명 창출에 있어서의 인간의 가능성에 대한 신학적 긍정을 위한 중요한 토대가 된다. 하나님의 초월이 인간의 본성 안에 충만히 '내재'한다는 이해는 하나님의 창조성과 능력의 담지체로서의 인간이 기술문명적 이상향을 '지금 여기에서' 이룰 수 있다는 역사적 낙관론으로 이어진다.

IV 리츨Albrecht Ritschl

1. 종교의 윤리화로서의 리츨의 구원론

리츨에 따르면, 하나님 앞에서 예수의 소명은 타자를 위해 그리고 자신의 공동체를 위해서 고난 당하고 죽는 것이며 그리하여 결국 그의 소명 구현을 통해 하나님 나라의 기초를 확립하는 것이다. 다시 말해, 예수는 자신을 따르는 공동체 위에 하나님 나라를 세우고자 한다. 예수는 하나님의 구원의 계획을 위한 '자발적 결단과 실행'을 통해 자신의 인격과 삶 안에 하나님 나라를 구현한다.[66] 많은 사람들을 위한 대속적 죽음의 길을 걸어간 예수의 사역을 통해, 그분에 대한 믿음 안에서 자기 십자가를 지고 자기 부인의 삶을 살고자 하는 이들은 죽음으로부터 보호받는 구원론적 결실을 향유하게 될 것이다. 예수 그리스도가 그의 공동체를 위해 자신의 삶과 인격 안에 하나님 나라를 구현했으며 그리하여 예수 그리스도가 하나님 나라의 담지자가 되었다는 사실을 인정함으로써 예수와 그의 공동체 사이에 내적 연관성이 형성된다.[67] 이 연관성은 예수를 따르는 공동체가 구체적인 삶과 역사의 상황 속에서 하나님 나라를 구현하고자 힘씀으로써 공적으로 증거될 것이다. 공동체의 윤리적 실천을 통해서 예수와 그의 공동체는 일치를 이루게 되

---

66 Albrecht Ritschl, *Die Christliche Lehre von der Rechtfertigung und Versohnung*, trans. H. R. Mac-Intosh and A. B. Maculay, *The Christian Doctrine of Justification and Reconciliation* (Edinburgh: T. & T. Clark, 1900), 442-52.

67 위의 책, 126, 452-62.

는 것이다. "그리스도의 공동체는 하나님 사랑의 상호연관체correlative인데, 왜냐하면 하나님이 그의 아들을 품으시고 또 특수한 지위를 부여하신 그 사랑이 그리스도를 통하여 그의 공동체 가운데도 역사하기 때문이다."[68] 예수가 하나님의 부르심에 응답하여 그의 공동체를 위해 자신의 삶과 인격 안에서 하나님 나라를 이룬 것처럼, 이제 예수를 따르는 공동체는 그의 모범을 따라 세상을 위해 또 세상 안에서 하나님 나라를 이루기 위해 헌신한다. 요컨대, 예수의 공동체는 공동체 안과 밖의 삶의 자리에서 윤리적 삶을 실천함으로써 세상 안에서 하나님 나라를 완성하고자 하는 하나님의 계획에 응답하는 것이다. 이것이 기독교 신앙 공동체의 본질적 존재와 행위 방식이며, 이 공동체는 윤리적 소명을 감당함으로써 이 세상 안에서의 하나님 나라 구현이라는 초월적혹은 영적 목적을 완수하게 되는 것이다. 이런 의미에서 하나님 나라의 초월성에 관한 리츨의 이해는 '윤리적'이다. 다시 말해, 초월성을 윤리적 차원에서 이해하고 또 실현하려 하는 것이다.

그렌츠와 올슨은 리츨과 같은 자유주의 신학자들은 하나님의 초월성을 해체하려는 명시적 의도를 가지고 내재성의 신학을 발전시킨 것은 아니라는 점을 지적하면서, 그럼에도 초월성에서 내재성으로 기울어지는 분명한 경향성을 갖고 있다는 점을 밝힌다. "내재성에 대한 강조는 리츨이 추구했던 목표였다기보다는 그가 물려받은 것이었다. 그러나 그가 하나님 나라를 역사적, 윤리적 사랑의 사회로서 강조한 것은 하나님과 인간 사이의 불연속성discontinuity보다는 연속성continuity을 더 높여, 계몽주의 사상과 일치되게 하는 경향을 가졌던 때문이다. … 계몽

---

68   위의 책, 281.

주의에서 시작되고 자유주의에서 그 절정에 다다른 신학자들은, 예컨대, 합리적이고 직관적이며 또는 도덕적인 능력과 같은 것에서 드러나는 하나님과 인간 사이의 연속성으로부터 신학을 세워 갔다. 결과적으로 그들은 예수를 (이 죄악 세상에 — 역주) 진주潛입한 그리스도로 보기보다는 모범적 인간으로 보았다."[69]

2. 인간의 기술문명적 함의 탐색

초월과 내재의 구분과 후자에 대한 강조는 리츨의 과학기술 이해에도 영향을 미친다. 리츨은 과학기술과 신학 사이의 갈등과 충돌은 불가피한 것이 아니라 각각의 본질에 대한 적절한 이해의 결여에서 발생한다고 본다. 과학적 지식과 신학적 지식을 각각 고유한 본질과 특성을 가지는 영역으로 구분하여 이해한다면 불필요한 갈등이나 충돌은 발생하지 않을 것이라는 의미이다. 과학은 사물에 대한 객관적 인식과 설명을 추구한다. 가치 인식과 판단으로부터 독립적이다. 이와 대비적으로, 신학적 혹은 종교적 지식은 사물에 대한 가치 판단을 필연적으로 수반한다. 궁극적 존재와 삶의 관점에서 가치관을 형성하고 그것으로부터 평가하고 진단하는 것이다. 이러한 구분을 다른 말로 표현해 본다면, 과학적 지식은 대상의 있는 그대로의 존재 양식에 관심이 있는 반면, 신학적 지식은 그 대상이 어떤 존재가 되어야 하는지에 초점을 둔다고 하겠다. 요컨대, 리츨에게 신학적 혹은 종교적 인식은 '직접적인

---

69   Stanley J. Grenz and Roger E. Olson, 『20세기 신학』, 78.

가치 판단'의 결과이며, 신적 존재와 그 본성에 관한 이해는 구원의 관점에서 우리가 설정하는 가치 인식과 판단에 따라 결정되는 것이라고 할 수 있다.[70]

한 걸음 더 나아가, 리츨의 내재론은 하나님과 인간 사이의 연속성에 방점을 찍음으로써, 한편으로 인간의 기술문명의 가능성과 잠재적 능력을 긍정하고 다른 한편으로 기술문명의 추구의 규범적 방향성을 확고히 한다. 다시 말해, 예수 그리스도가 제시하고 구현한 공동체의 이상을 신앙 공동체 안팎의 모든 인간이 함께 추구할 보편적 이상으로 전환하여 기술문명의 규범적 지향점으로 제시한다. 인간의 기술문명은 이러한 도덕적 공동체의 실현에 이바지하는 것이 될 때에야 도덕적 효용성과 정당성을 확보할 수 있다는 이해인 것이다.

 **V** **캅**John B. Cobb

1. 하나님과 세계의 관계성에 관한 과정신학의 기본적 이해

그렌츠와 올슨에 따르면, 과정신학의 궁극적 목적은 세계와 하나님 사이의 관계성을 '과정'이라는 틀을 통해 적절하게 해명하는 것이다. 이 목적을 이루기 위한 구체적 전략 가운데 가장 주목해야 할 것은 신

---

70 위의 책, 80.

학과 과학의 조화를 밝히는 것이다. 과학과 신학은 충돌이나 갈등의 관계가 아니며 또 구분하고 나누어야 할 영역들도 아니라는 이해를 반영하는 전략인 것이다. 그리하여 신학은 "과학적 탐구에 대하여 완전히 개방되어 있는 자연주의적 출발점에서부터 시작해야 한다."[71] 이런 맥락에서 과정신학은 하나님과 세계 사이의 도무지 해소될 수 없는 존재론적 차이와 간격을 견지하는 전통적 초월성을 비판적으로 성찰하면서, 하나님의 세계와의 사귐과 세계내적 임재를 강조하는 새로운 초월 개념을 발전시킨다. 이른바 '진화적 초월성'이다. 그렌츠와 올슨은 이 개념의 중요한 뿌리로 헤겔의 변증법 사상을 제시한다. 이 초월성의 개념의 핵심은 '성장'이라는 점을 밝히는데, "이전의 상태가 그 뒤를 따라오는 후속 상태에 의하여 배척되는 것이 아니라 오히려 실현된다."는 의미에서의 성장인 것이다.[72]

칼을 비롯한 현대 과정신학자들의 또 다른 중요한 철학적 토대는 화이트헤드 Alfred North Whitehead 이다. 그의 과정철학은 과정신학이 중시하는 근본적인 신학적 주제의 기초를 제공한다. 그렌츠와 올슨은 크게 세 가지로 정리한다. 첫째, 하나님은 세계로부터 완전히 이탈해 있거나 일말의 사귐과 소통의 가능성도 배제하는 절대군주적 신이 아니다. 오히려 하나님은 세계 안에 있고 세계와 함께 신적 본성과 능력을 나누신다. 세계와 하나님의 관계는 상호의존성으로 설명할 수밖에 없다. 신적 초월을 말한다면, 그것은 세계에 대한 시간적 초월이 아니라 논리적 초월이다. 과정신학에서는 신만이 초월하는 것이 아니라 만물이 초월한

---

71 위의 책, 208.
72 위의 책.

다. 지금과 다른 양상으로의 변화 곧 새로움의 창출이 바로 초월의 참된 의미라고 한다면, 신도 만물도 초월의 가능성을 가질 수밖에 없는 것이다.[73] 둘째, 하나님이 세계 안에서 일하시는 방식은 지배와 통제가 아니라 대화와 설득이다. 세계와 세계의 존재들이 하나님을 자발적으로 경청하고 바라보고 따를 수 있도록 대화에 초청하여 부드럽게 설득하며, 더 나아가 그러한 자발적 반응이 일어나도록 매력을 유발하신다.[74] 셋째, 신은 전능한 하나님일 뿐 아니라 세계 안에서 또 세계와 더불어 고통을 나누는 존재이다.[75] 군주적 신의 관념은 기독교의 고유한 신학적 토양에서 생성된 것이라기보다는, "교회가 시저에게 전적으로 속해 있던 속성들을 신에게 부여한 것이었다."는 화이트헤드의 주장은 여기에서 주목할 만하다.[76]

2. 창조적–응답적 사랑으로 세계와 관계하시는 하나님

캅은 화이트헤드를 활용하여 진화적 우주론과 신약성경의 하나님 나라 사상 사이의 유비를 찾는다. 둘 다 목적론적 지향을 내포하며 미래의 완성의 지점으로부터 끌어당기는 무언가를 상정한다. 인간을 포함하여 자연과 자연의 존재들은 미래의 완성으로 이끌려간다. 다시 말해, 신앙적 세계관에 의해 포착되는 인간과 피조세계는 하나님 나라

73　위의 책, 217-18.

74　위의 책, 218.

75　위의 책.

76　Alfred North Whitehead, *Process and Reality* (New York: Harper and Row, 1960), 520, Stanley J. Grenz and Roger E. Olson, 『20세기 신학』, 218에서 재인용.

의 완성의 미래를 향해 나아간다. "미래에로의 이끌림이라는 이러한 경험은 인간에게만 국한되지 않는다고 캅은 덧붙였다. 오히려 모든 자연은 항상 새로운 가능성들로 나아가도록 불러냄을 받고 있다. 그는 이러한 '목적론적 당김'teleological pull 의 근거는 인격성의 차원^{곧 의지라든지 사랑과 같은}으로, 달리 말하자면, 하나님에 의한 것으로 이해되어야 한다고 결론지었다. 요약하면, 예수의 메시지와 과학적 우주관은 동일한 신 개념, 즉 '부르시는 분'으로서의 하나님을 지향한다."[77]

　　이 하나님은 전통적 신관으로 그려지는 하나님과는 거리가 있다. 그래서 캅은 절대군주의 이미지로 무장하고 지배하고 통제하고 다스리는 하나님의 모습과는 다른 설득과 대화와 돌봄을 통해 세계와 관계를 형성하는 '창조적-응답적 사랑'Creative-Responsive Love 의 하나님 관념을 제시한다. 세계에 대하여 하나님의 사랑은 응답적이다. 캅은 이 '응답성'을 전통적 유신론의 단극성에 대비하여 '양극신론'dipolar theism 의 관점에서 설명한다.

> 찰스 핫숀Charles Hartshorne 에게는 하나님의 양 "극"poles 혹은 측면이
> 란, 한편으로는 하나님의 추상적인 본질이며, 그리고 다른 한편으로
> 는 하나님의 구체적인 현실성을 말한다. 추상적인 본질은 영원하고,
> 절대적이고, 독립적이며, 그리고 불변적이다. 그것은 매 순간에 신의
> 실존을 특징지어주는 신성의 추상적 속성들을 내포한다. 예를 들면,
> 하나님은 전지하다고 말하는 것은 신적 생명의 모든 순간들에서 하
> 나님이 이 당시에 알 수 있는 한 모든 것을 알고 있음을 의미하는 것

77　Stanley J. Grenz and Roger E. Olson, 『20세기 신학』, 220.

이다. 구체적인 현실성은 시간적이고, 상대적이며, 의존적이고, 그리고 끊임없이 변화한다. 하나님의 생명의 각 순간들에는 세상에서 오직 그때에만 알게 되어지는 새롭고 예견하지 못한 발생사건들이 있는 것이다. 따라서, 하나님 자신의 구체적인 지식은 이 세상적인 현실성들에 의해 만들어진 결정들에 의존되는 것이다. 하나님의 지식은 세계에 대해 내적으로 연관된 의미에서, 언제나 그 세계에 의해 상대화되어지는 것이다.[78]

전통적 단극적 유신론에서는 핫숀의 개념으로 '구체적 현실성'의 극에 대한 관심은 부정되거나 약화되는 반면 하나님의 불변적이며 영속적인 '추상적 본질'에 주된 관심이 있다고 할 수 있다. 양극적 유신론에서는 하나님은 세계와의 관계성 안에서 그 세계의 구체적인 현실에 대해 반응하면서 신적 지식을 형성해 가신다는 데 방점을 두며 또 이러한 세계와의 관계성과 그 관계성에 기초한 상대적 지식을 부정하거나 평가절하하는 신의 추상적 본질에 대한 강조를 경계한다고 할 수 있다. 여기서 우리가 만나는 하나님은 응답적 하나님이며 또 현실적 하나님이시다. 이는 "참으로 현실적인 하나님은 세상의 현실화들worldly actualizations에 대해 수용적이고 그리고 응답적이라는 뜻"을 내포한다.[79]

그런데 캅은 양극적 신 이해가 '지식'의 관점에서만 전개되는 것을 경계하면서, 세계에 대한 하나님의 응답에서 정서적 측면을 소홀히 해서는 안 된다고 강조한다. "그 응답은 각각의 느낌을 소유하고 있는

---

78 John B. Cobb and David Ray Griffin, *Process Theology*, 류기종 역, 『과정신학』 (서울: 열림, 1993), 66-67.

79 위의 책, 67.

세상의 모든 존재들에 대한 동정적인 느낌을 내포하고 있다. 따라서, 그 것은 단순히 의존적인 하나님의 지식의 내용만이 아니라, 하나님 자신의 감정적인 상태를 의미하는 것이다. 하나님은 우리의 기쁨을 즐거워하고, 그리고 우리의 고통을 아파하신다. 이것은 진실로 신적인 그리고 완전이란 바로 그 본성에 속하는 종류의 응답을 말한다. 따라서, 그것은 인간 실존을 위한 이상^{ideal}에 속한다. 이러한 근거에 기초해서, 기독교적인 아가페 사랑은 동정심의, 즉 모두가 함께 지녀야만 하는 타존재들의 현재 상황을 위한 자비심의 요소를 지닐 수 있게 된다."[80]

세계에 대한 하나님의 사랑은 창조적이다. 캅에 따르면, 화이트헤드의 신적 창조성 이해에서 가장 새롭고 중요한 것은 하나님의 창조 행위를 목적 설정에 연관시킨 것이다. 하나님은 세계에 대하여 또 세상에서 현실성을 창출하는 주체들에 대하여 '최초의 목표'$^{initial\ aim}$를 제시함으로 창조성을 발휘하신다.[81] 이 목표와 대비되는 것으로서 '주관적 목표'$^{subjective\ aim}$는 세상의 주체들이 스스로 설정하는 목표이다. 이것은 하나님의 것이 아니라 세상의 주체들 자신의 결정으로부터 온 것이다. 이 주체들은 최초의 목표를 현실화하기로 결정할 수도 있고 그렇게 하지 않을 수도 있다. 그럴 것인지 아닌지를 결정하는 주체는 하나님이 아

---

80 위의 책, 67-68.

81 이 점에 관하여 윤철호는 캅의 사상을 다음과 같이 적시한다. "하나님의 하나님 되심은 각 계기들에게 자기현실화를 위한 이상을 제공해 줌에 있다. 개개의 인간들이 자신을 형성하는 것은 하나님의 원초적 목적을 통해 투시된 이상과의 관계성 안에서이다. 하나님은 새로움의 원천이면서 동시에 그 새로움을 구현하는 보다 풍부한 현실화를 향한 유인자이다. 하나님은 현재의 현실태로서의 우리 자신을 넘어서서 미래의 가능태로서 우리를 향하여 나아가도록 우리를 부르는 분이다. 이와 같은 캅과 다른 과정사상가들의 견해는 신은 이미 수립된 질서의 근거라고 믿는 많은 종교철학자와 신학자들과 긴장관계에 있다. 과정사상의 하나님 역시 질서의 근거이기는 하지만, 이 질서는 항상 변화하고 발전하는 질서이며 또한 끊임없이 새로움을 수용하고 통합하는 질서이다. 이러한 견해에 있어서 하나님의 현존은 고정화된 과거로부터가 아니라 새롭고 이상적인 가능성을 향해 열려진 미래로부터 온다. 따라서 하나님은 기존 질서의 재가자가 아니라 새롭고 이상적인 가능성들을 현실화하기 위하여 과거로부터 주어진 것을 지속적이고 창조적으로 변혁시키기 위한 근거이다." 윤철호, 『세계와의 관계성 안에 계신 하나님』 (서울: 한국장로교출판사, 2006), 135-36.

니라는 말이다. 그러면 하나님은 '주관적 목표'의 현실화를 위해 무엇을 또 어떻게 행하시는가? 캅의 응답을 옮겨본다. "하나님은 각 사건들에게, 그 사건을 위해서 최선이 될 그 자신의 존재를 위한 가능성을 향하여 나아가도록 설득하려 하신다; 그러나 하나님은 유한한 사건의 자기-현실화를 지배할 수 없는 것이다. 분명한 점은, 하나님이 세계의 사건들을 완전한 통제하에 두지 않기 때문에, 실제 악의 발생은 모든 피조물들을 향한 하나님의 은혜와 상반되는 것은 아닌 것이다."[82] '설득하시는' 하나님은 세계와 세계의 주체들로 하여금 스스로의 선택과 결정 안에서 자유의지를 발현하게 하시는데, 그 자유가 가져다줄 결과들에 대해 미리 예측하여 통제하지 않으신다. 말 그대로 '모험'을 감행하시는 것이다. 캅은 과정신학의 신적 사랑에 대한 이해는 심리학의 발견에 상응한다고 밝히면서, 사랑은 대상을 지배하는 것이 아니라는 점을 지적한다. "우리는 부대적인 보상들과 형벌들을 내포하고 있는 약속들이나 위협들로 그들을 억압하려 들지 말아야 한다. 대신에 우리는 그들에게 그들 스스로 내재적으로 보상받음을 발견하게 될 그 같은 가능성들을 현실화하도록 설득하려 한다. 우리는 우리 자신들을 새롭고도 본질적으로 매혹적인 가능성들을 개방하도록 도와주는한 환경을 제공함으로써 이 일을 수행한다."[83]

　　설득하고 대화의 자리에 초대하는 하나님은 강제하는 분이 아니시기에, 자신이 세운 목적을 필연적으로 완수하시려 하지 않는다. 하나님의 계획은 거부당할 수도 있는 것이다. 이러한 점을 고려하면서, 캅은

82　John B. Cobb and David Ray Griffin, 『과정신학』, 74.
83　위의 책, 75.

　과학기술과 인간에 관한 기독교적 성찰

"과정의 결과는 알 수 없으며 하나님은 이 우주적 실험 속에서 이 세상의 불안의 근거로 존재하는 동시에 위험과 모험을 경험하고 있는 중이라는 의미로 해석했다."[84] 퇴보나 실패의 가능성을 부정하지 않지만 과정은 미래를 향한 개방성, 진보, 발전 등의 양상을 내포한다. 더욱이 이 세계는 하나님 나라라는 미래의 완성을 향해 진보해 가는 과정 가운데 있는데, 하나님은 그러한 세계의 과정의 기초이며 하나님의 임재와 역사는 만물과 세계 안에 있다. 창조적-응답적 사랑의 하나님은 이제 이 진보의 과정에 동참할 동역자들을 세우신다. 인간이 대표적이다. "미래의 완전한 개방성 때문에 우리에게는 이 세계의 개선을 위하여 하나님과 '공동-창조자'로서 함께 일해야 할 것이 요구된다."[85] 공동-창조자를 필요로 하며 목적론적 완성을 향한 과정 안에 스스로를 있게 하는 신은 어떤 의미에서 불완전한 신이 아닌지에 대한 의문이 생길 수 있다. 이러한 의문에 대해 과정신학자들은 '탁월함'이라는 개념으로 전통적인 완전성을 재해석하려고 한다. "하나님은 모든 면에서 절대적으로 완전하지도 않고, 다만 그 완전이 동적이며 계속적으로 자라가는, 상대적으로 완전한 분이다. 과정신학자들은 하나님이 절대적 완전 대신 '탁월함'surpassing의 특징을 가진 분이라고 말한다. 하나님은 하나님의 선행적 완전을 끊임없이 뛰어넘기 때문에 피조물들보다는 항상 더 완전하다."[86] 요컨대, 하나님은 세계와 범신론적으로 동일하지 않지만 모든 것 안에 하나님이 계신다는 의미에서 만유재신론적으로 세계와 관계를 형성하신다. 이러한 관계성은 지속적인 발전과 진보의 과정을 내포하며,

---

84   Stanley J. Grenz and Roger E. Olson, 『20세기 신학』, 220.
85   위의 책, 221-22.
86   위의 책, 224.

그 모든 과정의 종국에는 역사를 넘어서는 완성이 있다는 것이 과정신학의 전형적인 이해인 것이다.[87]

3. 인간의 기술문명적 함의 탐색

　　세계는 완성을 향한 과정 안에 있고 그 과정은 완성의 목표를 이루어야 할 주체들 곧 이 세계 안에서 이상을 현실화하는 존재자들을 통해 전개되고 완수된다. 하나님은 그 주체들과의 관계에서 무엇보다도 지향해야 할 이상 혹은 목표를 제시하시는 분이며 지속적으로 이 목표를 향하여 유도하고 설득하시는 분이다. 하나님은 다른 그 어떤 존재들보다 더 뛰어난 존재이시지만 전통적 초월 신학의 하나님처럼 절대적으로 완전한 분이 아니시다. 하나님의 초월적 개입이 없이도 이 세계의 존재자들은 상당한 생명의 능력과 창조의 잠재역량을 내재적으로 담지하고 있다. 그러므로 하나님은 세계 과정의 진보를 위해 자신의 계획을

87　다만 이러한 캅의 사상에서 우리는 '이미'와 '아직 아니'의 종말론적 긴장을 찾기 어렵고, 종말론적인 초월적 개입을 통한 궁극적 완성의 관념도 포착하기 어렵다. 윤철호는 이 점을 다음과 같이 밝힌다. "캅에게 있어서는 그가 말하는 역사 안에서 하나님의 설득에 의해 인도함을 받는 끊임없는 창조적 변혁의 과정과 역사 너머의 영원한 천국 안에서의 평화에 아무런 변증법적인 긴장관계가 존재하지 않는다. 우리는 기독론과 하나님 나라뿐만 아니라 인간과 기독교 실존에 대한 캅의 견해가 기본적으로 '진화적-역사적'(evolutionary-historical) 원리 아래 그리고 화이트헤드 철학의 심대한 영향에 의해서 형성되었음을 다시 한번 상기할 필요가 있다. 캅에게 있어서 이러한 원리와 철학이 성실하고 깊이 있는 성서해석학에 기초하여 충분히 비판적으로 검증되지 아니하고 지배적인 영향력을 발휘하고 있다고 하는 사실이 적어도 부분적으로는 그의 신학적 입장이 이상주의적 자연철학(natural philosophy)에 가깝다고 비판받을 수 있는 이유가 될 것이다. 기독교와 교회의 실존은 예수 그리스도 안에서 '이미' 현실화된 실재로서의 하나님 나라와 역사와 교회 안에 '아직' 완전히 현실화되지 않은 잠재적 가능성으로서의 하나님 나라 사이에 존재한다. 기독교인은 성서의 증언에 기초하여 하나님 나라가 예수의 실존구조 안에서 선취적으로(proleptically) '이미' 계시되었다고 믿는다. 따라서 기독교인은 하나님의 온전하고 결정적인 성육신으로서의 예수 그리스도에 대한 기억에 기초하여 궁극적인 미래에서의 하나님 나라의 종말론적인 성취에 대한 희망을 가지고 살아간다. 이 과거에 대한 기억이 없다면 기독교와 일반적인 인간 실존의 창조적 변혁을 위한 아무런 기준이나 능력도 없을 것이며, 이 미래에 대한 희망이 없다면 기독교적인 창조적 변혁을 위한 그 어떤 방향과 목적도 없을 것이다." 윤철호, 『세계와의 관계성 안에 계신 하나님』, 286-87.

강제할 필요가 없으며 신적 영역으로부터 온 이질적 능력을 부여할 필요가 없는 것이다. 그러므로 칸의 세계 '과정'은 진화론적 진보를 내포한다. '최초의 목표'를 제시받은 인간을 비롯한 현실화의 주체들은 이미 이상 실현을 위한혹은 이상 실현에 충분한 능력과 목표 지향성을 가지고 자연스럽게 진보해 간다.

　　윤철호가 평가하는 대로 칸의 과정 사상은 '이상주의적 자연철학'에 가깝다고 볼 수 있으며, 이러한 자유주의적 과학철학의 관점에서 기술은 진보를 위해 필수불가결한 지위와 역할을 확보한다. 아직 현실화되지 않은 세계의혹은 우주적 이상을 실현하는 데 있어 인간과 기술의 창조성은 선도적 의미를 갖는다고 할 수 있겠다. 기독교의 창조론적·구원론적 근거와 독립적으로 인간의 문명은 '일반적인 인간 실존의 창조적 변혁'을 위한 부단한 여정을 밟아갈 수밖에 없는 질서 안에 있으며 궁극적으로 완성에 도달하게 될 것이라는 인간론적·역사적 낙관론이 강하게 작동하고 있는 것이다.[88]

VI 맺는 말

　　본 장에서 탐구한 다섯 신학자 중에서 내재에 방점을 두고 '초월과 내재'론을 전개한 이들로 리츨, 구티에레즈 그리고 칸을 생각할 수

---

[88]　위의 책.

있다. 리츨의 내재론은 '도덕적 실천과 윤리적 문화 안에서의 내재'로 요약할 수 있을 것이다. 구원은 자연에 대한 극복이기에 이를 위해 기여하는 기술문명이 정당하고 유효하다고 평가하는 것인데, 전체적으로 인간과 인간 문명에 대한 낙관과 긍정이 두드러진다. 이런 맥락에서 자연 극복과 정신적·도덕적 문명 진보에 기여하는 기술문명에 대해 긍정하는 리츨의 평가 기준을 확연하게 탐색할 수 있다. 구티에레즈는 정치사회적·경제적 해방 안에서의 내재를 강조하며 초월적 존재의 내재적 실현체로서의 인간과 인간의 해방능력을 긍정하는데, 정치사회적·경제적 해방에 기여하는 기술문명에 대한 신학적·윤리적 정당화를 분명하게 수행하고 있다고 평가할 수 있다. 캅은 '과정'의 틀 안에서 하나님, 세계, 하나님과 세계의 관계성 등을 설명하며, 이를 위해 과학과 신학의 조화를 강조한다. '모두'가 초월한다는 진화적 초월성을 주장하는 한편, 하나님은 창조적-응답적 사랑으로 설득하고 격려하시는 신적 존재로서 자신의 목적을 강요하지 않으실 뿐 아니라 심지어 거부당하기도 하신다고 역설한다. 인간을 공동창조자로 긍정하신다. 공동창조자로서 인간은 주체적으로 진보의 과정을 전개해 가며 또 실제적으로 진보의 성과를 이루어낸다. 인간과 세계와 역사는 자연스럽게 성장·발전·진보할 수밖에 없다는 자연주의적·과학주의적 낙관을 견지하며 인간의 도덕적·문명적 가능성에 대해서도 긍정적인 전망을 내려놓지 않는다.

리츨과 구티에레즈와 캅은 인간의 기술문명적 역량에 대해 기본적으로 긍정한다는 점에서 공통점이 있지만 긍정의 논거에 있어서는 차이가 있다. 리츨은 도덕적 차원에서의 문명의 진보, 구티에레즈는 정치사회적·경제적 억압에 대한 해방 성취 그리고 캅은 자연주의적·과학주의적 진보의 틀 안에서의 도덕적·문명적 발전을 그 핵심 근거로 제시함을 보았다. 인간의 기술문명적 가능성에 대한 낙관의 신학적 정당화에 있어 이들은 인간과 세계에 대한 신적 내재를 강조함으로써 인간과 하나님 사이의 거리를 밀착시키고 인간의 존재론적 가치와 역량을 고양시킨다. 이러한 고양은 캅에게서 가장 두드러지게 탐지된다. 우리가 본 대로, 캅은 인간을 '공동창조자'로 규정하는데, 내재 교리의 틀 안에서 하나님과 인간의 동일시를 인간론적으로 첨예화하여 인간의 지위와 문명적 역량을 창조자의 그것으로 격상한다는 점에서 그렇다.

바르트는 내재에 방점을 두는 이 세 신학자와 견주어 반제^{反題}의 위치를 점한다고 평가할 수 있을 것이다. 앞에서 살핀 대로, 바르트는 영원과 자유 안에서의 하나님의 초월을 강조하고 칭의와 성화를 하나님의 전적 은혜로 보면서 인간의 행위자로서의 주체성 대신 하나님의 초월적 개입에 대한 여지를 넓게 열어둔다. 창조와 구원과 섭리의 관점에서 하나님의 주권성^{절대적 주권성}을 극대치로 밀어붙임으로써 인간의 가능성, 도덕적 잠재성, 기술문명적 가능성 등에 대한 낙관론을 경계한다고 볼 수 있다.

니버는 초월과 내재 사이의 긴장^{혹은 균형}을 지키려 한다는 점에서 일종의 제3의 길을 걷는다고 할 수 있겠다. 우리가 본 대로, 니버는 이상과 현실의 긴장 안에서의 초월성에 대한 신념을 견지하며 '이미'와 '아직 아니'의 변증법적 종말론을 역설한다. 개인적 차원뿐 아니라 역사적·정치사회적 차원에서의 구원을 말하면서 역사적 성취를 인정하지만 초월적 완성의 여지를 분명히 남겨둔다고 볼 수 있다. 한편으로 자유주의적 낙관론에 비판적이라는 점에서 리츨과 구티에레즈와 캅의 신학적 인간론이 강하게 내포하는 인간의 기술문명적 가능성에 대한 긍정에 대해 신중하며, 다른 한편으로 인간과 인간 문명에 대해 비판적이지만 바르트만큼은 아니라고 평가할 수 있다. 공동의 은혜와 감추인 그리스도의 역사를 중심으로 하는 하나님의 초월적 개입을 통한 도덕적·정치사회적 변화와 기술문명적 변화의 여지를 남겨둔다는 점을 주목할 필요가 있다. 당대의 미국 문화^{문명}를 분석하면서 '미시'를 추구하다가 '거시'를 놓쳤다는 진단을 내린 니버의 주장은 의미심장하다. 과학기술의 효용성과 탁월성을 추구하다가 문명이 나아가야 할 정신적·규범적 방향성을 잃게 되었다는 것인데, 과학기술의 발전과 진보에 대한 추구는 자연스러운 것이라고 할 것이지만 그러한 추구는 진지하고도 지속적인 윤리적 성찰과 탐구가 필연적으로 동반되어야 한다는 니버의 신념을 내포한 주장이라고 할 것이다.

신적 '초월과 내재'론은 인간에 대한 신학적 이해, 특별히 인간의 문명 창출의 역량과 기술문명적 가능성을 논하는 데 있어 중요한 신론적 주제가 되는데, 인간과 세계에 대한 하나님의 내재와 초월을 어떻게 보느냐에 따라 인간의 존재론적 가치와 도덕적·문명적 역량에 대한 이해와 해석이 달라진다는 점을 밝혀 두어야 하겠다. 초월을 극단으로 밀어붙여 하나님의 타자성을 강조하고 인간의 피조물됨을 첨예화하면 인간에 대한 비관적 입장을 강화하게 될 것이며, 배타적으로 내재에 초점을 설정하고 신적 임재 이론을 전개하면 하나님과 피조물 사이의 구분을 철폐하여 인간의 존재론적·행위론적 의미와 가치를 왜곡하는 결과에 이를 수 있다. 이런 맥락에서 둘 사이의 적절한 균형을 견지하는 것이 요청된다고 할 것이다. 하나님의 창조와 섭리와 구원의 역사 가운데 인간은 은혜로 피조물의 한계 안에서 역량을 보유하지만 그 능력이라는 것은 피조물의 것으로 하나님의 능력과는 같을 수 없다는 점을 분명히 해야 할 것이다. 인간의 문명적 역량을 구현하는 과정과 결과에 대해서 절대적으로 긍정하기보다는 하나님과 하나님 나라의 관점에서의 비평을 지속적으로 수행해야 할 것이다.

제 3 장

과학기술에 관한
윤리적 규범 모색:
자크 엘륄의 기술 이해에
대한 비판적 성찰과
트랜스휴머니즘에 대한
적용을 중심으로

이 장은 다음의 문헌을 수정·보완한 것이다. 이창호, "과학기술에 관한 윤리적 규범 모색을 위한 철학적·사회학적·신학적 관점에서의 융합적 연구: 엘륄(Jacques Ellul)의 기술 이해에 대한 비판적 성찰과 트랜스휴머니즘에 대한 적용을 중심으로,"『선교와 신학』 45 (2018), 331-79.

본 장의 목적은 과학기술에 관한 윤리적 규범을 모색하는 것이다. 이를 위해 철학적·사회학적·신학적 관점에서 융합적 연구를 수행할 것인데, 엘륄Jacques Ellul의 기술 이해에 대한 비평적 성찰과 트랜스휴머니즘에 대한 적용을 중심으로 그렇게 할 것이다. 먼저 엘륄의 과학기술 이해를 서술하고자 한다. 엘륄은 과학기술의 문제를 철학적으로 또 사회학적으로 분석·평가하고 그러한 분석과 평가를 통해 현대 과학기술에 내포된 종교적·윤리적 의미까지 탐색하고자 한다는 점에서 그의 기술 이해에 대한 고찰은 본 장의 목적에 적합하다고 필자는 생각한다. 다만 엘륄의 기술관은 방법론적으로 사실에 대한 서술과 서술에서 규범으로의 전환에 근거하고 있으며 내용적으로 기술의 자기결정성을 강하게 내포한다고 볼 수 있는데, 이에 대한 비평적 성찰이 요구된다. 사실에서 규범으로의 전환이 불가하다는 점을 견지하는 '자연주의적 오류'의[1] 관점에서 엘륄의 기술 이해는 근본적인 비판을 받을 수 있다. 특별히 이러한 비판의 선봉에는 과학기술사회학의 중요한 연구자들이 서 있다. 대표적인 보기로 '기술의 사회구성'론과 행위자-네트워크actor-network 이론을 들 수 있다. 전자의 옹호자로서 바이커Wiebe E. Bijker 그리고 후자의 대표적 이론가로서 라투르Bruno Latour를 주로 다룰 것인데, 이들의 이론을 살피고 엘륄과의 비평적 대화를 시도할 것이다.

1　자연주의적 오류는 당위진술과 존재진술을 구분해야 한다는 흄(David Hume)의 법칙을 두드러지게 반영하는 것으로서 '사실'에서 '규범'으로의 전환을 허용하지 않는다. 이 전환을 허용하지 않는 가장 중요한 이유는 논리적으로 볼 때 전제에 포함되지 않는 어떤 내용도 결론에 포함되어서는 안 된다는 것이다. 무어(G. E. Moore)는 흄의 법칙이 함의하는 바를 충실하게 따르면서 사실에 대한 진술과 의무나 가치에 대한 진술을 구분해야 한다고 강조한다. 이 둘 사이를 논리적으로 연결하는 것은 오류라고 보는 것이다.

본 장에서 필자는 과학기술의 윤리적 본성을 융합적으로 탐구하고자 하는데, 서술적 접근과 더불어 기독교의 신학적 신념에 근거한 규범적 접근도 중요하게 여길 것이다. 엘륄의 기술 이해에서 도출된 과학기술에 관한 주요 논점들을 중심으로 신학적 응답을 시도하고, 거기로부터 윤리적 함의를 도출할 것이다. 이를 위해 몰트만 Jürgen Moltmann, 슈바이커 William Schweiker 그리고 구티에레즈 Gustavo Gutiérrez 의 신학적·윤리적 응답을 탐색할 것이다. 몰트만은 현대의 대표적인 개신교 신학자로서 하나님의 창조와 계속적 창조 그리고 인간의 창조에의 참여 등을 구원론적으로 또 종말론적으로 심도 있게 논구하고 있다는 점에서 적절하다. 슈바이커는 자연법 윤리와 성서적 신학적 윤리로부터 '생명의 통전성'이라는 핵심적인 규범적 토대를 도출하고 현대 사회의 '생명'의 위기의 원인으로서의 '테크놀로지와 힘의 무분별한 추구'에 대해 책임윤리적 관점에서 비판적 응답을 시도한다는 점에서, 그리고 구티에레즈는 엘륄식의 '기술에 대한 우상적 종교성으로의 동일시'에 동의하지 않으면서 유토피아 혹은 하나님 나라 구현을 위해 기술이 긍정적으로 또 필수적인 조건으로 작용할 수 있다는 '기술유토피아'론을 전개한다는 점에서 엘륄의 기술 이해를 비평적으로 성찰하는 데 적절하고 유효하다고 생각한다. 이 세 신학자를 각각 탐구하고 나서 엘륄이 제공한 논점들 곧 자기창조성, 통합성, 자율성이라는 기술의 본질적 특징들의 관점에서 이상의 학자들을 비교·평가하고 과학기술에 대한 결론적인 규범적 기준을 제시할 것이며, 이 기준을 트랜스휴머니즘의 주제에 적용할 것이다. 로봇공학의 권위자인 모라벡 Hans Moravec 과 대표적인 '특이점' 이론가인 커즈와일 Ray Kurzweil 을 중심으로 트랜스휴머니즘의 본질적인 특징을 서술하고 이에 대한 규범적 비평을 수행하고자 한다.

Ⅰ 엘륄의 과학기술의 본질적 특징에 대한 이해

1. 과학기술에 대한 기본적 이해

기술은 인간 사회를 구성하는 하나의 문명적 요소로 머물지 않고 현대 사회에서 주요 요인 혹은 결정 요인의 지위를 확보하게 되었다고 엘륄은 주장한다. 현대성을 사회학적으로 규명할 때 현대 사회에 대한 중요한 규정은 '기술 사회'가 될 것인데, 현대 사회의 기능적 작동 요소이자 규범적 방향성을 제시하는 원리로서 '기술'이 차지하는 비중을 반영하는 개념인 것이다.[2] 엘륄은 이제 기술 사회라는 개념을 넘어서야 한다는 점을 지적하면서, 현대의 기술 현상을 설명하는 더 좋은 개념으로서 '기술 체계'를 제시한다. 기술 체계라는 개념을 통해 엘륄은 '기술의 특수한 구조화'를 규명하고자 하는데, 현대 사회에서 기술이 '체계'로서 곧 '하나의 조직된 전체'로서 존재한다는 점을 밝히고자 하는 것이다.[3] 기술 체계는 '다양한 기술들과 대상들의 합과는 질적으로 다른 현상'이라는 점을 밝히면서, 개별 기술들을 따로 떼어 고찰하거나 기술이 작용하는 분야들을 개별적으로 분리해서 탐구한다면 기술들과 기술의 영역들에 대해 온전한 이해에 이를 수 없다고 주장한다. 오히려 '포괄적인 기술 체계 내부에서 또 기술 체계와 관련하여' 고찰해야 한다는

---

2   Jacques Ellul, *Autopsie de la révolution*, 황종대 역, 『혁명의 해부』 (대전: 대장간, 2013), 358-74.
3   Jacques Ellul, *Le système technicien*, 이상민 역, 『기술 체계』 (대전: 대장간, 2013), 73.

것이다.[4] 예를 들어, "통신을 현대의 노동방식, 주거 형태, 통치 기술, 행정 기술, 생산과 소비의 요구 등에서 분리한다면," 통신 기술의 급속한 발전과 사회적 영향을 적절하게 또 충분하게 평가할 수 없을 것이라고 엘륄은 강조한다.[5] 그러므로 현대 사회와 사회적 결정 요인으로서의 기술 환경의 실재를 온전히 해명하고 또 서술하기 위해서 기술적인 현상을 전체적인 통일성 속에서 살펴야 한다는 것이다. 개별 기술도 다른 기술들과의 관계성 속에서 또 기술들의 연관을 내포하는 전체적 틀 속에서 이해할 때 온전한 이해에 이를 수 있다는 것이 엘륄의 생각이다. 이러한 기본적인 이해를 가지고, 이제 엘륄이 밝히는 기술^{혹은 기술} 체계의 중요한 특징을 크게 세 가지로 정리해 보고자 한다.

2. 과학기술의 본질적 특징에 대한 이해

1) 기술의 자기창조성

먼저 '기술적 선택의 자동성'이라는 기술의 창조적 측면을 설명하고자 한다. 엘륄에게 기술 체계는 기술들의 단순한 합도 아니고 단일한 거대 기계도 아니다. 기술의 진보는 기존의 기술들이 유발하는 우연적 선택이나 어렵사리 통제된 상황에서의 선택에 의해 이루어질 수 있다. 이런 면에서 기술 진보의 과정에는 불확실성이 존재한다. 특별히 새

---

4   위의 책, 184-85.
5   위의 책, 185.

로운 기술이 출현하거나 여러 기술들이 결합하여 새로운 변화를 일으
킬 때, 인간의 결정과는 무관한 방식으로 이루어질 수 있다. 이것이 기
술의 자동성의 중요한 배경이 되는데, 기술의 전개 방향은 인간의 개입
과 독립적으로 결정된다는 의미에서 선택의 자동성이다.[6] 다시 말해, 기
술은 그 본질에 있어 자기 방향적 self-directing 이다. 이성적 관점에서 가장
효율적인 선택의 방향으로 움직여간다는 의미에서 그렇다. 기술은 스
스로 목적 달성을 위한 최선의 수단을 선택하는 역동을 내재적으로 보
유하고 있다는 것이다.

　　또한 기술의 자기창조성은 자기확장성이라는 특징을 내포한다.
현대 사회가 향유하는 기술적 수준은 인간과 인간 공동체의 기술 진보
를 향한 열정적이고도 부단한 노력의 산물이다. 그러나 인간이 기술발
전의 과정에 개입하지 않더라도 기술은 '스스로'를 변화시키고 확장하
며 발전하는 단계에 이르렀다고 엘륄은 진단한다.[7] 다시 말해, "기술로
하여금 성장하도록 부추기고 부득이하게 끊임없이 발전하게끔 하는 일
종의 내적인 힘에 의해, 인간의 결정적인 개입 없이도 기술이 변화하고
진보할 정도의 발전 지점에 기술은 도달했다."는 것이다.[8]

2) 기술의 통합성

　　앞에서 살핀 대로, 엘륄은 기술의 본성을 '체계'라는 개념을 통해
서 온전히 이해할 수 있다고 강조한다. '기술 체계'라는 개념을 통해 현

---

[6]　위의 책, 392-95.
[7]　Jacques Ellul, *La technique ou l'enjeu du siècle*, 박광덕 역, 『기술의 역사』(서울: 한울, 1996), 101.
[8]　Jacques Ellul, 『기술 체계』, 359.

대의 기술성을 설명하고자 하는 것이다. 기술 체계는 말 그대로 하나의 체계이다. 곧 "부분들이 밀접하게 서로 결합되어 있고 상호 의존하며 공통된 규칙성을 따르는 하나의 결합체 ensemble"이다. 통합성은 이 '체계'성의 구체적인 표현이다. 개별 기술들은 다른 기술들에 의존해서 존재하며 또 상호의존의 그물망 안에서 서로 연결되어 있다. 이렇게 연결되어, 결국 하나의 통합된 체계를 구성하게 되는 것이다.[9] 체계로서 기술은 인간과 인간의 사회적 삶을 총체적으로 변화시키는 힘을 보유한다.[10] 그러한 변화가 발생했다면, 삶의 환경, 규범적 질서, 삶의 방식 등의 측면에서 포괄적이고 근본적인 변화가 있었기 때문이다.

이런 맥락에서 엘륄은 기술 체계야말로 인간과 인간 공동체를 총체적으로 변화시킬 수 있다는 점을 강조한다. '새로운 환경, 새로운 기준 체계, 행동 방식의 포괄적인 새로운 복합체'를 내포하는 기술 체계는 '새로운 행동, 신심, 이데올로기, 정치 운동'을 불러일으키며 '삶의 요인과 생활수준과 생활 방식'을 결정한다. 기술 체계는 인간 사회의 '결정요인'이며 동시에 발전의 모태로서의 '감싸는 요인'이 되었다고 엘륄은 진단한다. 그리하여 "중세에서 모든 것이 기독교 체계 안에 위치했던 것과 꼭 마찬가지로, 가장 독립적이고 가장 덜 기술적인 활동조차 사람들이 원하든 원하지 않던 간에 기술 체계 속에 위치한다."[11]

---

9   위의 책, 281.
10 예술 영역도 역시 전체로서의 기술 체계의 한 부분으로서 종속적 지위를 점한다는 점을 엘륄은 강조한다. Jacques Ellul, *L'Empire du non-sens*, 하태환 역, 『무의미의 제국』 (대전: 대장간, 2013), 67.
11 Jacques Ellul, 『기술 체계』, 288-89.

3) 기술의 자율성

엘륄은 삶의 다른 영역과의 관련성 속에서 기술의 자율성을 설명한다. 기술은 정치, 경제, 사회 영역과의 관계에서 자율적이다. 정치나 경제가 기술의 발전을 결정하는 것이 아니라 그 방향은 반대이다. 기술이 사회적·정치적·경제적 변화를 불러일으킨다는 것이다.[12] 프랑스 정부의 정책 결정 과정에 대해 말하면서, 엘륄은 기술 정책의 큰 방향은 분명히 정부의 정책 결정의 영역에 속하지만 정치적 영향력이나 동기에 의해 결정되기보다는 오히려 '기술의 전문가들'의 의견을 따라야 한다는 점을 확인한다.[13] 그리하여 "정치가는 기술의 발전을 거스르는 결정을 내릴 수 [없으며] 모든 정치적 결정들은 기술발전의 필요성에 전적으로 구속된다."[14] 경제도 마찬가지이다. 경제는 기술과 관련하여 '결정요인'도, '방향설정 원리'도 아니다. 반대로 기술이 경제의 방향을 제시하고 경제 영역에 변화를 일으키는 결정적 동인이 된다. 기술은 "자기 자신의 결정을 따르며 자기 자신을 실현한다. 그렇게 하면서 물론 기술은 기술적이지 않은 다른 많은 요인을 이용한다. 기술은 이러한 요인들이 사라짐으로써 차단된 채로 있을 수 있지만, 기술의 작동 근거와 성장 근거는 어느 다른 곳에서도 나오지 않는다."[15] 기술의 작동 근거는 그러므로 기술 안에 있다.

또한 기술은 사회의 도덕적·정신적 토대와 관련해서도 자율적이

12　Jacques Ellul, 『기술의 역사』, 149.
13　Jacques Ellul, 『기술 체계』, 248-49.
14　Jacques Ellul, *Ce que je crois*, 김치수 역, 『개인과 역사와 하나님』 (대전: 대장간, 2015), 203.
15　Jacques Ellul, 『기술 체계』, 258.

다. 기술은 도덕적 선악의 판단을 허용하지 않는다. 도덕은 도덕적 문제를 판단할 뿐이지, 기술에 대해 심판자 노릇을 할 수 없다는 것이다. 기술은 선악의 판단의 차원을 넘어서 있다. 다시 말해, 기술은 가치중립적이라는 전통적 관념은 더 이상 유효하지 않다.[16] 인간 편의 도덕적 판단으로부터 자율성을 확보한 기술은 스스로를 정당화할 수 있는 힘을 확보하고 이제 인간의 행동에 정당성을 부여하며 또 새로운 가치관과 규범적 체계를 생산할 수 있게 되었다고 엘륄은 보고 있는 것이다.[17]

이제 기술은 지금까지 살핀 속성들로 무장하고 신적 지위를 위협한다. 엘륄의 판단에 따르면 스스로 신적 본성을 보유하고 신의 자리를 대신하고자 한다. 기술은 스스로를 창조하며, 어떤 다른 존재가 아니라 '스스로' 존재와 작용에 관하여 결정하며 스스로를 확장해 간다. 인간의 목적을 위한 수단이 아니라, 인간을 결정하는 주체가 된다. 인간과 인간 사회를 구성하는 다양한 요소들을 통합하여 세계를 지탱하고 진보케 하는 주체로 우뚝 선다. 자율성으로 무장한 기술은 다른 어떤 존재에도 얽매이지 않고 독립적이며 자율적인 존재로서 다른 존재들과 행위들을 결정하는 역할을 한다. 특히 윤리적 차원에서 존재와 행위의 의미와 목적을 규정하는 규범 생산자와 심판자의 지위를 획득한다.

엘륄에 따르면, 이렇듯 신적 영역에 침범한 기술은 그 어떤 존재도 숭배하지 않으며 신비적 현상 앞에서 놀라거나 경외감에 사로잡히지도 않는다. 오히려 한 가지 기준에 따라 움직일 뿐이다. 곧 이성의 능력으로 모든 감추인 것을 드러내고 해명되지 않은 것을 해명하는 것이

---

16   Jacques Ellul, 『기술의 역사』, 150.
17   Jacques Ellul, 『기술 체계』, 270.

다. 심지어 신비의 영역에까지 이르러 정복하고 굴복시키고자 한다. 그러기에 "현재에는 신비한 것이 아니지만 알려지지 않은 분야는 기술의 입장에서 개척되어야 한다. 신성한 것 앞에서도 결코 망설임이 없이 기술은 끊임없이 그것을 공격한다. 지금까지 기술이 아니었던 것은 기술로 바뀌며 그것은 스스로 자기확장성이라는 그 특성에 의해 전진한다. 기술은 연역적으로 신비한 것을 부정한다. 신비한 것은 아직까지 기술화되지 못한 것에 불과하다."[18] 기술은 신비의 영역을 파헤쳐 설명하고 해명하며 또 기술화하여 성(聖)의 비신성화혹은 세속화의 첨병이 된다. 이제 인간은 과거의 신성의 의미를 상실하고 그 신성한 것을 파괴한 기술이 신성의 자리를 차지하는 결과를 맞이하게 되었다고 엘륄은 진단한다.[19]

　　이런 맥락에서 『기술 체계』의 부제인 "기술의 신성함을 끌어내릴 수 있는가"에서 '신성함'은 규범적 절대성으로 바꿀 수 있을 것이다. 규범적 절대성을 앞세우는 기술에 대해 신학적으로 또 윤리적으로 응답하고 그 절대성을 해체해야 한다는 것이 엘륄의 의도라고 풀이할 수 있다. 다만 엘륄이 신학적으로, 철학적으로 또 윤리적으로 기술의 이러한 절대성에 어떻게 도전하는지를 살피는 것도 필요하지만, 엘륄의 기본 전제 곧 기술에게 그러한 절대성을 허용해서는 안 된다는 전제를 공유하면서 다양한 관점에서 규범적 응답을 시도하는 학자들혹은 이론들을 탐구하는 것은 매우 의미 있는 작업이 될 것이다. 특별히 사실에서 규범으로의 전환을 수용하지 않는 접근의 가능성도 배제해서는 안 되며, 이러한 가능성을 대표하는 보기로서 과학기술사회학적 접근을 생각할 수

18　　Jacques Ellul, 『기술의 역사』, 158.
19　　위의 책, 159.

있다.

Ⅱ 과학기술에 대한 사회학적 탐구와 엘륄의 기술관에 대한 비평적 성찰

1. 바이커의 '기술의 사회구성'론

사실에서 규범으로의 전환을 자연주의적 오류로 본다면, 엘륄의 기술 이해 자체에 문제가 있다는 비평적 해석을 내릴 수 있을 것이다.[20] 현대 과학기술이 본성적으로 자율적이거나 규범적 절대성을 보유하고 있다는 인식을 무력화하는 유력한 방식 하나는 기술은 자율성이나 자기결정성을 가지고 있지 않다는 것을 사실적으로─혹은 구체적 사례를 들어 증명하는 것이다. 엘륄의 기술결정론을 비판적으로 성찰함에 있어서, 특별히 기술이 기술 외의 다른 영역들 곧 정치, 경제, 사회 등의 영역들을 결정하는 것이 아니라 오히려 후자가 전자를 결정하는 것이 정상이라는 점을 밝히는 것이다. 대표적인 반론이 '기술의 사회구성'론이다. 말 그대

---

20 다만 엘륄의 기술의 본질적 특징에 대한 이해가 방법론적으로 서술에서 규범으로의 전환이라는 특성을 내포한다고 평가한다면, 그의 방법론은 자연법 윤리의 관점에서 정당화될 수 있을 것이다. 자연법 윤리는 사실에서 규범으로의 전환을 규범 생산의 본질적 과정으로 인식한다. 이성으로 자연 혹은 인간의 본능(nature)을 관찰하고 분석하고 성찰한다. 그러한 과정을 통해 자연스러운 역동이나 지향을 발견하고 그것을 원리로 규정한다. 자연법의 제1원리는 "선은 추구되어야 하고 악은 피해야 한다."는 것이다(Thomas Aquinas, *Summa Theologiae*, I-II.94.2). 이것은 그 자체로 자명하기에 부가적인 논증이나 증명이 필요 없으며, 다른 모든 규범의 원천이 된다. 요컨대, '서술'은 '규범' 진술의 근본적 토대가 되는 것이다.

로 사회가 기술을 구성하고 또 결정한다는 주장이다. 앞에서 본 대로, 기술의 본질적 특징에 대한 엘륄의 이해에서 기술의 자기창조성은 기술이 본질에 있어 자기 방향적이며 이성적 관점에서 가장 효율적인 선택의 방향으로 움직여간다는 의미를 두드러지게 내포한다. 과연 그런가? 기술의 사회구성론적 관점은 기술의 자기창조성과 그것에 내포된 자기방향성을 정면으로 도전한다. 특별히 과학기술사회학 연구의 결과들이 이러한 도전을 강력하게 뒷받침한다. 대표적인 보기가 바이커의 연구이다. 바이커는 과학지식사회학에 기원이 있는 상대주의의 경험적 접근을 과학기술 담론에 적용하여 기술의 사회구성론을 전개한다. 과학적 지식^{혹은 사실}이 실험실이라는 특수한 공간 안에서 배타적으로 형성되는 것이 아니라 과학자와 과학자 집단이 구성원으로 참여하는 전체 사회의 다양한 사회적 주체들^{혹은 변수들}과 상호작용하면서 형성되는 것과 유사하게, 과학기술의 결과물도 그러한 사회적 과정을 통해 구성된다는 것이다. 이를 입증하기 위한 중요한 사례연구로 자전거와 베이클라이트^{Bakelite}의 기술변천에 관한 연구를 들 수 있다.

바이커의 자전거 연구에 따르면, 큰 바퀴 자전거 대신에 안전 자전거가 등장하게 된 이유는 기술의 자기창조성 혹은 자기방향성이 그렇게 발전하도록 기술을 추동했기 때문이 아니라 자전거라는 인공물과 연관된 기술들을 활용하는 사회 집단, 그 집단 구성원들 사이의 이해관계, 자전거를 이용하는 과정에서 생기는 우연적 사건 등의 변인들이 작동해서 그렇게 되었다는 것이다.[21] 새로운 자전거 기술과 연관된 다양

21   Wiebe E. Bijker, *Of Bicycles, Bakelites, and Bulbs: Toward a Theory of Sociotechnical Change* (Cambridge: MIT Press, 1995), 19-100.

한 사회집단들이 있을 수 있는데, 이들은 기술의 효용성, 잠재적 문제점 등의 관점에서 나름대로의 해석적 여지와 역량을 보유하기에 기술의 기능론적, 사회적, 규범적 특징에 대해 다양한 판단을 가질 수 있다. 각 집단은 문제를 파악하고 문제해결을 위한 다양한 기술적 해결책혹은 대안을 제시하게 되며, 특정한 기술에 대한 관점과 대안의 다양성은 집단들 간의 긴장과 충돌을 야기할 수 있다. 특히 이러한 긴장과 충돌은 다원적 논의를 내포하는데, 곧 정치적·경제적·윤리적·법률적 관점에서의 다각적 논의와 협상으로 구성되는 복잡한 사회적 과정이 이루어진다는 것이다. 이러한 사회적 과정을 거쳐 긴장과 충돌을 해소하고 관련된 문제를 해결하며 결국 특정한 기술적 산물을 채택하게 된다는 것이다.[22]

　　바이커는 베이클라이트 사례연구를 통해 자신의 이론을 심화한다. 특별히 이 연구를 기반으로 '기술적 틀'technological frame이라는 개념을 제시하는데, 이 개념은 기본적으로 "문제해결의 과정에서 특정한 공동체가 사용하는 관념들과 기술들"로 구성되며 "최근 기술에 대한 사회집단들의 관점이나 이론, 기술에 대해 갖는 잠재적 지식, 기술 활용에 관한 공학적 관습, 기술에 대한 목적론적 이해와 검토의 역학 등"을 주된 내용으로 포함한다.[23] 기술적 틀은 기술과 연관된 과학자들이나 기술자들에게 특수하게 해당되는 것이 아니며 좀 더 포괄적으로 기술과 기술사용의 결과를 향유하는 다른 사회 구성원들도 보유할 수 있는 것이다. 다만 이 기술적 틀을 보유하고 사용하는 정도나 방식은 구성원이

22　위의 책, 97-100.

23　Wiebe E. Bijker, "The Social Construction of Bakelite: Toward a Theory of Invention," in *The Social Construction of Technological Systems: New Directions In the Sociology and History of Technology*, ed. Wiebe E. Bijker, Thomas P. Hughes and Trevor Pinch (Cambridge: The MIT Press, 2012), 164.

나 집단에 따라 상이할 수 있다. 기술적 틀의 작동 방식의 관점에서 사회적 변인이 중요하게 작용하고 있다는 점을 주목해야 한다. 주요 작동 방식으로 두 가지 보기를 생각할 수 있을 것이다. 먼저 특정한 하나의 기술적 틀이 사회적 그룹의 구성원들의 상호작용에 영향을 끼쳐 특수한 구조를 형성해 가는 것이다. 다양한 행위자들이 다양한 강도로 그 기술적 틀에 소속되는데, 어떤 이들은 이 틀에 더 강한 정도로 속하게 되는가 하면 다른 어떤 이들은 이 틀에 느슨하게 소속되어 이 틀로부터 이탈하거나 변혁을 추구할 수도 있다. 다음으로 사회적 그룹의 구성원들이 하나의 기술적 틀에만 속하는 것이 아니라 복수의 '기술적 틀'들에 소속되는 경우를 생각할 수 있을 것이며, 이 경우 사회적 작용이 더 강하게 나타나게 될 것이다.[24] 기술 적용과 변화를 위해 기술의 내적 역동뿐 아니라 기술의 외적 변인들의 영향이 확장될 수 있다는 말이다. 여기서도 바이커는 기술의 형성, 변화, 채택 및 적용에 있어서 기술의 영역을 둘러싼 사회가 핵심적 지위를 점하고 작용한다는 점을 강조하고 있다.

바이커의 기술에 대한 사회구성론적 설명이 더 합리적이고 설득적이라고 한다면, 기술은 내재적 원리로만 움직이고 기술이 일방적으로 또 독립적으로 사회를 변화시킨다는 엘륄의 결정론적 이해는 힘을 잃게 될 것이다. 다만 사회구성론적 관점에서 엘륄식 결정론을 비판적으로 보는 이들의 논지에는 엘륄이 자연주의적 오류에 빠져 있다는 해석이 중요하게 흐르고 있다는 점을 고려할 때 기술 결정의 변인으로서 사회적 요인들을 밝히고자 하는 사회과학적 '서술'이 과학기술을 판단

---

24 위의 논문, 167-70.

하고 또 구성하는 규범적 기준으로 전환될 가능성을 전적으로 부정할 수는 없다고 필자는 생각한다. 만일 이 가능성이 현실화된다면 엘륄의 비판가들의 사회구성론이 자신들의 비판의 논점이 되어 스스로를 비판하게 되는 상황이 발생할 수 있다는 점을 지적해 두어야 하겠다. 다시 말해, 사회적 변인들이 기술의 전개혹은 발전 방향을 결정하는 변수로서 우월한 지위를 갖게 된다는 의미에서 또 다른 형태의 결정론으로 귀결될 수 있는 여지에 대해서 주의 깊은 검토와 성찰이 요구될 수 있다는 것이다.

2. 라투르의 대칭과 행위자-네트워크 이론

엘륄의 기술결정론적 이해를 강하게 반박하는 또 다른 하나의 주요한 과학기술사회학의 접근으로, 프랑스의 과학기술학자인 라투르의 이론을 생각해 볼 수 있다. 라투르는 기술결정론뿐 아니라 사회구성론에 대해서도 비판적이다. 다만 양비론이나 양시론 혹은 적당한 절충의 지점에서 자신의 비판적 입장을 제시하는 것이 아니라 오히려 좀 더 급진적인 관점에서 자신의 이론을 전개하는데, 기술과 같은 비인간적 non-human 존재와 인간 사이의 관계를 주객 도식이나 비대칭적 관계로 보지 않고 대칭적 관계로 보는 대칭 symmetry 이론과 인간과 기술이 결합하여 사회를 형성한다는 관념을 핵심으로 하는 행위자-네트워크 이론을 중심으로 대안적 사상을 모색한다.

라투르가 제시하는 대칭적 네트워크혹은 연결망를 구성하는 행위자는 인간 행위자만이 아니다. 인간만큼 동등한 가치를 보유하며 전체로서의 연결망을 형성하는 주체로 비인간 행위자도 포함시켜야 한다는 것이 라투르의 생각이다. 인간 행위자와 비인간 행위자는 존재론적으로 공히 행위능력을 보유하고 있으며, 이 행위능력이 발휘됨으로써 다른 행위자들에게 영향을 끼칠 뿐 아니라 전체 연결망에도 변화를 일으킬 수 있게 된다.[25] 비인간 행위자로는 인간 외의 다른 생명체들을 먼저 생각할 수 있지만, 라투르는 기술을 비인간 행위자 그룹의 중요한 구성원으로 포함시킨다. 그러므로 인간 사회는 엄밀한 의미에서 인간 행위자들로만 이루어지는 것이 아니라 인간 행위자와 기술을 비롯한 비인간 행위자가 함께 만들어가는 것이 된다.

인간 행위자에게서 비인간 행위자로의 방향 곧 인간이 과학기술의 실행 주체로서 과학적 이론을 제시하고 또 새로운 기술을 창출한다는 의미에서 인간 행위자에게서 비인간 행위자로의 방향이 존재하고 또 작동하지만, 그 역방향 곧 비인간 행위자로부터 인간 행위자로의 방향도 본질적으로 작동한다. 라투르가 드는 대표적인 보기가 자동 문닫이door closer다. 이 문닫이를 개발하고 사용한 첫 번째 행위자는 인간이지만, 자동 문닫이가 사용되면서 인간 행위자에게 변화를 일으키게 된다는 것이다. 작동이 원활치 않은 문닫이를 사용하는 인간 행위자는 문을 빠르게 통과하는 방법을 찾고 또 익히게 된다. 근본적으로는 문닫이가 도입되면서 이 비인간 행위자가 도어맨이라는 인간 행위자를 대체하는 변화를 가져오게 될 뿐 아니라 인간에게 특정한 행동 방식을 갖도록 하는 의미에서 인간 행위자에 대해 행위능력으로서 영향을 미치게 된다

---

25 Bruno Latour, *Politiques de la nature: Comment faire entrer les sciences en démocratie*, trans. Catherine Porter, *Politics of Nature: How to Bring the Sciences into Democracy* (Cambridge: Harvard University Press, 2004), 70-77.

는 것이다.[26]

이 점에서 라투르는 기술의 작용과 기술사용의 성공과 실패를 결정하는 주체는 '사회'로 대표되는 정치적·사회문화적 요인들이라고 주장하는 기술의 사회구성론에 대해 반대 입장을 취한다고 볼 수 있다. 그러나 그렇다고 해서 기술결정론 곧 기술이 인간 행위자와 사회의 변화를 불러일으키는 결정적 주체라는 주장의 편에 서는 것도 아니다. 기술결정론과 갈라서는 핵심적 지점은 인간 행위자와 비인간 행위자의 관계성에 대한 이해이다. 기술결정론은 기술이 사회를 결정한다는 단선적 구도를 승인함으로써 기술과 사회 사이의 위계적 질서를 허용한다. 기술이라는 비인간 행위자는 인간 행위자를 비롯한 다른 행위자들에 비해 가치와 권력의 관점에서 지배적 위치를 차지한다는 관념을 내포하고 있다는 것이다. 라투르는 이러한 위계적 관계질서의 관념과는 확연하게 다른 견해를 제시하는데, 기술과 사회, 혹은 비인간 행위자와 인간 행위자는 존재론적으로 또 행위론적으로 볼 때 그 가치에 있어 우열이 없으며 동등한 가치를 보유한 행위자들로서 지속적으로 또 활발하게 상호작용하면서 전체로서의 사회라는 연결망을 형성해 간다는 것이다. 이러한 두 행위자 사이의 상호작용이 사회를 형성하고 또 그 사회에 변화를 창출하는 원천이 된다는 것이 라투르의 생각이다. 이런 맥락에서 사회란 인간 행위자와 비인간 행위자의 결합과 상호작용이 창출하는 연결망인 것이다.

그러므로 모든 기술과 그 작용은 인간 행위자의 특징과 비인간

---

26   Bruno Latour, "Mixing Humans and Nonhumans Together: The Sociology of a Door Closer," *Social Problems* 35 (1988), 298-304.

행위자의 특징 중 어느 한쪽을 배타적으로 내포하기보다는 양쪽을 모두 포함하고 있다고 말할 수 있다. 하늘을 날고자 하는 욕구를 실현하기 위해 인간은 비행기를 만들었으며, 비행기라는 기술적 산물과 그것에 힘입어 하늘을 비행하는 행위는 인간과 비행기라는 비인간 행위자의 '연결'association을 통해 이루어지는 것이다. 라투르에 따르면, 이 연결을 통해 드러나는 중요한 역동 중 하나는 두 행위자 사이의 행위능력의 교류와 공유이다. 인간은 비인간에게 또 비인간은 인간에게 행위능력의 사용을 허용하는 것이며 이러한 상호작용을 통해 행위능력의 공유가 이루어진다는 것이다.[27] 이러한 생각을 중시하면서, 라투르는 인간과 비인간 행위자로서의 기술의 관계를 대칭적 관계로 규정한다. 라투르의 행위자-네트워크 이론에서 대칭의 관계성 이해는 핵심적 위치를 차지하며, 그는 이 이해의 틀에서 경쟁적 이론이나 관점에 대한 비평을 전개한다고 볼 수 있다. 한편으로 기술의 창조자로서 인간의 우위와 그에 따른 기술의 종속과 도구화를 거부하며, 기술의 자율성이나 창조성을 전적으로 부정하고 기술에 대한 사회의 결정론적 지위를 강조하는 사회구성론적 이론이나 관점에 대해서도 비판적이다. 다른 한편으로 기술이 인간 행위자에 대해 완전한 자율과 권위를 본질적으로 보유하여 기술 자체에 대해서 뿐 아니라 인간 행위자와 인간 사회에 대해서 문명적·규범적 방향성을 제시할 수 있다고 보는 기술결정론에 대해서도 신중한 비평적 입장을 견지한다. 특별히 기술의 사회구성론과 기술결정론이 근본적으로 이분법적 구도로 인간과 기술의 관계를 이해하고

---

27   Bruno Latour, *Pandora's Hope: Essays on the Reality of Science Studies* (Cambridge: Harvard University Press, 1999), 180-82.

있다는 점에 대해 비판적인데, 그러한 단순한 구도를 견지함으로써 인간 행위자와 비인간 행위자가 하나의 연결망으로서 형성해 가는 복잡한 관계형식과 역동의 양태를 온전히 포착하고 해명하지 못하는 결과에 이를 수 있으며 좀 더 근본적으로는 인간과 기술이 동등한 행위주체로서 전체 연결망을 구성한다는 존재론적 본질을 인식하지 못하는 오류에 빠질 수 있다고 라투르는 우려한다.[28] 요컨대, 라투르에 따르면, 과학기술 혹은 '테크노사이언스'technoscience는 비인간을 주객이나 지배-종속의 관계가 아니라 대칭적이고 의미 있는 관계로 만들어 주는 활동을 내포한다. 여기서 과학기술의 핵심은 "인간-비인간으로 구성된 세상을 움직이기 쉽고 표준화된 지식 요소로 바꾸는" 것이다. 한걸음 더 나아가, 라투르의 이론의 관점에서, 과학기술의 산물인 기계장치와 같은 비인간들은 인간에 상응하는 행위능력을 보유하고 있으며, 그러기에 비인간을 인간과 '동등하게 또 대칭적으로' 인식하고 다루어야 한다는 결론에 이른다.[29]

라투르의 이론은 엘륄의 기술 이해나 기술의 사회구성론이 결정론적 경향으로 흐를 수 있는 가능성을 방지하고 인간과 과학기술 사이의 주객 혹은 위계 도식을 지양하면서 이 둘을 동등하게 혹은 상호영향의 틀에서 검토함으로써 좀 더 융합적이면서 통전적인 관점을 제공한다고 평가할 수 있다. 규범적 주도성이나 우위성을 인간과 과학기술 중 어느 한쪽에 부여함으로써 생길 수 있는 규범 생산에 있어서의 불균형을 경계하고 또 각각의 고유한 지위와 의미를 존중하면서 둘의 상호작용과

---

28   위의 책, 190-202.

29   브루노 라투르 외, 홍성욱 편, 『인간-사물-동맹: 행위자네트워크 이론과 테크노사이언스』 (서울: 이음, 2010), 8.

대칭적 관계 형성을 통해 이루어지는 포괄적 행위자체계를 불러일으키고 심화할 수 있다. 그리하여 한편으로 과학기술을 인간의 경험과 관념의 빛에서 성찰하고 그 성찰의 결과를 기술에 적극적으로 대입하여 기술에 인간적 요인을 불어넣음으로써 기술의 인간화에 기여할 수 있으며, 다른 한편으로 과학기술의 전개와 발전이 인간에게 가져다주는 변화에 개방적이며 기술과 더불어 인간-비인간의 더 큰 행위자체계를 구성하는 데 적극적으로 참여한다는 의미에서 인간의 기술 수용의 여지를 넓힐 수 있을 것이다.

다만 신중한 평가도 덧붙여야 하겠다. 라투르의 이론은 어느 한쪽에 주도적 지위를 허용하지 않음으로 결정론의 형태로 귀결될 가능성을 약화시킬 수 있겠으나 자칫 대칭성의 강조가 이원화나 양극적 단편화로 이어져 통전적인 규범 생산이 원활하게 이루어지지 않을 수 있다는 점을 고려해야 할 것이다. 또한 인간과 비인간으로서의 기술을 포괄하는 통합적인 행위자체계를 상정하고 추구하는 구도를 생각할 때, 전체 체계를 구성과 작용의 차원에서 살피고 또 규범적 방향성을 제시할 수 있는 체계 너머의 어떤 지점이나 행위주체를 상정해야 한다는 필요성이 제기될 수 있다. 이런 맥락에서 신학적·윤리적 관점에서 과학기술의 규범적 내용과 방향성을 논구하는 것은 의미 있는 작업이 될 것이다.

Ⅲ 과학기술에 대한 신학적·윤리적 성찰과 엘륄과의 비평적 대화 모색

1. 창조와 구원론적 섭리 그리고 종말론의 관점에서의 몰트만의 기술 이해 탐색

세계는 어떻게 존재하게 되었는가? 몰트만은 하나님의 자유로운 의지의 결정을 통하여 세계가 창조되었다고 응답한다. 다시 말해, 하나님의 창조는 하나님의 자유로부터의 창조이다. 창조의 행위 이전에 의지의 결정 곧 결의가 있었다는 것이다. 하나님이 스스로 창조자가 되시기로 결정하셨다.[30] 개혁교회의 결의론 전통과 연속성을 가지면서, 몰트만은 창조자로서의 하나님의 신적 본성과 활동 사이의 통일성을 존중한다. 하나님은 창조적 본성을 가진 신적 존재로서 창조의 활동을 의지적으로 결정할 수밖에 없다는 것이다. 결의론의 이러한 본성과 활동의 통일성 이해는 하나님의 창조를 폭군적 절대자의 작위적 결정의 결과로 보게 되는 위험과 신적 본질로부터 흘러나와 존재하게 된 결과로 보게 되는 위험을 경계하는 데 유익하다고 몰트만은 생각한다.

하나님의 '태초의' 창조는 '무로부터의 창조'*creatio ex nihilo* 〈크레아티오 엑스 니힐로〉이다. 무로부터의 창조라는 개념은 배타적 개념이다. 곧 무*nihil* 〈니힐〉

---

30 Jürgen Moltmann, *Gott in der Schöpfung: Ökologische Schöpfungslehre*, 김균진 역, 『창조 안에 계신 하느님: 생태학적 창조론』 (서울: 한국신학연구소, 1991), 104-105.

는 한계의 개념 혹은 순수한 무를 의미한다. 라틴어로 무는 크게 두 가지다. 하나는 상대적 무*nihil privativum* 〈니힐 프리바티붐〉로 '틀이 잡히지 않은 세계의 재료'를 뜻하며, 다른 하나는 절대적 무*nihil negativum* 〈니힐 네가티붐〉로 '절대적 없음'을 뜻한다.[31] 전자이든 후자이든 무라는 개념은 무의 부정으로서의 존재와의 관계성 속에서 온전히 이해될 수 있다는 점을 추론할 수 있다. 다시 말해, 존재하는 것을 부정함으로써 무는 증명되는 것이다. 시간의 관념으로 이해할 때 무는 '더 이상 존재하지 않는 것'으로 나타날 수 있고 또 '아직 존재하지 않는 것'으로도 나타날 수 있다. 후자의 경우도 '무'이지만, '존재하는 어떤 것'으로 변할 수 있는 잠재성을 내포한다. 이 무를 진짜 무라고 할 수 있을까? 이러한 무는 무로부터의 창조를 정확히 드러내지 못한다. 그렇다면 진짜로 무는 있는가? 무라는 개념을 통해 무엇이 있다는 것이 부정되었다면, 여기서 무가 내포하는 부정이란 '그 무엇'의 존재 부정을 넘어서 모든 존재 또는 모든 것의 부정을 의미할 수 있다. 가장 깊은 곳에 이르면 절대적 무란 절대적 존재에 대한 부정이 될 것이다. 역으로 말하면 절대적 존재란 절대적 무의 부정이 되는 셈이다. 절대적 무를 상정하는 것은 중대한 신학적 위험을 내포한다고 하겠는데, 왜냐하면 절대적 무는 절대적 존재 곧 하나님에 대한 절대적 부정을 의미하기 때문이다. 하나님이 없는 '절대적 무'가 과연 '무로부터의 창조'라는 기독교 창조론에서의 '무'가 될 수 있겠는가?

앞에서 언급한 대로, 세계의 창조는 하나님이 자기 자신을 창조자로 결정하신 것에 근거한다. 몰트만에 따르면, 하나님은 세계를 창조하면서 그 자신으로부터 나오기 전에 완전한 사랑으로 그 자신을 열고

---

31   Plato, *Timaios*, 28a, Jürgen Moltmann, 『창조 안에 계신 하느님: 생태학적 창조론』, 98에서 재인용.

그 자신을 나누어 주는 존재로 스스로를 결정함으로써 무엇보다도 먼저 자기 자신의 존재 '안'을 향해 창조적으로 활동하신다. 어거스틴 St. Augustine 이후 기독교 신학은 하나님의 창조 사역을 하나님의 '밖'을 향한 활동 곧 하나님의 밖을 향한 삼위일체 하나님의 행위라고 불렀다.[32] 그리하여 내재적 삼위일체의 관계들 속에 일어나는 '안'을 향한 하나님의 활동과 이 '밖'을 향한 삼위일체 하나님의 활동을 구분하였다. 그런데 여기에 문제가 있다. 전통적인 신론적 신념에 근거하여 고백하는 대로, 우리가 믿는 하나님이 전능하고 무소부재하신 하나님이라면 이 하나님에게 하나님 '밖'의 그 어떤 영역이나 공간 혹은 실체가 존재할 수 있는가? 이러한 질문을 통해 자연스럽게 하나님의 한계를 상정하게 되지 않는가? 하나님의 '밖'이 존재한다 함은 전통적 하나님의 교리와 모순되며 또 하나님의 한계를 인정하는 것이 아닌가? 몰트만은 한 가지 해결책을 제안한다. 그것은 하나님 스스로 자신의 '한계'를 선택하는 길이다. 다시 말해, 하나님은 창조하기 전에 자기 자신을 제한하기로 선택하시는 것이다. 구약 출애굽기의 증언대로 '스스로 있는 자'이시며 전지전능한 신으로 피조물이 겪는 모든 연약함과 결핍을 뛰어넘어 홀로 충만한 생명으로 존재할 수 있는 하나님이 스스로를 '제한하심'으로 곧 자신의 '스스로 있음'과 '전지전능함'을 유보하고 자기 자신 안에서 자기 존재 '밖'을 향한 창조의 공간을 마련하기 위해 스스로를 낮추심으로 하나님의 '창조'는 구체적 결실을 맺게 되었다는 것이다. 인간과 과학기술의 '창조적' 행위가 하나님의 창조와 유비를 갖는다면, 전자의 존

---

32 Jürgen Moltmann, *Trinität und Reich Gottes: Zur Gotteslehre*, 김균진 역, 『삼위일체와 하나님의 나라: 삼위일체론적 신론을 위하여』 (서울: 대한기독교출판사, 1982), 135-36.

재론적·행위론적 본성은 '자기 제한' 혹은 '자기 낮춤'이어야 한다. 다시 말해, 자기 자신을 제한하여 타자를 위한, 자기 '밖'의 무언가를 위한 생명의 공간과 생존의 조건 창출 그리고 생명들의 보존·신장과 조화로운 공존을 위해 이바지하는 것을 중요한 규범적 기준으로 삼아야 한다는 것이다. 이 점에서 과학기술에 내재적인 능력 곧 새로운 선善을 창조하고 보존하며 재생산하는 능력의 가치를 인정해야겠지만, 인간은 과학기술의 그 능력을 '주권자'로서 세계와 세계를 구성하는 부분들에 대한 통제를 위해 행사하는 것이 아니라 오히려 다른 부분들과 함께 세계를 구성하는 한 부분으로서의 정체성을 견지하며 새로운 선의 창조와 보존과 재생산을 위해 겸허하게 이바지하는 방향에서 행사해야 할 것이다.

또한 '태초의 창조'에 내포된 신적 창조의 고유성에 대한 몰트만의 강조로부터 인간의 그 어떤 '창조적' 활동에서도 태초의 창조 곧 무로부터의 창조에 상응하는 혹은 그것과 동일시할 수 있는 창조를 찾을 수 없다는 점을 추론할 수 있다. 하나님의 '태초의' 창조는 오직 하나님만이 하실 수 있는 역사인 것이다. 그렇다면 인간의 창조와 기술의 창조는 어떤 의미에서 '창조적'인가? 그것은 무에서 유를 창조하는 창조가 아니다. 과거에 없던 새로운 무언가를 이 세상에 존재하게 한다는 의미에서 창조라면, 인간이 할 수 있는 창조는 이미 있던 무언가로부터 '새로운 유'를 있게 하는 것이다. 다시 말해, 하나님만이 창조하실 수 있는 '유'에서 새로운 유를 만들어내는 것이다. 그러므로 과학기술의 창조성이라는 것은 창조의 재료로서의 어떤 '유' 곧 하나님의 태초의 창조로부터 생성된 '유'의 존재를 전제한다는 점에서 제한적이다. 순전한 의미에서 창조적인 것이 아니라는 말이다.

몰트만에 따르면, 창조된 세계의 역사적 목적은 세계의 근원 곧 에덴 혹은 파라다이스의 원상태로의 회귀에 있지 않고 하나님의 영광의 계시에 있다. 물론 하나님의 영광의 계시라는 이 목적은 태초의 시작에 상응한다. 왜냐하면 이 목적은 세계 안에 이미 주어진 실제적 약속의 성취를 나타내기 때문이다. 그러나 영광의 나라에서 이루어지는 하늘과 땅의 새 창조는 태초의 창조에 대하여 말할 수 있는 모든 것을 넘어선다.[33] 여기서 계속적 창조를 생각해 보자. 하나님의 창조는 딱 한 번 곧 '태초의' 창조로 끝나지 않는다. 하나님의 창조는 계속되는데 이 계속적 창조는 그러므로 '유'에서 '새로운 유'를 창조하는 것이다. 일종의 새로운 창조이다. 계속적 창조를 통해 하나님은 지으신 온 세계를 보존하고 새롭게 변화시키고자 하신다. 보존과 혁신은 동전의 양면과 같다. 하나님 나라의 완전한 새로움을 이 세상 속에 도래케 함으로써 새로운 변화를 일으키고 또 그리하여 세상의 퇴행을 막고 보존한다. 그러므로 계속적 창조의 방향성은 분명하다. 예수 그리스도의 삶과 죽음과 부활을 통해 예기적으로 선취된 하나님 나라를 향하며, 이 역사 속에서 하나님 나라를 이루고자 하는 실천을 통해 그러한 지향성을 구현한다.[34] 그러므로 하나님의 계속적 창조에 참여하는 과학기술은 이 점에서 그 규범적 방향성을 찾아야 할 것이다. 특별히 몰트만의 '오늘을 위한 성화'라는 개념을 주목할 필요가 있는데, 이 개념을 통해 그는 생명의 신성함과 창조의 신적 신비에 대한 변호, 생명에 대한 경외, 생명에 반하는 폭력에 대한 부정 그리고 생명 세계의 조화와 공존 추구 등의 가치의 중요성을

---

33 위의 책, 249-50.

34 Jürgen Moltmann, *Das Kommen Gottes: Christliche Eschatologie*, trans. Margaret Kohl, *The Coming of God: Christian Eschatology* (Minneapolis: Fortress, 1996), 25-26.

역설한다.[35] 다시 말해, 이 개념은 하나님 나라의 도래로 인해 이 땅과 이 역사 속에 이루어질 변화는 모든 생명의 존중과 증진이며 이 세계를 구성하는 모든 생명들이 하나의 생명의 공동체 안에서 서로 연결되고 공존하며 공공선을 위해 협력하는 세계상을 구현한다는 점을 중요하게 내포한다. 그러므로 계속적 창조를 통한 하나님의 새로운 창조에 동참하는 과학기술은 이러한 생명의 역사를 위한 '쓰임'이라는 목적론적 방향성을 견지해야 할 것이다.

요컨대, 창조 사역에 있어서의 하나님의 '자기 제한'과 그 안에서 구원론적으로 미리 드러난 바로서의 예수 그리스도의 십자가의 헌신은 새 창조 곧 새 하늘과 새 땅의 창조를 향한다. 그러므로 기술의 창조성과 생산성은 그 어떤 규범적 판단과 정당화로부터 독립되어 있지 않으며 또 기술에게 규범적 기준을 제시하고 궁극적 심판자로서 기능하는 지위를 허용해서도 안 된다. 신학적으로 말해서 과학기술의 존재론적 가치와 쓰임새는 '태초의' 창조와 그 창조에 내포된 '새 창조'의 빛으로부터 규범적으로 검토되고 평가받아야 할 것이다.

2. 슈바이커의 과학기술에 대한 책임윤리적 이해

슈바이커에 따르면, 모든 인간에게 가장 중요한 가치는 '생명'이며 이 생명을 통전적으로 보존하고 가꾸어가는 것이 도덕적으로 선한

---

35 Jürgen Moltmann, *Der Geist des Lebens: Eine ganzheitliche Pneumatologie*, trans. Margaret Kohl, *The Spirit of Life: A Universal Affirmation* (Minneapolis: Fortress Press, 1992), 164-73.

삶이다.[36] 그러므로 좋은 문화란 생명의 여러 차원을 존중하고 함양하기 위한 윤리적 규범을 적절하게 제공하는 문화이며, 만일 생명의 가치와 통전성을 존중하지 않는 문화가 있다면 그러한 문화는 비판받아 마땅하다고 슈바이커는 주장한다.[37] 가장 중요한 가치로서의 생명을 구성하는 차원들 혹은 그 생명과 결부된 근본적 가치들은 무엇인가? 슈바이커는 크게 네 가지를 제시한다. 첫째, 인간은 육체적 '몸'을 입고 있는 존재이기에, 육체적 생명을 보존하고 고양하기 위해 필요한 요소들이 있다. 그러한 요소들을 적절하게 충족함으로써, 육체적 차원에서 통전성을 확보한다. 둘째, 인간 생명의 본질적 특징은 사회성이다. 동료 인간, 자연 세계 그리고 초월적 존재와의 관계 형성을 통해 사회적 필요를 충족하고자 하는 것이다. 셋째, 문화적 필요를 내포한다. 인간이 개별자인 동시에 사회적 존재로서 삶의 의미를 추구하는 데 필요한 문화적 요소들이 있다는 것이다. 넷째, 인간은 도덕적 통전성을 추구하는 존재이다. 도덕적 통전성의 요체는 '생명의 통전성'이다. 그러므로 생명의 통전성을 존중하고 함양하는 윤리야말로 모든 인간이 보편적으로 추구하게 되며 또 그렇게 해야 하는 윤리라고 슈바이커는 강조한다.[38] 슈바이커는 이러한 윤리를 '책임윤리'로 명명한다. 책임윤리는 인간의 필요에는 그에 상응하는 가치들이 있다는 것을 전제한다. 인간은 이러한 전제를 중시하면서 "각자 삶의 다양한 형태 속에서 삶의 통전성을 존중하고 함양하는 방식들"을 선택하게 되는 것이다.[39] 따라서 책임윤리는

---

36 William Schweiker, *Responsibility and Christian Ethics* (Cambridge: Cambridge University Press, 1995), 106-34.

37 William Schweiker, *Power, Value, and Conviction: Theological Ethics in the Postmodern Age*, 문시영 역, 『포스트모던 시대의 기독교윤리』 (서울: 살림, 2003), 52-53.

38 위의 책, 53-54.

"인간의 필요와 그 가치를 고려하면서 인간에게 전개된 우리 시대의 새로운 상황에 창조적으로 응답하려는" 윤리라고 할 수 있다.[40]

　　　슈바이커는 바벨탑과 현대의 과학기술 문명 사이에 존재하는 유비를 찾는다. 바벨탑의 의미와 현대 과학기술 문명의 지향을 연결하여 성찰하면서, 슈바이커는 인류의 잠재적 힘의 극대화와 그것을 통한 문명의 통합을 추구하는 바벨탑의 시도에서 과학기술을 핵심적 도구로 삼아 힘의 확장과 가치의 창출 그리고 세계에 대한 완전한 주권 행사를 추구하는 현대적 인간중심주의의 현실을 간파한다. 여기서 인간은 새로운 가치의 창조자이며 과학기술은 인간의 창조와 힘의 추구를 위한 필수적인 도구가 된다. 하나님이 창조의 중심이 아니라 인간이 창조의 중심이다. 그리하여 바벨탑의 인간 창조자들에게는 하나님의 '태초의' 창조는 없는 것처럼 보이며, 그들의 창조가 하나님의 '무로부터의 창조'를 대체한다. 인류는 과학기술이라는 문명적 힘을 활용하여 새로운 가치를 창출하는데, 거기에는 분명한 목적성이 있다. 물질적 토대 마련, 개인적·공동체적 의미 추구, 사회적 무질서와 혼란을 종식하는 문명의 통합 등이며, 이러한 목적의 추구는 궁극적으로 '힘의 관점에서의 가치와 선에 관한 규범적 판단'에 근거한다. 이제 인간은 창조자가 되며, 문명 통합의 주체 그리고 가치와 선의 창출자와 심판자로서의 지위를 획득한다. 이러한 인간의 존재론적 지위 획득과 인간중심적 세계 구성의 근본 토대는 과학기술의 발전과 그것을 활용한 힘의 행사인 것이다. 하나님은 바벨탑적 시도에 대해 어떻게 응답하셨고 또 응답하실 것인가?

39　위의 책, 55.
40　위의 책.

하나님은 심판하시고 분명한 한계를 설정하신다. 하나님과 아브라함 사이의 언약 이야기와 대비하면서, 슈바이커는 그 한계를 밝힌다. 바벨탑의 인간은 스스로 가치를 만들고 창출하는 인간이며, 그러한 인간중심적 가치창조의 삶의 동기는 '스스로 이름을 내는' 데 있다.

그러나 아브라함과 이스라엘은 다르다. 하나님이 아브라함에게 이름을 주시며 다른 민족과 달리 이스라엘은 하나님으로부터 민족적 실존의 초월적 기반을 부여받는다. 다만 이름과 존재의 기반이 하나님으로부터 왔다고 해서, 이러한 신적 기원이 도덕 행위자로서의 인간의 가능성을 부정하지 않으며 인간의 문화 창조의 소명과 능력을 훼손하지 않는다. 바벨탑과 아브라함그리고 이스라엘 민족 사이의 대비를 통해 인간에게 더 중요한 것은 힘의 사용 여부가 아니라 힘에 대한 바른 관계 설정이라는 점이 드러난다.[41] 그러므로 인간은 인간의 힘만으로 가치를 창조할 수 있다는 생각을 버리고 인간의 한계를 넘어서는 다른 힘 곧 하나님의 초월적 힘의 가능성을 받아들여야 한다고 슈바이커는 역설한다. 다시 말해, 인간의 힘을 통한 가치 창조는 하나님과의 관계성 안에서 이루어져야 하며 인간의 힘에 한계를 설정하시고 '가치'의 측면에서 윤리적으로 인도하시고자 하는 하나님의 의도 안에서 이루어져 한다는 것이다.[42]

슈바이커는 하나님의 '윤리적으로 인도하심'을 성경의 신학적·윤리적 담론을 통해 제시한다. 슈바이커는 힘과 가치 그리고 하나님 사이의 관련성을 윤리적으로 해명하는 데 있어 성경특히 구약성경의 주된 신학

---

41   위의 책, 74-75.
42   위의 책.

적 전통들 곧 제사장적 전통, 예언자적 전통 그리고 율법적 전통을 활용한다. 특별히 인간이 어떤 힘을 추구하는지 혹은 어떤 힘에 이끌리는지를 분별·판단하고 또 그러한 힘을 통한 가치의 추구를 어떻게 도덕적으로 평가할 것인지에 관심을 두고 성경의 사회윤리적 의의를 제시한다.[43] 첫째, 제사장적 전통은 제의적 행위를 통해 하나님과의 관계성을 드러낸다. 제의적 행위는 역사내적 시간과 공간 안에서 실재의 근본 구조와 양태를 재연하며 그렇게 재연된 실재는 사회의 기초가 된다. 제의적 행위에 참여하면서 인간과 인간 공동체는 힘 자체의 성격과 그 힘의 행사에 대해서보다는 그 힘과 하나님 사이의 연관성을 더 중요하게 성찰하게 된다. 둘째, 예언자적 전통은 인간이 힘을 얻는 참된 길은 정의와 인자를 사랑하고 하나님과 함께 겸손히 행하는 데 있다고 가르친다 미 6:8. 셋째, 율법적 전통은 제사장적 전통과 예언자적 전통을 규범적으로 연결하는 역할을 한다. 구약의 율법은 도덕법, 시민법, 제의법 등으로 세분화되며, 세분화된 율법적 형태들을 통해 공동체적 삶의 다양한 행동 양식을 구체적으로 규율하게 된다. 요컨대, 제의적 행위를 통해 실재에 접근함으로 인간이 열망하는 힘의 근원이 존재론적으로 드러나며, 예언자적 담론을 통해 그 힘이 참된 가치를 실현할 수 있도록 규율하고 안내하는 규범적 원리들이 제시된다. 율법은 이 둘을 연결하여 다양한 삶의 상황 속에서 인간 행동을 위한 구체적인 규범적 기준들을 생산한다.

　　　　힘의 고유한 원천은 인간이 아니라 하나님이기에 힘을 지향하는 행동은 가치중립적이지 않다. 그러므로 힘에 대한 가치 판단은 하나님

43　위의 책, 77-78.

과의 연관성 속에서 이루어져야 한다.[44] 이렇게 볼 때, 기술과 기술을 통한 힘의 추구는 가치중립적이지 않으며 성경의 담론을 참고하면서 하나님과의 연관성 속에서 이루어져야 한다는 것이 슈바이커의 생각이다. 특히 과학기술의 진보가 인류에게 가져다준 힘의 확장은 책임윤리가 지향하는 가장 중요한 규범적 목적으로서의 생명의 통전성을 보존하고 증진하기보다는 약화시키고 파괴하는 방향으로 귀결되고 있지 않은지에 대한 심각한 현실 인식에 터 하면서, 오늘날과 같은 탈유신론적 사회에서는 더더욱 인류의 과학기술과 힘에 대한 확장 욕구를 윤리적으로 비평하는 기준을 성경의 담론, 특히 예언자적 담론에서 찾아야 한다고 슈바이커는 역설한다. 곧 인간의 가능성과 과학기술의 힘에 대한 이해와 해석은 가치중립적이거나 인간중심적인 틀 안에서 진행되어서는 안 되며, 예언자적 관점에서 정의와 인자의 구현과 하나님의 통치 혹은 _{하나님 나라}와의 연관성 속에서 이루어져야 함을 강조하고 있는 것이다.

3. 구티에레즈의 기술유토피아론

구티에레즈는 과학기술을 창출하는 인간의 창조성을 '무로부터' 우주 만물을 창조하신 하나님의 창조성과 동일시하지 않으나 현존 질서의 부정적 현실을 극복하고 유토피아의 구현에 다가서기 위해 '새로움'을 가져다줄 기술의 창조성과 생산성에 대해 긍정적으로 평가한다. 구티에레즈는 유토피아적 이상의 구체화와 역사화의 기제로서 기술의

---

44   위의 책, 78-79.

가치에 대한 신념을 인간론적으로 또 종말론적으로 심화한다. 그에게 유토피아는 타계적 혹은 '저 세상적' 영역이 아니라, 현재라는 시간과 이 땅 위에서 이루기를 열망하는 구체적·역사적 영역이다. 유토피아의 완성은 종말의 때로 연기되어 있지 않다. 오히려 역사적 실천*praxis*을 통해 현실화되어야 하고 또 그렇게 될 수 있는 성격의 것이다. 역사내적·인간주도적 성취는 일말의 종말론적 여분eschatological remainder의 가능성 없이 유토피아의 완성과 일치한다.

구티에레즈에 따르면, 유토피아는 현재와는 질적으로 아주 다른 사회 질서이다. 특별히 정치사회적 관점에서 불의와 억압을 뚫고 이루게 될 새로운 사회 곧 완전한 정의와 평화와 공존의 세상을 가리킨다. 또한 기존 질서에 대한 강한 부정과 새로운 질서에 대한 헌신적인 추구를 내포한다. 구티에레즈는 유토피아의 특징을 크게 세 가지로 설명한다. 첫째, 유토피아는 초역사적 실재가 아니라 철저하게 역사적 실존이나 체제와 깊은 연관을 갖는다.[45] 모어Thomas More의 『유토피아』를 풀이하면서, 구티에레즈는 유토피아는 동경과 향수의 대상으로서의 이상향이 아니라 지금 인간이 발 딛고 살고 있는 이 땅에서 구현되어야 할 완전한 사회 현실이라고 강조한다. 만일 기존의 사회 현실이 유토피아와 다른 모습이라면 필연적으로 기존 질서에 대한 부정과 고발 그리고 변혁의 운동이 뒤따를 수밖에 없다는 것이 구티에레즈의 생각인 것이다. 둘째, 유토피아는 실천적 행동을 필수적으로 동반하는 하나의 예보豫報이다. 현재와는 다른 사물의 질서 혹은 새로운 사회 질서에 대한 예보로서 유토피아는 '창조적 상상력'이며 거부되고 부정되어야 할 가치체계와

---

45   Gustavo Gutiérrez, *Teología de la Liberación*, 성염 역, 『해방신학』 (칠곡: 분도출판사, 1977), 271.

는 다른 '새로운 가치체계'를 제시한다. 그러기에 유토피아는 "미래에 대한 투영이요, 역사의 동력[이며] 이것이 곧 유토피아의 미래지향적 성격이다."[46] 예보로서의 유토피아에 의해 추동된 인간의 해방적 실천을 통해 역사 속에서 유토피아의 구현에 다가서게 될 것이며, 그러한 실천과 역사적 성취는 다시 유토피아 사상을 정당화하게 되는 것이다. 셋째, 유토피아는 이성적 합리적 질서에 속한다.[47] 여기서 우리는 구티에레즈의 '유토피아'론이 과학기술에 대해 갖는 윤리적 함의를 직접적으로 찾을 수 있다. 구티에레즈는 유토피아는 합리적 질서에 속한다는 점을 블랑까르Paul Blanquart를 인용하며 설명한다. "(보수주의자들이 말하는) 이성을 초월하는 것이지 결코 비이성적인 것이 아니다. 실제로 유토피아는 이성理性을 대행하는 까닭이다."[48] 유토피아는 과학기술과 대립적 관계에 있는 것도 아니고 그렇다고 무관한 것도 아니다. 오히려 유토피아 사상은 과학기술의 '창조력과 기동력의 본질'이라는 점을 강조한다. "유토피아는 과학의 서주序奏이자 예고이다. 사회 현실을 파악하게 해주고 정치적 활동을 주효하게 하는 사변적 구조는 창조적 영상에 힘을 빌려야 한다."[49] 창조성과 종말론적 새로움을 역사 속에 불러일으키는 동력으로서 과학기술은 한편으로 유토피아의 이상에 창조성과 기동성의 뿌리를 두고 있으며 다른 한편으로 유토피아의 역사적 구현을 위한 필수불가결한 요소로 작용하는 것이다. 유토피아의 이상이 경제적·사회적·정치적 해방을 통한 인간화 곧 인간의 정치사회 공동체 안에서의 참

---

46   위의 책, 272-73.

47   위의 책, 273.

48   Paul Blanquart, "A propos des rapports science-ideologie et foi-marxisme," in *Lettre*, nos. 144-45 (1970), 36, Gustavo Gutiérrez, 『해방신학』, 273에서 재인용.

49   Gustavo Gutiérrez, 『해방신학』, 274.

된 인간됨의 온전한 실현이라고 한다면, 과학기술은 궁극적으로 이 이상 실현을 향한 규범적 방향성을 견지해야 하는 것이다. 이 점에서 구티에레즈는 복음과 유토피아의 역사적 구현 사이의 연속성을 강조한다. 참된 인간 실존의 근거이자 의미인 복음 말씀은 인간의 역사적 실천을 통해 구체화되며 이러한 근거와 의미에 궁극적 삶의 기반을 두는 사람들에게 믿음과 소망과 사랑은 '정신적 자유와 역사적 창조력과 주도권의 근본 요인'이 된다. 그리하여 예수 그리스도를 믿고 그분께 소망을 두고 산다는 것은 '역사의 전도前途'에 대해 긍정적 확신을 갖는다는 것이며 그리하여 유토피아의 구현의 관점에서 '무한한 시야'가 열리게 된다.[50] 이 시야는 과학기술에게 미래에 대한 전망을 제공하며 유토피아를 향한 전개와 발전의 맥락을 제시한다.

　　구티에레즈가 강조하는 유토피아로서의 이상적 세계상은 힘의 통치를 통해 이루어지는 위계적 질서의 세상이 아니라 불의와 억압을 극복하고 이루어지는 정의와 평화의 세상이다. 이는 성경을 통해 하나님이 드러내시는 이상적 세계상에 근거하고 있다고 말할 수 있다. 이런 맥락에서 인간의 과학기술 개발과 사용은 분명한 규범적 평가의 틀과 기준을 가지게 된다. 과학기술이 유토피아 구현에 기여하고자 할 때 모든 인간과 생명들이 차별 없이 또 소외 없이 평화롭게 공존하는 사랑과 정의의 공동체를 이루는 규범적 목적을 지향해야 한다는 점을 구티에레즈는 역설하고 있는 것이다.

50　위의 책, 279-80.

4. 엘륄과 세 신학자 사이의 비평적 대화와 결론적 규범 진술

엘륄이 제시한 세 가지 특징 곧 과학기술의 자기창조성, 통합성, 자율성을 논점으로 삼아 엘륄, 몰트만, 슈바이커 그리고 구티에레즈의 과학기술 이해를 비평적으로 비교·평가하고 결론적 규범 진술을 도출하고자 한다. 다만 결론적 규범을 도출함에 있어서 앞에서 탐구한 과학기술사회학적 접근의 핵심적 내용을 적절하게 반영할 것이다.

1) 비평적 대화

먼저 자기창조성의 논점이다. 엘륄이 과학기술에서 '종교성'혹은 '우상적 종교성'을 발견한 중요한 근거는 기술의 자기창조성이다. 과연 기술은 신학적으로 순전한 의미에서 곧 무로부터 유를 창조하시는 하나님의 창조 행위와 동일시될 수 있다는 의미에서 창조적일 수 있는가? 엘륄은 기술이 신적 지위에 오를 가능성을 경계하고 또 반대한다. 이 점에서 몰트만도 마찬가지다. 인간의 기술을 통한 창조적 활동의 가능성을 수용하면서도, 그러한 창조에 '제한'을 설정한다. 인간의 창조는 무에서 유를 창조하시는 하나님의 '태초의' 창조와 동일할 수 없다. 그것은 오직 하나님의 것이다. 슈바이커 역시 몰트만이 견지하고자 하는 이러한 차이를 존중한다. '바벨탑'의 창조 행위를 반ㄷ신적 우상숭배적 창조 행위로 파악하며 하나님이 그것에 대한 강한 부정의 판단을 하셨다는 점을 강조함으로써 슈바이커는 현대 사회의 과학기술의 창조적 활동과 힘의 추구에 대해서도 분명한 경계의 메시지를 던진다. 구티에레즈는 인간에게 '무로부터의 창조'라는 신적 창조성을 부여하지는 않을 것이지만, 앞의 두 신학자에 비해 인간과 기술의 창조적 가능성에 대해 좀 더 긍정적으로 평가한다. '무로부터 유'의 창조로서의 태초의 창조와 그 창조로부터 온 유를 토대로 한 '새로운 유'의 창조를 엄격하게 구분하여 인간의 창조를 후자에만 국한하는 몰트만의 논지와 하나님의 창조의 고유한 의미와 영역을 침범하는 인간의 창조 행위에 대해 분명하게 신학적·윤리적 경고를 보내고자 하는 슈바이커의 입장은 기술이 자기 창조성을 내세우며 신의 경지를 침해하려고 하는 경향성을 부정하고 무력화하는 데 유용한 이론적 기반이 될 것이라고 엘륄은 평가할 것이다. 구티에레즈도 태초의 창조에서 드러나는 신적 창조의 고유성을 인간론적으로 환원하는 것에 대해 부정적 입장을 취한다는 점에서 엘륄은 긍정적으로 평가하겠지만, 하나님의 초월적인 '새 창조'의 개입 없이도 인간의 힘으로 유토피아를 이 세상 속에 구체적으로 이룰 수 있다는 신념을 견지하는 구티에레즈에게 몰트만이 인간의 창조에 설정하는 제한이나 기술의 반신적 경향의 가능성에 대한 슈바이커의 성서적 유신론적 비평을 적절하게 고려할 것을 제안할 것이다. 다만 이 지점에서 몰트만의 '제한'과 슈바이커의 '비평'을 존중하는 구티에레즈식ㄹ의 인간론적 긍정에 입각한 기술문명의 추구는 인간과 세계에 대한 하나님의 섭리와 하나님 나라의 구현을 위한 통로로 유효하게 쓰일 수 있다는 점을 엘륄은 좀 더 넓은 마음으로 수용할 필요가 있을 것이다.

다음으로 통합성에 관한 것이다. 앞에서 본 대로, 몰트만은 태초의 창조는 하나님의 자기 제한을 통해 이루어졌다고 강조한다. 이 점에서 몰트만은 기술은 전체를 이루는 한 부분으로서 다른 부분들이 온전히 작동하도록 돕는 방향에서 '전체' 사회의 공공선에 이바지해야 할 것이라는 윤리적 조언을 줄 것이다. 슈바이커는 더욱 비판적인데, 주도적으로 통합하고 이끌 주체는 기술 체계가 아니라 하나님이시라는 점을 역설한다. 구티에레즈는 좀 더 낙관적이고 적극적이다. 구티에레즈에 따르면, 인간이 기술을 창출하고 또 결정하며, 기술을 통해 인간은 세계를 구성하는 부분들과 영역들이 조화로운 공존을 이루며 사는 공간으로서 '정의와 평화의 공동체'를 향해 이끌어간다. 기술이 아니라 인간에게 하나님이 이러한 통합적 주권을 허용하고 있다는 신학적·윤리적 함의를 구티에레즈의 해방신학에서 찾을 수 있을 것이다. 엘륄이 기술의 '신성함'의 중요한 한 측면인 통합성혹은 통합적 주권을 기술에게 허용하지 않음으로써 신성함의 자리에서 끌어내리고자 하는 의도를 가지고 있다고 볼 때, 몰트만과 슈바이커의 근본 논지에 대해서 엘륄은 분명하게 동의할 것이며 실제적으로 엘륄식ㅈ 기술 비판을 위해 유용하게 쓰일 수 있을 것이라고 판단할 것이다. 구티에레즈의 '통합성' 논지에 대한 필자의 해석이 타당하다면, 엘륄은 구티에레즈의 기술 이해에 대해서는 신중한 입장을 견지할 것인데 구티에레즈가 기술이 아닌 인간에게서 통합적 역할 수행의 가능성을 찾는다 하더라도 기술문명의 전개 과정에서 기술이 인간의 위치를 침해하여 결국 통합적 주권을 획득하게 될 것이라는 자신의 진단에 귀 기울일 것을 조언할 것이다. 한편 구티에레즈는 이러한 조언의 취지를 공감하면서도 자신의 인간론적 낙관이 그 심층에서 하나님에 대한 신앙에 맞닿아 있고 인간의 기술 추구와 활용이 하나님 나라의 기준을 존중하는 규범적 지향성을 중시해야 한다는 점을 들어 엘륄의 조언이 기우에 기반한 것이 아닌지 조심스럽게 의문을 제기할 것이다.

마지막으로 자율성의 관점에서 논하고자 한다. 몰트만과 슈바이커는 기술의 자율성에 대해 비판적이다. 기술이 인간과 인간 사회의 다른 영역을 결정하는 독립적 입지를 확보하고 있다는 이해를 거부한다는 말이다. 도덕적 차원에서는 더더욱 그렇다. 몰트만은 과학기술과의 관계에서 신학의 사명은 과학기술의 존재론적 가치와 쓰임새를 창조와 창조에 내포된 종말론적 구원의 빛으로부터 검토하고 평가하여 규범적 방향성과 기준을 모색하고 제시하는 것이라고 조언할 것이다. 슈바이커 역시 과학기술의 존재론적 가치와 활용이라는 관점에서 분명한 규범적 견해를 피력하고 있음을 보았는데, 과학기술이 인류에게 가져다 준 힘의 확장이라는 문명적 결과를 책임윤리적으로 또 성경적으로 검토하면서 과학기술이 추구해야 할 윤리적 지향점을 제시한다. '기술유토피아'론을 전개하는 구티에레즈도 기술의 규범적 자율성을 경계한다. 규범적 이상으로서 유토피아는 현존 질서를 윤리적으로 평가하는 기준이며 동시에 기술을 통한 인간의 창조가 지향해야 할 세계상을 지시한다. 유토피아의 '예보'로서의 기술의 역할은 인류 전체의 사회적 이상이란 모든 차별과 억압을 철폐하고 정의와 평화의 세상을 구현하는 것이라는 점을 밝히 드러내고 또 그러한 구현에 앞장서는 것이다. 기술이 인간뿐 아니라 하나님으로부터 완전한 자율적·독립적 지위를 획득하는 것에 대해 깊은 우려를 갖고 있는 엘륄은 몰트만과 슈바이커 그리고 구티에레즈가 기술의 자율성特히 규범적 차원에서의 자율성을 경계하면서 기독교 신학과 윤리가 기술문명의 창출과 활용에 있어서 규범적 방향성을 충실하게 제시해야 한다는 기본적 입장을 공유하는 것에 대해 긍정적인 평가를 내릴 것이며, 현대 과학기술 담론에서 이들의 논지가 확산되는 것에 대한 기대를 가질 것이다. 다만 구티에레즈가 종말론적 희망과 하나님의 초월적 개입을 인간주도적인 역사적 성취로 대체하고 있는 것은 아닌가 하는 비평적 물음을 엘륄이 던질 수 있겠다는 생각이 드는

데, 구티에레즈는 하나님 나라의 역사적 구현을 위한 기술문명의 가능성을 상대적으로 크게 보고 있지만 기술에 대한 기능적·규범적 통제의 관점에서 인간의 지위와 역할을 중시한다는 점을 고려할 때 구티에레즈가 기술의 자율성을 강화하거나 허용하는 방향을 취하고 있지는 않다고 보아야 할 것이다.

2) 결론적 규범 진술

무엇보다도 기독교 신앙은 기술에게 절대적인 의미에서 창조성, 통합성 그리고 자율성을 허용하지 않는다. 엘륄이 우려하는 대로, 그러한 의미를 획득할 때 기술은 우상적 종교성을 띠게 될 것이기 때문이다. 인간은 하나님에 대하여 피조물의 지위를 지켜야 하며, 인간을 통한 기술의 창출과 사용도 하나님 앞에서 적절한 위치 설정을 해야 한다는 점을 강조하고자 한다. 그렇다고 인간과 기술의 창조성을 전적으로 부정하는 것은 아니다. 허용하되, 한계를 설정하고자 한다. '태초의' 창조에서 하나님이 발휘하신 창조성은 인간의 것이 아니다. 그것은 오직 하나님께 돌려져야 한다. 엄밀한 의미에서 인간과 기술의 창조성이란 하나님의 창조성에 의존해야 하는 제한적 창조성이다. 하나님이 창조하여 생긴 '유'에 의존하여 '다른' 유를 창출한다는 의미에서 제한적이며 또 인간과 기술이 창출한 '새로움'이란 것도 종말론적으로 '완전한' 새로움이 될 수 없다는 점에서 제한적이다. 인간의 기술을 통한 창조적 활동은 그 동기나 목적에 있어서 분명한 한계 설정이 있을 때 파괴적 결과에 이르지 않고 인간과 인간 공동체를 유익하게 하는 긍정적 결실을 맺을 수 있다. 바벨탑 이야기를 통해 우리가 살핀 대로, 기술의 목적은 하나님을 하나님의 자리에서 끌어내리고 그 자리에 인간이 오르고자 하는 '권력 지향적' 추구가 되어서는 안 된다. 그러므로 창조자 하나님이 아닌 인간은 피조물로서의 유한성과 죄악의 가능성을 늘 겸손하게 인정하는 동시에 하나님이 창조 때 인간에게 허락하신 선함과 창조성을 존중하면서 기술을 창출하고 또 사용해야 한다는 규범적 방향성을 견지해야 할 것이다.

기독교 신앙은 과학기술에게 인간 공동체 전체를 통합하는 주권을 허용하지 않는다. 신학적 관점에서 그 주권은 오직 하나님께 있으며, 세계를 통합하고 또 운영하시는 하나님의 주권적 다스림 안에서 기술은 세계를 이루는 여러 요소들 가운데 하나일 뿐이며 '하나의' 요소로서 전체에 기여해야 한다. 창조자이시며 창조된 모든 것의 주권자이신 하나님이 태초의 창조에서 보여주신 존재와 행위의 모범은 '자기 제한'임을 보았다. 자기를 낮추고 비우고 개방하고 나누심으로써, 세계를 창조하신다. 인류의 기술문명이 지향해야 할 규범적 목적이 여기에 있다. 하나님의 '자기 제한'에 상응하여, 다른 존재와 전체 공동체를 위해 자기 자신이 '쓰이도록' 개방해야 하는 것이다.

그러나 하나님의 주권을 강조한다 해서 인간과 기술의 긍정적 가능성을 전적으로 부정하는 것은 아니다. 인간의 기술 창출과 사용이 세계를 구성하는 부분들의 '통합'과 '전체'의 성숙과 진보에 긍정적으로 이바지할 수 있다. 이런 맥락에서 과학기술에 대한 신학적·윤리적 담론의 성숙을 위해 라투르의 과학기술사회학적 논의와 주장은 유익하다. 우리가 본 대로, 라투르의 이론은 기술결정론과 기술의 사회구성론에 대한 유효한 비평적 대안으로서 평가받을 수 있을 것인데, 특별히 그의 이론이 이분법적 경향을 극복하고 인간과 기술 혹은 인간적 행위자와 비인간적 행위자를 포괄하는 보다 통전적인 접근을 채택한다는 점을 주목할 필요가 있다. 인간과 기술의 대칭성을 핵심으로 하는 라투르식ᵏ의 통합론은 기술·우위적 결정론이나 인간중심적 '기술사용'론을 극복하는 데 이바지할 수 있을 것이다. 다만 인간과 비인간적 행위자로서의 기술의 동등성과 둘 사이의 결합ᵏᵒᵏᵘᵉⁿᵏᵉᵒⁿᵍᵉᵒⁿ에 대한 강조는 동등한 두 주체 사이의 긴장과 갈등으로 이어질 수 있기 때문에 이에 대한 극복의 방안으로 전체 체계를 살피고 규범적 방향성을 제시할 어떤 지점이나 행위주체를 상정할 필요가 있다는 점을 고려할 때, 라투르의 대칭적 행위자-네트워크 이론은 신학적·윤리적 관점에서의 규범적 논의와 결론을 존중할 필요가 있을 것이다.

기독교 신앙은 과학기술에 규범적 독립성을 허용하지 않는다. 하나님의 창조에 목적이 있고 규범적 지향이 있듯이, 인간과 인간의 기술을 통한 창조적 활동에도 규범적으로 지향해야 하는 방향성과 목적성이 있다. 신학적으로 말하면, 종말론적 새로움이고 정의와 인자의 구현을 통한 하나님 통치의 실현이며 궁극적으로 하나님 나라의 완성이다. 다시 말해, 기독교 신학과 윤리는 인간의 창조적 가능성과 기술의 힘에 대한 이해와 평가를 가치중립의 영역에 두지 않고 하나님의 창조와 섭리와 구원의 틀 안에서 수행하고자 한다. 과학기술은 이 역사 속에서 하나님 나라를 확장해 가는 데 이바지할 수 있다. 다만 이러한 긍정적 전망을 존중하면서, 기술을 통한 어떤 '새로움'의 성취를 하나님 나라의 완성과 동일시해서는 안 될 것이다. 달리 표현한다면, 한편으로 기술을 통해 하나님 나라의 구현과 관련해서 그 어떤 의미 있는 진보도 이룰 수 없다는 분리주의ᵏᵒᵏᵘᵉⁿ 패배주의를 경계하며 다른 한편으로 기술을 매개로 한 인간의 창조적 활동을 통해 이 땅에서 종말론적 이상을 완전히 이룰 수 있다는 순진한 낙관주의도 경계해야 할 것이다.

마지막으로 과학기술에 대한 신학적·윤리적 성찰이 기술의 규범적 독립성을 경계하거나 비판적으로 보는 입장으로 귀결될 수 있다는 점을 존중하면서도 기술에 대한 사회학적 분석과 서술이 기술의 본성과 전개의 과정 및 방향을 효과적으로 살피고 규범의 적용에 있어서 현실적합성을 높이는 데 유익하다는 점을 지적해 두어야 하겠다. 이 점에서 규범의 도출과 적용에 있어서 기술의 사회구성론이 내놓은 사회과학적 서술을 존중할 필요가 있다고 필자는 생각한다.

Ⅳ 트랜스휴머니즘에 대한 윤리적 성찰

1. 모라벡과 커즈와일의 트랜스휴머니즘

저명한 로봇공학자이자 미래학자인 모라벡은 인간의 지적 능력과 로봇으로 대표되는 기계 지능 사이에는 본질적 차이가 존재하지 않는다고 전제하면서, 이 둘 사이의 간격은 매우 빠른 속도로 줄어들어 앞으로 20-30년 후면 그 격차가 완전히 해소되고 결국 인간 지능과 기계 지능이 결합하는, 곧 하이브리드 지능이 완성되는 '특이점'의 시기가 도래할 것이라고 전망한다. 이러한 전망의 핵심적 근거는 기계 문명의 고도화에 대한 확신이다. 인류 문명은 생명체로서 인간이 주도적으로 창출하고 발전시켜 온 것이 사실이지만, 앞으로 문명의 산물인 기계가 문명의 지속적인 성장을 위해 인간의 역할을 상당 부분 대체하게 될 것이라는 것이다. 가까운 미래에 기계는 인간의 도움 없이 곧 인간의 영향력으로부터 독립하여 스스로 생성과 유지와 발전의 과정을 전개해 나갈 만한 역량을 갖게 될 것인데, 그리하여 새로운 '유전적 인계'가 구축되고 인류 문명은 "인간의 생물학이 지니는 한계에서 벗어나 현재 한 세대에서 다른 세대로 직접 전달되는 방식이 아닌, 더 유능한 지능형 기계가 전달의 책임을 맡는 국면으로 진화할 것"이라고 모라벡은 전망한다.[51]

인간의 생물학적 몸의 역할은 점점 더 축소하겠지만 미래에 등장하게 될 기계의 제국에서 인간의 '마음'의 운명은 어떻게 될 것인가? 육체적 몸과는 달리 인간의 마음은 참된 해방을 성취하게 될 것이라고 모라벡은 낙관한다. 육체의 죽음은 마음에게도 치명적이다. 육체적 몸과 하나의 전체를 이루는 다른 절반 곧 마음에게도 파괴적이라는 말이다. 문화적 진화와 세대 간 축적을 통한 마음의 성장의 가능성을 인정한다 하더라도, 그렇게 성취한 마음의 진보와 그 결실들은 죽음과 더불어 모두 다 사라질 수밖에 없을 것이다. 이러한 절망적 진단에도 불구하고 모라벡은 마음의 참된 해방을 낙관하는데, 그 근거는 무엇인가? 모라벡에 따르면, 그 해방을 상상하는 것은 어려운 일이 아니다. 마음이 인간 존재 안에 살아 영원히 존속하는 상상은 종교나 신비에 속한 것이었다고 한다면, 이제 반드시 그럴 필요가 없다고 역설한다. 인간의 과학기술 문명, 특히 기계 문명의 획기적 발전이 이 종교적 상상을 현실로 바꾸

---

51 Hans Moravec, *Mind Children: The Future of Robot and Human Intelligence*, 박우석 역, 『마음의 아이들: 로봇과 인공지능의 미래』 (서울: 김영사, 2011), 21-22.

어 줄 것이라는 것이다. 앞에서 잠깐 언급한 대로, 모라벡은 인간 지능과 기계 지능의 결합체 곧 하이브리드 지능이 멀지 않은 미래에 완성될 것이며 그리하여 인간의 정신이 생물학적 한계를 벗어나 새로운 인간생명의 시대를 열게 될 것이라고 주장한다. 신학적으로 말하면, 육체의 굴레를 벗어나 영혼 곧 '마음'이 영원히 존재하는 날이 오게 될 것이라는 것이다. "컴퓨터는 심지어 가장 열렬한 기계론자에게도 '내세로의 전이'에 있어 하나의 모델을 보여준다. 진행 중인 계산 — 컴퓨터의 사고 과정이라 온당하게 부를 수 있는 것 — 은 도중에 멈추어도 기계의 메모리로부터 프로그램과 데이터가 읽혀진다면 물리적으로 다른 컴퓨터로 옮겨져서 마치 아무 일도 없었다는 듯이 새로 시작할 수 있다."[52] 모라벡은 기술을 통한 '내세로의 전이'의 가능성을 논하면서, 인간의 마음이 '이와 유사한 방식으로' 육체의 한계로부터 해방될 날을 꿈꾸는 것은 결코 헛된 일이 아님을 강조한다.[53] 요컨대, '마음의 이전'mind transfer을 통해 곧 인간의 마음을 기계혹은 로봇에 업로드함uploading으로써 인간의 마음이 이식된 기계는 새로운 형태의 인간종으로 탄생하게 될 것인데, 이 새로운 인간종 안에서 마음은 죽음을 뛰어넘을 것이며 '마음이 사멸하지 않는' 이 기계인간은 영원한 삶을 누리게 될 것이다.[54] 이런 맥락에서 모라벡은 '마음의 아이들' 곧 마음을 품은 기계인간이 인류의 후계자가 될 것이라고 역설한다.

　　같은 맥락에서 영향력 있는 미래학자인 커즈와일은 과학기술의 획기적인 발전과 확장에 힘입어 현존하는 인류를 넘어서는 새로운 인

52　위의 책, 22-23.
53　위의 책, 23.
54　위의 책, 15.

간의 미래를 전망한다. 먼저 생명공학과 의학의 발전이 인간 생명의 연장을 영원의 영역으로 진입케 할 것이라고 주장한다. 커즈와일에 따르면, 나노기술이 장수와 생명의 영원한 지속을 위한 기술발전의 대표적인 보기이다. 미세한 나노봇들이 혈관 속에서 원래 세포나 조직이 감당하던 역할을 더욱 탁월하게 수행할 것인데, 나노봇 적혈구가 생물학적 적혈구보다 '더 신속하고 효율적으로' 필요한 자리에 산소를 공급하고 나노봇 백혈구는 인체에 해로운 세균들을 '더 정확하고 깔끔하게' 처리할 것이며 나노봇 혈소판들은 '최적 상태로만' 혈액응고의 임무를 완수할 것이다.[55] 이렇듯 과학기술의 발전이 건강을 최상의 상태로 유지하고 장수의 기반을 견고하게 닦아주는 데 있어 중대한 기여를 할 것이며 "생물에 대한 지식과 생물학의 한계를 초월 TRANSCEND 할 방법이 기하급수적으로 확장되고 있기 때문"에 이러한 추세는 더욱 강화될 것이다. 더 나아가, 생명공학의 혁명은 건강과 장수를 넘어서 영원히 오래 사는 경지에까지 인류를 인도해 갈 것이다. 멀지 않은 미래에 '신체의 정보처리 과정을 완전히 재프로그래밍해서 결함을 제거할 수단'이 인간의 손에 쥐어지게 될 것이라고 전망한다. 이렇게 되면, "'장수'보다 수십 년쯤 더 오래, 잘 살기 위해 유전자를 바꿔 넣는 일이 현실화될 것[이며] 생물학적 한계를 뛰어넘어 영원히 살 수 있는" 미래가 열리게 될 것이다.[56] 이에 관한 커즈와일의 말을 좀 더 들어보자. "TRANSCEND의 사전적 의미는 '기대 또는 정상 범위보다 더 멀리 나아가는 것'이다. 영원히 살 때까지 오래 사는 것은 우리가 물려받은 유전자의 원래 범위를

---

55 Ray Kurzweil and Terry Grossman, *Transcend: Nine Steps to Living Well Forever*, 김희원 역, 『영원히 사는 법: 의학혁명까지 살아남기 위해 알아야 할 9가지』 (서울: 승산, 2011), 29-30.

56 위의 책, 30.

뛰어넘는 일이다. 그러니 이제 어떻게 하면 우리 생명현상의 한계를 초월할 수 있을지 알아가는, 이 흥미진진한 여행에 동참해 보자. 급속히 확장되고 있는 지식의 첨단만 따라잡는다면 정말로 **영원히 살 때까지 오래 살 수 있다.**"[57]

다음으로 커즈와일은 기술을 통해 생물학적 인간을 초월하는 새로운 인류-기계 문명의 미래를 전망한다.[58] 하이브리드 지능의 도래와 왕성한 작용은 단순히 개체 인간의 삶에만 영향을 미치는 것이 아니라 개인을 넘어 인간 공동체 그리고 우주의 지평에까지 확장된다. 하이브리드 지능으로 대표되는 지능의 시대에서 이 강력한 인간 지능은 지구를 포함하여 우주 전체를 지능화함으로써 지능이 지배하는 세계를 열게 될 것이며 이 세계에서 인간은 신적 존재에 버금가는 존재론적 지위와 역량을 확보하게 될 것이라는 전망인 것이다. 특별히 하이브리드 지능의 작용은 개별 인간 존재의 생명과 삶의 양태를 혁명적으로 바꾸어 놓을 뿐 아니라 인간 공동체를 넘어서 전체 우주를 획기적으로 변화시키게 될 것이라고 역설한다. 커즈와일은 기술의 진보의 관점에서 인류의 진화를 여섯 시기로 나누어 설명하는데, 그 궁극적 완성은 특이점의 충만한 발현에 있다. 정보가 원자 구조에 있다는 '물리학과 화학'의 시기로 시작해서, 정보가 DNA에 있다고 보는 '생물학'의 제2기, 신경패턴이 정보의 터전이 되는 제3기, 정보의 핵심을 하드웨어와 소프트웨어의 설계에서 찾는 제4기를 거쳐, 생물학적 인간의 지능과 기하급수적 확장을 본질로 하는 기계 지능의 융합이 이루어지는 제5기에 이르러

---

57   위의 책, 37.
58   Ray Kurzweil, *The Singularity is Near*, 김명남 · 장시형 역, 『특이점이 온다』 (서울: 김영사, 2007).

드디어 인류는 특이점을 맞이하게 될 것이다. 기술의 특이점은 그야말로 '지능의 폭발'이며 마지막 시기인 제6기에 무한히 확장된 인간 지능이 우주를 움직이게 될 것인데, 곧 "우주의 물질과 에너지의 패턴이 지적 과정과 지식으로" 가득 차게 될 것이다.[59] "궁극적으로 온 우주가 우리의 지능으로 포화될 것이다. 이것이 이 우주의 운명[이며] 우리는 스스로의 운명을 결정하게 될 것이다. 현재의 천체 역학을 지배하는 '멍청하고', 단순하고, 기계적인 힘에 의해서 결정되도록 내버려두지 않을 것이다."[60] 과학기술의 힘을 빌려 인간은 생물학적 인간의 한계를 뛰어넘을 뿐 아니라 현재의 문명과 기술 수준으로는 도무지 가늠할 수 없는 엄청난 인간 지능의 잠재력은 인간과 우주를 통합하여 인간이 지능화된 우주를 지배하게 되는 경지, 신학적으로 표현한다면 무소부재하고 전지전능한 신의 주권이 우주에 현실화되는 경지를 현실화하게 될 것이라는 전망인 것이다. 이 특이점을 기점으로 인간은 피조물 인간을 초월하여 창조자의 지위와 역량을 확보하게 되는 것이며, 인간을 넘어서는 인간의 세계를 연다는 뜻에서 트랜스휴머니즘transhumanism은 모라벡이나 커즈와일이 전망하는 미래 세계의 인간론을 극명하게 서술하는 개념이 되는 것이다.

---

59 위의 책, 35.
60 위의 책, 52.

2. 모라벡과 커즈와일에 대한 규범적 비평

트랜스휴머니즘으로 대표되는 과학기술 문명의 '신적 경지에의 진입'에 대해 신학적으로 또 윤리적으로 어떻게 응답해야 할 것인가? 먼저 신과 인간의 관계성의 관점에서 생각해 보자. 하나님의 창조의 결과인 피조물 인간은 창조자 하나님이 주신 지적 역량을 가지고 하나님의 창조에 상응하여 기술과 문명을 창조할 수 있고 인간적 창조의 결과로 오늘의 문명을 형성해 온 것이 사실이다. 인간의 기술 창조와 문명적 산물의 창출은 이러한 창조신학적 관점에서 분명한 정당화의 근거를 마련한다. 다만 한계는 있다. 창조자의 위임과 창조적 잠재력의 부여를 근본적인 정당화의 근거로 삼아 인간 차원의 창조 활동을 긍정할 수 있지만, 그러한 창조의 연장과 확장의 극대치가 창조자로서의 신적 존재의 지위와 권능의 확보에 이르게 하는 것은 아니라는 점이다. 피조물은 본질적으로 피조물이며 또 그래야 하는 것이다. 이러한 응답이 기독교의 신학적 신념을 반영하는 전형적인 것이 될 것이다. 과학기술을 통한 인간의 문명 창조의 여지를 닫아 두어서는 안 될 것이지만 피조물 인간의 창조는 하나님의 그것과는 본질적으로 다르다. '무로부터 유의 창조'는 창조주 하나님께 속한 것이고, 인간의 창조를 말할 수 있다면 그것은 무에서 하나님이 창조한 '유'를 토대로 한 것임을 직시해야 할 것이다.

다음으로 앞선 논의와 연관된 것으로, 과학기술의 자율성과 통합성이라는 논점이다. 위에서 살핀 대로, 기독교 신앙은 과학기술에게 세계의 모든 것을 통합하고 또 관장하는 지위와 역할을 허용하지 않는다. 그렇게 하지 않도록 할 뿐 아니라 보다 적극적으로 과학기술의 존재론적 의미와 쓰임새에 대한 규범적 방향성을 제시해야 할 것이다. 트랜스휴머니즘으로 대표되는 과학기술의 발전에 힘입은 진보된 인간종이 신적 주권과 그 주권에 근거한 통합적 권위 행사의 자리에 위치할 수 없고 또 그렇게 해서는 안 된다는 점, 그렇게 진보된 '인간종'은 하나님의 본本을 따라 타자를 위해, 공동체를 위해 그리고 전체 세계를 위해 자기 자신을 개방하고 내어주는 방향을 취해야 한다는 점, 신의 경지를 넘볼 만큼 획기적으로 발전한 과학기술은 세계를 구성하는 한 부분임을 인정하고 세계의 보존과 건설적 변화를 위해 일익을 담당하고자 힘써야 한다는 점 등이 기독교가 제시할 수 있는 규범적 방향성의 주된 내용이 될 것이다.

한 가지 더 생각한다면, 과학기술을 통한 인간 문명의 진보에 대한 종말론적 성찰의 관점이다. 진보에 대한 역사적 안목과 확신이 인간 문명 발전의 중요한 동인이 된다는 점을 부정할 수 없을 것이나, 진보에 대한 단편적 혹은 일방향적 신념에 내재된 위험을 식별할 필요가 있다고 필자는 생각한다. 미래에 있을 발전된 양상에 초점을 둠으로써 '어제'와 '오늘'의 인간에 대한 가치 평가가 정당하게 이루어지지 않을 수 있다는 점, 인류의 역사가 진보라는 것이 결코 전면적혹은 총체적이지 않고 언제나 진보의 이면에 퇴보가 있어 왔다는 이중성을 증언한다는 점 등을 대표적인 위험의 보기로 생각할 수 있을 것이다. 인간종의 진보 관념을 견지하는 트랜스휴머니스트들의 역사 이해에 대해 기독교는 어떤 비평적 성찰과 대안을 내놓을 수 있는가?

진보 사관에 대한 대안이 될 만한 기독교 역사관의 대표적인 보기로서, 몰트만의 신학적 역사-종말 이해를 생각해 볼 수 있다. 창조론을 전개하면서, 몰트만은 계속적 창조를 논함을 보았다. 하나님의 창조는 '태초의 창조'로 끝난다는 의미에서 일회적이지 않고, 계속된다는 것이다. 다만 이 계속적 창조는 태초의 창조를 통해 무에서 창조된 '유'에서 '새로운 유'를 창조하는 것이다. 계속적 창조는 구원론적 섭리의 관점에서 두 가지 전망을 내포하는데, 피조된 세계의 보존과 피조세계의 완성에 대한 준비이다. 이 두 가지를 종합하여 말해 본다면, 하나님의 계속적 창조는 하나님 나라의 종말론적 완성으로부터 들어와 그 완성으로 작용하는 것이며 궁극적 완성의 목적을 향해 준비함으로써 태초의 창조를 보존한다. 여기에 계속적 창조라는 관념이 진보 사관과 구분되게 하는 중요한 신학적 요소가 있음을 밝혀 두어야 하겠다. 계속적 창조는 종말론적 지평을 본질적으로 포함한다. 만일 이 지평을 제거하고 '역사내적인' 계속적 창조만을 말한다면, 자칫 기독교의 '계속적 창조'론이 진화론적 진보 사관과 다를 바가 없는 것이 될 수 있다. 역사의 궁극적 완성이 있을 '마지막 날'을 전제하지 않는다면, 계속적 창조는 진보된 미래의 영속적 지속을 상정하는 진보 사관과 강한 유비를 띨 수밖에 없게 될 것이다. 이런 맥락에서 한편으로 진화론적 진보와는 분명하게 구분하고 다른 한편으로 세계의 궁극적 완성을 향한 혁신과 보존 행위로서의 계속적 창조를 견지하면서 궁극적 완성의 때와 주권을 하나님께 돌리는 종말론적 관점은 트랜스휴머니즘에 내포된 진보 관념에 대한 적절하고 유효한 대안이 될 것이다.

V 맺는 말

　기독교회가 과학기술에 대한 이론적 실제적 논의와 연구에 긍정적인 기여를 할 수 있기를 바라면서, 몇 가지 규범적·실천적 제안을 하고자 한다. 첫째, 과학기술의 유용성에 대한 긍정적 평가와 수용이 있어야 할 것이다. 과학기술에 관한 실천적 이론적 담론에서 기독교회는 의무론적으로 '옳음'의 관점에만 집중할 것이 아니라 목적론적으로 인간과 인간 공동체에 끼치는 '좋음혹은유익'의 관점도 존중할 필요가 있다. 기술의 가치와 효용이 하나님의 인류를 향한 애정 어린 섭리의 통로가 될 수 있으며 또 그렇게 되고 있다는 신학적 인식은 수용할 만하다고 평가할 수 있다.

　둘째, 과학기술의 규범 모색과 적용에 있어서 열린 간학문적 대화와 협력이 요구된다. 기술에 대한 규범·중심적 접근이 결정론적으로 흐를 때 규범의 절대화나 경직된 율법주의에 이를 수 있는 위험이 있다는 점을 적절히 인식할 필요가 있다. 이 점에서 철학, 사회학, 자연과학, 응용과학, 의학, 공학 등 다른 학문들과의 교류와 상호작용이 그러한 위험을 방지하고 규범 생산과 적용에 있어서 현실적합성을 확장하는 데 기여할 수 있다는 점을 다시금 밝혀 두고자 한다.

　셋째, 과학기술에 대한 규범적 방향성 성찰과 제시에 있어서 기술을 통한 하나님 나라의 현재적 구현의 관점을 존중해야 할 것이다. 하나님의 창조가 분명한 규범적 지향을 내포하듯이, 인간의 창조, 특히 기술을 통한 창조적 활동에도 규범적으로 지향해야 하는 방향성이 있다.

신학적으로 말하면, 그것은 궁극적으로 하나님의 뜻 실천을 통한 하나님 통치의 실현 곧 하나님 나라의 구현이다. 이런 맥락에서 하나님이 창조하신 모든 생명들이 정당하게 존중받고 또 조화롭게 공존하는 정의와 평화의 세상을 구현하는 데 있어 과학기술이 의미 있는 기여를 할 수 있으며 또 그렇게 해야 한다는 실제적·규범적 신념을 견지할 필요가 있을 것이다.

제 4 장

4차 산업혁명의
'포괄적 규범윤리'와
기독교윤리적 응답:
사랑과 정의를 중심으로

정치사회와 경제 영역, 다양한 학문 분야 그리고 세계적 맥락에서 새로운 산업혁명의 도래에 대한 논의가 활발하게 진행되고 있다. 이른바 4차 산업혁명의 담론이다. 4차 산업혁명은 무엇인가? 전기와 정보 기술 혁명으로 대표되는 3차 산업혁명을 기반으로 하여, 인지과학, 로봇공학, 바이오산업, 고도의 디지털 기술, 물리학적 반전 등의 요소들이 융합하여 생성되는 기술 혁명을 가리킨다. 1차 산업혁명이 증기의 힘으로 생산의 양식을 근본적으로 바꾸어 놓았다면 2차는 전기 에너지의 상용화로 대량생산의 기초를 굳건히 했고 3차는 고도의 전자전기 기술과 디지털 기술의 통합적 토대 위에서 자동화된 생산체계를 고도화하게 되었다. 특별히 4차 산업혁명기에는 생명공학, 인지과학, 로봇공학 등의 융합으로부터 새로운 창조가 이루어질 것으로 전망된다.

　　4차 산업혁명의 발전적 전개로 인해 현실화될 수 있는 이러한 인류사회의 미래상에 대해 기독교 신앙은 어떻게 응답할 것인가? 4차 산업혁명의 시대와 그 영향으로 형성되고 확장될 미래의 과학기술 문명을 살아갈 인류가 필연적으로 내면화하게 될, 아니 그렇게 할 수밖에 없는 윤리적 지향 혹은 규범적·가치론적 지향'포괄적 규범윤리'에 대해 기독교는 어떻게 윤리적으로 응답할 것인가? 본 장에서는 4차 산업혁명의 포괄적 규범윤리를 탐색하고 그것에 대한 기독교윤리적 응답을 시도하고자 하는데, 특별히 사랑과 정의의 관점을 중심으로 그렇게 할 것이다.

Ⅰ 포괄적 규범윤리에 대한 개념 해설

기독교윤리의 교회 외적 배경이 되기도 하고 또 기독교 신학과 윤리가 반응해야 할 대상으로서의 세상을 사회라 한다면, 그 사회의 두 가지 기본 뼈대가 있다. 트뢸취 Ernst Troeltsch 의 영향 아래서 오글트리 Thomas Ogletree 는 사회 기능적 체제들과 포괄적 규범윤리, 이 두 가지를 제시한다.[1] 기능적으로 인간 공동체를 가능하게 하는 기구, 집단, 공동체적 질서와 그것들을 작동하게 하는 사회적·정치적·경제적 체제들이 전자이고, 사회 속에서 다른 구성원들과 함께 살아가면서 내면화해서 실천해야 할 기본적인 기대나 역할 그리고 윤리적 기준들이 후자이다. 이 두 가지가 개인으로 또 공동체로 인간의 사회적 삶을 가능하게 한다. 기독교사회윤리는 이 두 가지 뼈대에 반응하고 그것들과 상호작용할 수 있고 또 그렇게 해야 하는 것이다. 특별히 트뢸취와 오글트리에 따르면, 후자가 중요하다.

주된 사회 기능적 체제들로는 인격 상호 간의 체제, 경제 체제, 정치 체제, 문화 체제 등을 생각할 수 있다. 인격 상호 간의 체제에는 가족, 이웃 공동체, 교회, 학교 등 자발적으로 형성된 공동체가 속한다. 이 체제에서는 시민 사회도 중요하다. 경제 체제는 노동, 기업, 시장, 금융기관 등으로 구성되며 생산, 분배, 소비 등의 이슈들이 주로 논의된다.

---

[1] '포괄적 규범윤리' 해설을 위해 필자는 다음의 문헌을 참고하였다. Thomas Ogletree, *The World Calling: The Church's Witness in Politics and Society* (Louisville: Westminster John Knox Press, 2004), 12-14, 138-41. 이 개념에 대해서 다음의 문헌에서도 다루었다. 이창호, 『신학적 윤리: 어거스틴, 아퀴나스, 루터, 칼뱅을 중심으로』 (서울: 장로회신학대학교출판부, 2021), 8-9.

이 체제는 인간의 생존과 복지에 필수적이다. 정치 체제로는 국가, 정부, 사법, 입법, 다양한 행정 조직들 그리고 공적 서비스 주체들을 생각할 수 있고, 공공선을 위한 중요한 결정들이 이 체제 안에서 이루어진다. 문화 체제도 있다. 예술, 대중문화 등이 여기에 속하고, 문화적 자산을 보존하고 계승하는 역할을 한다.

위에서 잠깐 언급한 대로, 포괄적 규범윤리는 사회 기능적 체제들을 뒷받침하는 정신적 윤리적 원리들을 뜻한다. 규범적 도덕 원리들은 보이지 않지만 그 체제들 배후에서 작용하고 있는 것이다. 구성원의 행동을 규율하고 안내하는 규범들 곧 사회 기능적 체제들을 유지하기 위해 구성원들이 존중해야 할 윤리적 규범^{혹은 기준}을 가리킨다. 다시 말해, 사회 기능적 체제들이 제대로 작동하도록 하기 위해서는 그 체제들 안에 살아가는 개인들과 공동체들을 규율하고 안내하는 도덕적 기준들과 가치들이 뒷받침해 주어야 한다. 예를 들어, 시장 경제가 주된 경제 체제인 사회에서는 효용성, 생산성 등이 중요한 가치가 된다. 이러한 가치들에 비하면 공정한 분배와 같은 가치는 우선순위에서 밀릴 가능성이 있다. 사회주의 경제 체제에서는 모든 시민을 위해 생존에 필요한 물질적 토대를 평등하게 마련해 주는 것이 중요한 가치가 될 것이다. 트뢸취는 기독교윤리 사상이 교회 밖 정치사회 영역에 무언가 영향을 주기 위해서는 바로 이러한 도덕적 기준들이나 가치들에 유념해야 함을 밝히고, 이를 유념하면서 기독교사회윤리가 수행해야 할 과업은 '종합'이라는 점을 강조한다.

기독교사회윤리 사상과 사회 기능적 체제들을 지탱하는 포괄적 규범윤리 사이의 상호작용을 트뢸취는 종합으로 설명하는 것이다. 민주주의 사회에서 기독교윤리 사상이 유념해 두어야 할 대표적인 포괄적 규범윤리로 '자유'를 생각할 수 있을 것이다. 이 자유의 가치는 헌법 전문에 선명하게 드러나 있다. 이 자유의 가치가 지지하는 권리들에는 종교, 의사 표현, 언론, 집회의 자유 등이 포함된다. 이러한 자유들에 대해서는 기독교윤리 사상은 넓은 마음으로 수용할 자세를 갖추고 또 적극적으로 지지해야 할 것이다. 이것이 종합의 한 형태이다. 지지의 형태만이 아니다. 종합의 과정에서는 건설적 비판의 형태도 존재한다. 나치즘에 대한 독일 기독교의 반응은 어떠해야 했는가? 신학적 윤리의 관점에서 비판적으로 진단하고 대안을 찾아야 했을 것이다.

　　본 장에서 필자는 4차 산업혁명 시대를 염두에 두고 트뢸취적 종합을 시도할 것이다. 이를 위해 4차 산업혁명의 포괄적 규범윤리를 고도의 기술에 대한 높은 가치평가, 다양한 인간종의 출현과 긍정적 수용, 인간의 신적 경지에의 진입에 대한 낙관과 추구 등으로 정리하고 이에 대해 기독교 사랑과 정의의 윤리의 관점에서 응답하면서 이 둘 사이의 대화 혹은 트뢸취의 개념으로 '종합'을 모색할 것이다. 특별히 4차 산업혁명의 포괄적 규범윤리를 탐색·진술하고 기독교윤리적으로 응답함에 있어 비평적 기조를 견지할 것임을 밝힌다.

Ⅱ **4차 산업혁명의 포괄적 규범윤리**

1. 최첨단 과학기술의 융합으로 인해 산출될 초연결 초지능 사회에서의 고도의 기술에 대한 가치부여의 심화와 추구

　하원규와 최남희는 4차 산업혁명의 기술적 토대로서 정보통신 기술ICT, Information & Communication Technology 의 지위를 과소평가할 수 없지만 이 것보다는 IoTInternet of Things, 사물인터넷, CPSCyber Physical System, 가상물리시스템, 빅데 이터, 인공지능 등의 영역에서 현실화되고 있는 과학기술의 획기적 진 보가 4차 산업혁명을 주도하는 핵심 자산이 될 것이라고 본다. 그리하 여 기술력의 관점에서 산업혁명의 주축의 전환 곧 '전통적인 정보통신 기술'에서 '혁신 촉매형 기술'ICT, Innovation & Catalyst Technology 로의 전환이 이 루어지고 있다는 전망을 내놓는다. 하원규와 최남희는 이러한 전환과 발전의 방향성을 크게 세 가지로 정리한다. 첫째, "사람·사물·공간의 상호 관계의 기축이 아날로그에서 디지털로 전환이 촉진되면서, 실시 간으로 데이터를 수집·축적·활용할 수 있는 '만물인터넷' 생태계가 가 속적으로 성숙되고 있다." 둘째, "초연결된 사람·사물·공간에서 획득된 빅데이터를 해석할 수 있는 '인공지능'의 진화에 의해 인간의 의사결정 이 한층 고도화되고, 현실 세계로 피드백하여 제어하는 'CPS'가 사회· 경제를 지원하는 중추 시스템이 된다." 셋째, "초연결된 만물인터넷 생 태계는 삼라만상의 생물적 지능Analog Intelligence과 인공적 지능Digital Intelligence 간의 상호작용을 통해 선순환 가치를 발휘하는 '만물 초지능 통신'

기반으로 성숙되면서 4차 산업혁명을 견인한다."[2]

　달리 말한다면, 현대 인간 문명의 대표적 산물인 인터넷은 지속적으로 또 괄목할 정도로 스스로를 증식·발전시킴으로, 현존 인류는 세상의 모든 컴퓨터들이 인터넷으로 연결되는 '보편적 컴퓨터 인터넷' Universal Internet of Computers 시대를 살아가고 있으며 휴대폰 사용자의 폭발적 증가로 인해 개인 휴대폰 사용자들이 연결되고 하나의 거대 네트워크를 형성하는 '편재형 모바일 인터넷' Ubiquitous Internet of Mobiles 시대에 진입하게 되었다는 것이다. 더 나아가, 인간과 인간의 연결뿐 아니라 만물이 인터넷의 터전 위에서 연결되는, 이른바 '만물인터넷'의 도래로 이 세계 안에 존재하는 모든 것을 포괄하는 플랫폼platform을 향해 진전해 가고 있다는 점 또한 지적해 두어야 하겠다.[3] 이러한 인터넷 기반의 자기증식 혹은 자기진화의 미래적 양상은 무엇이 될 것인가? 이에 대한 하원규과 최남희의 응답을 옮겨 본다.

　　단적으로 말하면, 도시를 구성하는 기본 요소인 사람·사물·공간의 초연결이 한층 심화된 초지능화 국면으로 이행될 것으로 보인다. 사람과 사물 간의 데이터와 정보 가치를 보다 고차원으로 처리할 수 있는 초지능형 서비스와 초지능형 재화가 유통되는 만물지능 인터넷AIoE, Ambient IoE 시대로 진입할 것으로 전망되기 때문이다. AIoE에서 '앰비언트' Ambient란 컴퓨터가 공간과 환경에 스며들어 사용자를 에워싸고 있다는 의미에서 생성된 개념이다. 1988년 미국의 컴퓨터

2　　하원규·최남희, 『4차 산업혁명』 (서울: 콘텐츠하다, 2015), 74-75.
3　　위의 책, 39.

과학자인 마크 와이저가 꿈꾼 진정한 유비쿼터스 세상의 성숙국면으로 이해해도 무방하다. 또한 AIoE에서 '지능'Intelligence 이란 방대한 데이터로부터 의미 있는 정보를 추출하고, 그 정보로부터 특정한 목적과 부합시켜 지식을 추출하고, 이를 다시 최적의 행동으로 옮기게 하는 개념이다. 이러한 맥락에서 '초지능'Extra-Intelligence 이란 인간·사물·공간의 경계를 초월하여 인간의 지식과 사물지事物知 그리고 공간지空間知가 마찰 없이 소통되는 복합 지능이라고 할 수 있다.[4]

여기서 핵심 개념을 두 가지로 집약하자면 초연결과 초지능을 생각할 수 있다. 초연결이라 하면 연결의 범위와 대상에 있어서 만물을 묶는다는 면에서 보편적이며 인격적 관계뿐 아니라 인간과 사물 그리고 사물과 사물 사이의 관계도 포괄한다는 면에서 다원적이다. 초지능이라 하면 인간과 사물과 공간의 경계를 뛰어넘어 함께 할 수 없을 것으로 여겨졌던 다양한 지식의 층위들이 상호작용하고 또 결합하여 지속적인 지적 확장을 불러일으키는 지능의 새로운 지평을 핵심적으로 내포한다. 특별히 초지능의 관점에서 과학기술 문명의 진보를 통해 "인간의 환경을 둘러싼 대부분의 사물에 센서와 메모리 장치를 탑재하여 지능적 연결을 가속화"하게 될 것이며[5] 또 "환경적 인터넷Ambient Internet

---

4   위의 책, 43.

5   하원규과 최남희는 21세기를 센서(sensor)의 시대로 규정하며 생물학적 감각기관과 기계의 관점에서 그 역사와 발전 전망을 진술한다. "인간은 생물학적으로 크게 세 가지 기관으로 이루어져 있다. 눈, 코와 같은 감각기관, 손발과 같은 운동기관, 그리고 신경계로 이루어져 있다. 역사적으로 볼 때 19세기 초에 모터가 생기면서 기계가 인간의 운동기관의 역할을 대신했다. 20세기에 들어서는 컴퓨터의 출현으로 인간의 신경계는 외부로 분리되었다. 그런데 21세기에 들어 센서 기술과 인공지능 기술의 발전으로 인간의 감각기관이 신체 밖으로 나오고 있다. 이러한 흐름의 연장선에서 앞으로는 인간의 운동기관, 감각기관, 신경계를 하나의 생물체로 엮은 '생물과 컴퓨터의 융합 시대'로 나아갈 전망이다. 벌써 과학자들은 스스로 자신을 수리하는 로봇, DNA나 세균을 활용하는 초병렬 컴퓨터 등을 구체화하기 시작했다." 위의 책, 58.

공간이 물리적 공간과 사이버 공간을 한없이 일체화하여 사실상 대체현실 SR, Substitutional Reality의 역할을 수행[하게]" 될 것이다.[6]

　　4차 산업혁명이 획기적으로 촉진하게 될 고도의 과학기술 사회에서 초연결 초지능의 세계는 인류가 지향하는 이상적 세계상이 될 것이며, 이 세계에서 가치 있는 것으로 수용되는 인간 삶의 방식은 초연결 초지능의 세계를 적극적으로 수용하고 또 그 세계에 융합되어 일체를 이루는 것이 될 것이다. 현존 인류와는 완전히 다른 가치 인식과 삶의 방식을 정당화하고 채택할 것이기에 새로운 인간종 혹은 신인류라는 이름을 붙인다 해도 지나친 것이 아닌데, 이들이 초연결 초지능 사회의 '권력자'가 될 것이라는 진단은 주목할 필요가 있다.[7]

6　4차 산업혁명은 이전에 경험하지도, 상상하지도 못했던 정보혁명을 포함하는데, 이러한 정보혁명을 위해 '앰비언트 컴퓨팅' 기술의 획기적 발전은 결정적이라는 점을 하원규와 최남희는 밝힌다. "2030년대 이후에는 진화된 미래 인터넷과 3차원으로 고도화된 미래 이동통신이 공진화하여 진정한 앰비언트 컴퓨팅 시대로 진입한 디지털 행성 문명의 생태계가 펼쳐질 것이다. 앞에서 설명한 바와 같이 앰비언트 컴퓨팅('인간의 생활환경에서 다양한 정보와 에너지를 송수신할 수 있는 상황')이란 인간의 생활환경에서 다양한 정보와 에너지를 송수신할 수 있는 상황이다. 사람들 주위에는 인공적인 정보와 에너지 리소스, 그리고 자연적인 정보와 에너지 리소스가 혼재되어 있다. 이러한 인공적인 정보와 자연적인 정보를 필요에 따라 또는 사전에 설정된 서비스 내용에 따라 인터넷을 동작하게 하고, 원하는 컴퓨팅 서비스를 제공해 주는 것이다." 위의 책, 47.

7　하원규와 최남희는 인간종의 역사를 약술하면서 초연결 초지능 시대의 새로운 인간종을 '스마트 신인류'라 칭하면서, 이들이 인간 공동체의 권력자가 될 것이라는 전망을 내놓는다. "250만 년 전에 도구를 만들어 쓴 호모 하빌리스(Homo habilis), 180만 년 전에 직립보행을 한 호모 에렉투스(Homo erectus), 그리고 지혜로운 현생 인류인 호모 사피엔스(Homo sapiens)가 각각 등장했고, 스마트 혁명 이후 언어문화의 전파를 담당하는 '밈(meme: 유전적 방법이 아닌 모방을 통해 습득되는 비유전적 문화 요소 또는 문화의 전달 단위를 말한다)'이 급속한 진화를 주도하는 초연결 사회의 출현과 함께 '스마트 신인류(NSH, Neo-Smart-Human)'가 등장했다고 본다. 인간은 생물학적 관점에서 DNA를 통해 유전인자를 전달한다. 유전적 산물의 변화를 통해 세포 기능의 변화는 수백만 년의 유구한 세월을 거쳐 생물학적 형태와 기능을 변화시켜 왔다. 이를테면 직립보행과 뇌의 진화가 대표적이다. 그러나 인터넷과 스마트 혁명 이후 단기간에 초연결 사회를 이룩한 인간은 밈으로 초고속 진화를 하고 있다. 그리고 초연결 사회의 권력자인 스마트 신인류가 등장했다. 스마트 신인류는 밈을 통해 사고를 전달한다. 그들은 밈을 통해 사회적 교류 속에서 생각과 사고를 학습하고, 행동과 생활양식을 단숨에 변화시켜 간다. 그들은 항상 연결되기를 원하고, 모든 정보를 빠르게 얻기를 바라며, 즉각 카피해서 전파하기를 원하고, 다른 이들에게 자랑하기를 즐긴다. 그리고 늘 재미를 추구하며 함께 공감하며 나누기를 좋아하고, 엄청난 속도로 변화한다." 위의 책, 83.

2. 하이브리드 지능이나 기계와 인간의 융합 등 새로운 인간종이 출현됨으로 발생하게 될 인간종의 계층화와 좀 더 발전된 형태의 인간종에 대한 우월적 평가와 추구

과학기술의 힘으로 현존 인간종과의 존재론적 연속성을 유지하면서 기능적 관점에서 진일보한 새로운 인간의 형태를 창출하는 미래 인간론의 패러다임과 더불어, 인간과 기계의 결합을 통한 새로운 인간종의 출현의 가능성도 폭넓게 논의되고 있다. 인간이 인위적으로 창조한 로봇과 같은 기계적 존재들이 생물학적 인간이 보유하는 인간론적 속성 곧 감각이나 감정, 의식, 합리적 사유 능력 등의 속성을 갖추고 있다면, 이들도 현존 인간종과 마찬가지로 도덕적 지위와 권한을 내재적으로 소유하는 존재로 받아들여야 한다는 주장이 상당한 지지를 얻고 있는 현실을 부정할 수 없을 것이다.[8] 이 존재들이 인간이 하나의 생명체로서 느끼는 존재혹은생명에의 욕구나 열망 그리고 그러한 욕구·열망이 좌절되었을 때 겪는 고통으로 인해 신음할 때, 이들의 욕구, 열망, 좌절, 고통 등을 비인간적인 것으로 규정하고 인간적인 대우의 대상에서 원천적으로 배제하는 것은 정당하지 못하다는 생각인 것이다. 만일 그러한 배제를 정당화한다면 인간종 우월주의 혹은 인간종 중심주의에 매몰되어 있다는 증거일 것이라는 평가가 있는데, 이를 주목할 만하다.[9]

인간과 기계의 연결혹은결합을 통해 출현했고 또 더욱 발전된 형태로 전개될 새로운 인간종의 보기들로 인간화된 기계와 기계화된 인간

---

8   신상규, 『호모 사피엔스의 미래: 포스트휴먼과 트랜스휴머니즘』(파주: 아카넷, 2014), 52.
9   위의 책.

을 생각할 수 있다. 인간화된 기계는 인공지능, 특히 강한 인간지능을 그 대표적 보기로 생각할 수 있다. 강한 인공지능은 인간이 아니라 정보이자 알고리즘이지만, 고도의 정보 집적체로서 자기 복제와 정보 공유를 통한 확장, 지속적이며 광범위한 학습을 통한 업그레이드 등을 통해 탁월한 지적 능력을 보유하게 될 뿐 아니라 감정, 의식, 의지, 자아, 정신 등으로 표현할 수 있는 인간의 내적 본질도 스스로 보유할 수 있는 지점에까지 이르게 된 존재이다. 다만 보이지 않는 정보나 정신의 차원으로만 존재하려는 의도를 벗어나 물리적 형태로 특정한 시공간을 점유하고자 한다면, 기계나 로봇의 형태를 채택하여 물리적 기반을 확보할 수도 있을 것이다.[10]

기계화된 인간의 대표적인 보기는 인간의 사이보그화이다. 사이보그 cyborg 는 '사이버네틱' cybernetic 과 '올가니즘' organism 의 합성어로, 그 의미를 함께 생각할 때 생물학적 유기체와 기계적 요소의 결합이라고 할 수 있다.[11] 신상규에 따르면, 이 말을 처음 사용한 이들은 클라인즈 Manfred Clynes 와 클라인 Nathan Kline 인데, 이들은 "사이보그와 우주"라는 논문에서 우주 탐사에 최적화된 새로운 인간종 곧 기계적 요소의 적용으로 개량된 인간의 형태를 두고 '사이보그'라 하였다. 우주 탐사와 생활에 적합한 방향으로 인간의 변화 혹은 진화에 인간 스스로 개입하자는 의도가 강하게 내포되어 있는 개념인 것이다.[12]

물리적 형태로 존재하는 강한 인공지능이나 사이보그는 과학기

---

10 김경환·최주선, "포스트휴먼법의 체계와 이슈," 한국포스트휴먼연구소·한국포스트휴먼학회 편저, 『포스트휴먼 시대의 휴먼』 (파주: 아카넷, 2016), 162-63.

11 신상규, 『호모 사피엔스의 미래: 포스트휴먼과 트랜스휴머니즘』, 53.

12 Andy Clark, *Natural-Born Cyborgs* (Oxford: Oxford University Press, 2003), 신상규, 『호모 사피엔스의 미래: 포스트휴먼과 트랜스휴머니즘』, 53에서 재인용.

술의 진보가 가져다준 새로운 인간종의 한 가능성으로서, 기계적 요소와 생물학적 요소의 결합을 통해 현존 인간이 보유하는 정신적·신체적 능력을 상당한 정도로 뛰어넘는 수준에 이른 존재로 볼 수 있는 것이다. 이것은 둘 사이의 단순한 조합이 아니라 둘의 결합을 통해 인간의 현존 상태의 변화를 일으킨다는 면에서 호모 사피엔스와는 다른 인간종으로 간주될 수 있으며 현존 인간종 이후의 또는 현존 인간종을 넘어서는 인간종이라는 의미에서 포스트휴먼적 휴먼이라 일컬을 수 있을 것이다.[13] 앞에서 살핀 대로, 모라벡 Hans Moravec 은 이러한 포스트휴먼적 휴먼의 도래를 내다보면서 호모 사피엔스의 후예로서 새로운 인간종을 '마음의 아이들'이라고 칭하는데, 마음의 아이들은 생물학적 유기체와 기계적 요소의 결합이라는 큰 틀에서 물리적 형체로서의 기계와 정신적 요소로서의 마음의 융합을 그 본질로 하는 존재들이다. 인간의 마음 혹은 영혼을 담는 물리적 자리로서 생물학적 육체가 아닌 기계를 채택하고, 기계에 인간의 마음을 업로딩하여 인간 존재를 영속화하는 미래를 전망하는 것이다.[14]

---

13   신상규, 『호모 사피엔스의 미래: 포스트휴먼과 트랜스휴머니즘』, 53.

14   Hans Moravec, *Mind Children: The Future of Robot and Human Intelligence*, 박우석 역, 『마음의 아이들: 로봇과 인공지능의 미래』 (서울: 김영사, 2011), 22-23; 신상규, 『호모 사피엔스의 미래: 포스트휴먼과 트랜스휴머니즘』, 54.

3. 인간과 우주를 통합하여 인간이 지능화된 우주를 지배할 수 있다는 전망 곧 피조물 인간을 초월하여 창조자의 지위와 역량을 확보하게 된다는 낙관적 전망 안에서 인간의 신격화의 보편적 수용과 추구[15]

앞에서 본 대로, 모라벡은 인간 지능과 기계 지능의 결합 곧 하이브리드 지능의 완성을 '특이점'의 도래로 규정하며, 그 완성의 시기가 그리 멀지 않았다고 전망한다. 특이점의 도래가 인류에게 가져다줄 변화들 중 모라벡이 특별히 주목하는 것은 인간 정신의 진화이다. 하이브리드 지능의 완성에 힘입어 인간 정신은 생물학적 몸의 한계를 뛰어넘어 영속하는 인간론적 실체가 될 것이라고 보는데, 신학적으로 말한다면 영혼이 육체로부터 완전한 자유를 획득하여 영원히 존재하게 될 것이라는 전망인 것이다. "인간의 사고가 죽을 수밖에 없는 육체의 굴레로부터 해방되는 것을 상상하기는 어렵지 않다. 내세에 대한 믿음은 보편적이다. 그러나 그 가능성을 받아들이기 위해 반드시 신비적이거나 종교적인 입장을 취할 필요는 없다. 컴퓨터는 심지어 가장 열렬한 기계론자에게도 '내세로의 전이'에 있어 하나의 모델을 보여준다. 진행 중인 계산 – 컴퓨터의 사고 과정이라 온당하게 부를 수 있는 것 – 은 도중에 멈추어도 기계의 메모리로부터 프로그램과 데이터가 읽혀진다면 물리적으로 다른 컴퓨터로 옮겨져서 마치 아무 일도 없었다는 듯이 새로 시작할 수 있다."[16] 여기서 모라벡은 과학기술을 통한 '내세로의 전이'의

---

15 모라벡과 커즈와일에 대해서는 3장에서도 다루었는데, 본 장의 목적에 맞추어 다시 전개하였음을 밝힌다.

16 Hans Moravec, 『마음의 아이들: 로봇과 인공지능의 미래』, 22-23.

가능성에 대해 낙관하며 이 전이를 통해 인간의 마음혹은 영혼은 '이와 유사한 방식으로' 생물학적 육체의 한계로부터 온전히 해방되어 영원히 존재하게 되는 미래를 제시하고 있는 것이다.[17]

　　같은 맥락에서 커즈와일 Ray Kurzweil 은 현존 인류가 생물학적 한계를 뛰어넘어 새로운 인간종으로 발전적으로 변화될 것이라고 전망함을 보았다. 특별히 하이브리드 지능의 작용은 개별 인간 존재의 생명과 삶의 양태를 혁명적으로 바꾸어 놓을 뿐 아니라 인간 공동체를 넘어서 전체 우주를 획기적으로 변화시키게 될 것이라고 역설한다. 우리가 본 대로, 커즈와일은 과학기술의 발전 단계에 상응하여 인류의 진화를 여섯 시기로 나누어 설명하는데, 특별히 5기와 6기를 주목할 필요가 있다. 인간 지능과 기계 지능의 융합 곧 특이점의 구현으로 대표되는 5기에 이르러 인류는 '지능의 폭발'을 이루고 향유하게 될 것이며 마지막 시기인 6기에는 폭발적으로 확장된 인간 지능이 전체 우주를 움직이고 통제하게 될 것이다.[18] 과학기술의 획기적인 발전이 가져다줄 인간 지능의 엄청난 확장은 인류가 우주를 완전히 인간지능화하여 통제하고 움직이는 단계에까지 이르게 할 것이라고 커즈와일은 주장한다. 신학적 개념으로 말한다면, 하나님께 돌려지는 무소부재와 전지전능의 속성이 인간에게도 적용되어 우주에 대한 주권을 신과 같이 발휘할 수 있게 될 것이라는 전망인 셈이다. 이렇게 되면 인간은 창조자에 대하여 피조물의 지위에 머무는 것이 아니라 현존 인간종의 한계를 넘어서 세계에 대하여 창조자에 버금가는 역량과 주권을 확보·발현하게 된다는 것이다.

17　위의 책, 23.
18　Ray Kurzweil, *The Singularity is Near*, 김명남 · 장시형 역, 『특이점이 온다』 (서울: 김영사, 2007), 35.

Ⅲ 4차 산업혁명의 포괄적 규범윤리에 대한 기독교윤리적 응답

1. 고도의 기술보유의 유무에 따를 양극화의 심화와 기독교 정의론: 아퀴나스의 정의론을 중심으로

1) 기독교 정의론

아퀴나스^{Thomas Aquinas} 의 정의론을 특수 정의와 일반 정의로 나누어 살필 것인데, 아퀴나스의 중요 해석가인 홀렌바흐^{David Hollenbach}를 중요하게 참고할 것이다.[19] 먼저 특수 정의^{particular justice} 이다. 아퀴나스의 특수 정의를 홀렌바흐는 소통적 혹은 상호적 정의^{commutative justice} 로 설명한다. 인간 상호 간의 관계에서 이루어지는 '몫'^{due} 의 주고받음에서 공정함 혹은 정확함이 있어야 한다는 것이다. 이해 당사자 간의 자유롭고 공정한 교환 곧 상호 간 존중의 기반 아래 마땅히 주고받아야 할 바를 주고받는 것이 정의이다.[20]

다음으로 일반 정의^{general justice} 이다. 아퀴나스의 일반 정의를 홀렌바흐는 두 가지로 설명한다. 하나는 공헌적 정의^{contributive justice} 혹은

---

19 기독교 정의에 대한 논의를 위해 다음의 문헌을 참고하였다. Thomas Aquinas, *Summa Theologiae*, I. 21. 1, II-II. 58. 5-8; David Hollenbach, *The Common Good and Christian Ethics* (Cambridge: Cambridge University Press, 2002), 190-200. 기독교 정의론에 대해서 다음의 문헌에서도 다루었다. 이창호, 『기독교 공적 관계론: 기독교사회윤리 이론과 실천』 (서울: 장로회신학대학교출판부, 2022), 323-30.

20 David Hollenbach, *The Common Good and Christian Ethics*, 193.

사회 정의social justice이고, 다른 하나는 분배 정의distributive justice이다. 공헌적 정의는 소통적 정의 보다 공동체의 삶 혹은 공동체의 선善에 더 큰 관심을 갖고 실천해야 할 정의다. 모든 인간이 하나님 앞에서 동등한 가치를 가진 존재로 존중받으면서 자신의 생존을 유지하는 것은 개인의 노력만으로 되는 것이 아니고 공동체가 함께 힘써야 할 일이다. 기본적인 거주의 조건이 확보되어야 하고 적절한 일터 혹은 직업이 있어야 하며 의료, 교육, 자녀 양육 등을 위한 사회적 서비스가 보장되어야 한다. 함께 공동체를 이루며 살아가면서 차별이나 소외의 위험에서 벗어나고 근본적인 공동체감이 그 사회의 기저에 존재할 수 있는 환경을 만들어 가는 것이다. 이를 위해 사회 구성원들은 단지 마땅히 주고받아야 할 바를 정당하고 정확하게 주고받는 것으로서의 정의를 뛰어넘어 공익에 대한 관심을 가지고 자기 자신을 공동의 선의 증진을 위해 내어놓을 수 있어야 한다. 이것이 공헌적 정의이다.[21] 어거스틴St. Augustine은 공동체를 위해 기독교인들이 중요한 역할을 할 수 있다고 강조한다. 타자와 공동체를 위해 자기 자신을 기꺼이 희생할 줄 아는 사랑을 가장 소중한 기준으로 삼고 살아가는 기독교인들이 정치사회 공동체 안에서 사랑으로 살면 공공선 신장에 크게 이바지할 수 있다고 주장한다. 이런 맥락에서 공헌적 정의는 사랑에 그 근본 동기를 둔다고 하겠다.

분배 정의는 사회의 공동 자산의 공정한 분배와 연관된다. 구성원이 자신의 생존을 유지하면서 행복혹은 복지에 이를 수 있도록 하는 공적 자산의 분배와 연관된 정의인 것이다. 분배의 기본적인 기준은 공과merit와 필요need이다. 성과를 내면 보상을 받고 그렇지 않다면 대가를

---

21 위의 책, 193-97.

치러야 한다. 보상과 대가는 성과와 실책의 크기에 비례한다. 그러나 '필요'를 분배의 중요한 조건으로 생각하면, 사정은 달라진다. 필요한 만큼 더 주는 것이 정의가 된다.[22] 예를 들어, 현대 가톨릭 사회윤리는 공과 개념 보다 필요의 기준을 더 중요하게 생각하는데, 필요가 더 있는 이들에게 더 큰 도움을 주어야 한다는 정의론을 발전적으로 전개하고 있다. 물, 연료, 주거, 의료, 교육, 경찰의 보호, 교통 등은 모든 사회 구성원들이 기본적으로 보장받을 수 있어야 하는 것들이다. 특별히 분배 정의는 사회적 약자들에게 더 큰 관심을 가질 것을 규범적으로 명령한다.

2) 기독교윤리적 응답

초연결 초지능 사회로 예견되는 미래의 인간 공동체에서 그러한 사회를 가능하게 하는 과학기술과 그 문명적 산물들에 더욱 용이하게 접근할 수 있거나 그것들에 대한 충분한 지식을 가진 구성원들은 그렇지 않은 이들보다 정치사회적 경제적 문화적 관점에서 더 큰 지위와 힘을 소유하고 또 발휘하게 될 것이다. 여기에서 우리는 구성원들 사이에 나타날 수 있는 불평등의 현실을 탐지할 수 있으며, 미래 사회에서도 정의의 왜곡이나 퇴보는 개별 구성원들의 생존의 자원 배분에 있어서 불균형을 야기하며 개인 간 혹은 계층 간 긴장과 갈등을 불러일으킴으로써 공동체적 안정을 해치는 결과에 이를 수 있을 것이다. 이런 맥락에서 기독교사회윤리는 한편으로 사회 구성원들이 전체적으로 인간다운

---

22 위의 책, 197.

생존을 위한 자원을 충분히 획득할 수 있도록 공공선 증진에 이바지하는 것을 주지(主旨)로 하는 공헌적 정의를 그리고 다른 한편으로 미래 사회에서 필요한 생존의 자원들에 대해 공정하게 접근하고 또 정당하게 향유할 수 있는 것을 주지로 하는 분배 정의를 구현하기 위해 힘써야 할 것이다.

　　'초연결 초지능'의 신인류가 '권력자'의 지위에 오르는 것을 정치 사회적으로 또 윤리적으로 용인하는 사회에서 4차 산업혁명의 포괄적 규범윤리가 권력의 유무나 소유 정도의 차이를 정상적인 것으로 판단한다면, 권력적 관점에서 계층이나 계급의 형성·유지를 정당화하는 방향으로 흐를 수 있다. 이 방향성이 부정적으로 강화될 때 권력자와 비권력자의 관계가 불의한 억압의 관계로 악화될 수 있는 여지는 충분하며, 이러한 가능성을 부정할 수 없다면 기독교 정의론은 권력에 의한 불의한 억압과 착취에 대해 선명한 윤리적 기준을 제시하고 또 그 기준을 구현하기 위해 힘써야 할 것이다. 요컨대, 상호적 정의, 공헌적 정의 그리고 분배적 정의의 관점에서 공정한 분배의 의도적 강조와 심화된 적용을 조언하고 사회 구성원들과 함께 실현해 나가야 할 것이다.

2. 여러 인간종들의 출현과 공존의 상황에서 차이를 뛰어넘는 사랑의 필요성과 기독교 사랑론: 아웃카의 보편적 사랑론을 중심으로

1) 기독교 사랑론

아웃카 Gene Outka 는 기독교 사랑 곧 아가페를 '동등배려' equal regard 라고 정의한다. '동등'이라는 개념은 '사랑의 대상에 대한 가치 평가' recipient evaluation 와 연관되는 것으로서, 인간의 얼굴을 하고 있는 존재라면 누구든지 차별하지 않고 사랑해야 함을 뜻한다. 여기서 사랑은 대상에 대한 자격심사를 뛰어넘으며, 그러기에 그 대상에 있어 '모두'를 포함하는 보편성을 띤다.[23] 모든 인간을 사랑하되, 도무지 축소할 수 없는 꽉 찬 가치의 존재로 또 다른 어떤 것으로 환원環치할 수 없는 독보적 가치가 있는 존재로 가치 인식하고 사랑한다.[24]

'배려'라는 개념은 '사랑의 주체의 헌신' agent commitment 과 연관되는 것으로서, 대상의 대가와 반응에 상관없이 또는 사랑의 행위자의 온전한 사랑에 대해 오직 적대적 반응만이 있다 하더라도 지속적으로 사랑해야 한다는 규범적 의미를 내포한다.[25] 이는 단순히 마음이나 심리의 상태만을 뜻하는 것이 아니며, 대상의 필요나 소원 혹은 복지와 행복을 진정성 있게 탐색하고 찾았으면 구체적으로 응답하기 위해 할 수

---

23   Gene Outka, "Agapeistic Ethics," in *A Companion to Philosophy of Religion*, ed. Philip Quinn and Charles Taliaferro (Oxford: Blackwell, 1997), 487-88.
24   위의 논문, 482-84.
25   위의 논문, 483.

있는 바를 최선을 다해 하고자 하는 헌신을 규범적으로 요구하는 개념이다.[26]

  아웃카의 동등배려론에 대한 주요한 비판점들을 살펴보자. 먼저 동등배려로서 아가페의 규범적 본성이 일방향성이라고 한다면 기독교의 사랑은 상호적 관계 형성을 소홀히 여기거나 배제할 위험이 있다는 비평적 주장이 있다.[27] 이에 대해 아웃카는 사랑의 궁극적 결실 혹은 이상은 연합이나 친밀한 사귐에 있다는 점을 확인하면서,[28] 그 근거로서 삼위일체 하나님의 사랑의 관점에서 신학적 근거를 제시한다. 기독교 사랑의 규범 모색에 있어 이타적 자기희생을 가르치시고 구체적으로 모범을 보이신 예수 그리스도의 윤리적 가르침과 실천에 대한 신학적·윤리적 논의도 중요하지만 삼위일체론의 틀 안에서 삼위 하나님의 내재적·경세적 사랑에 대한 성찰과 논의도 중시해야 한다는 것이 아웃카의 생각이다. 이런 맥락에서 아웃카의 버나비 John Burnaby 인용은 주목할 만하다. "끝까지 견디고 사랑할 만한 구석이 전혀 없는 대상을 향해 온전히 자신을 내어주는 그 사랑은 그 자체에 내포된 가장 고상한 목적을 이루기 위해 힘쓴다. 이 사랑은 무너진 관계가 회복될 때까지 그리고 거부가 응답으로 바뀔 때까지 쉬지 않는[데], 자비 charity 는 모든 것을 믿고 모든 것을 바라며 믿음과 소망 가운데 결코 포기하지 않는 사랑은 그것의 목적인 성령의 연합을 이루어낸다."[29] 이 인용을 통해 아웃카는 사랑의 궁극적 결실은 연합이라는 점을 역설하고 있는 것이다. 사랑의 관계

---

26 Gene Outka, *Agape: An Ethical Analysis* (New Haven: Yale University Press, 1972), 9-12.

27 위의 책, 24-27.

28 Gene Outka, "Agapeistic Ethics," 487.

29 John Burnaby, *Amor Dei* (London: Hodder and Stoughton, 1947), 18, Gene Outka, *Agape: An Ethical Analysis*, 176에서 재인용.

에 참여하는 행위자들이 대가나 반응을 초월하는 일방향성과 타자를 위해 기꺼이 자기 자신을 내어주는 이타적 자기희생을 중요한 규범적 내용으로 존중해야 하지만 동시에 친밀한 상호적 관계 형성과 성숙을 본질적 목적으로 지향해야 함을 강조하고 있는 것이다.

다음으로 사랑의 정서적 측면에 관한 비판이다. 동등배려론이 사랑의 실천과 삶에서 감정이 차지하는 부분이 필연적이고 중요함에도 그러한 필연성과 중요도를 적절하게 고려하고 있지 못하다는 비판이다. 이러한 비판에 대해 아웃카는 자신은 사랑의 윤리적 논의에서 규범과 감정을 이분법적으로 나누어 생각한 적이 없다고 강조하면서, 규범적 차원에 비해 그 논의와 진술의 양이 적다고 해서 소홀히 여기는 것은 결코 아니라고 응답한다.[30] 감정의 역동과 표현 없이 사랑의 삶은 성립될 수 없다는 점에 동의하고 있는 것이다. 다만 감정의 필연성과 중요성을 인정하면서도 규범적 논의에 우선적 지위를 설정하는 이유를 밝히는데, 인간 존재와 사랑의 삶에서 감정의 영역이 갖는 변동 가능성이나 불안정성, 악한 선택과 행위로 기울 가능성 등을 생각할 수 있다. 사랑의 정서적 측면의 필연성을 존중하면서 동시에 감정의 역동이나 흐름에 좌우되지 않는 규범적 명령에 대한 응답이 있을 때 원수 사랑과 같은 기독교 사랑의 윤리의 강조점들이 적절하게 구현될 수 있다는 것이다.

---

30 Gene Outka, "Comment on 'Love in Contemporary Christian Ethics'," *Journal of Religious Ethics* 26 (1998), 435-36.

2) 기독교윤리적 응답

　　4차 산업혁명이 열어갈 미래의 첨단 과학기술 시대에 대한 인간론적 고찰에서 드러났듯이, 그 문명적 시간을 살아갈 인간종의 구성은 현존 인간인 호모 사피엔스만을 의미하지 않을 것이다. 앞에서 살핀 바에 근거한다면, 강한 인공지능과 등치할 수 있는 인간화된 기계, 사이보그를 대표적 보기로 하는 기계화된 인간, 모라벡의 '마음의 아이들'에 상응하는 인간종 곧 기계적 몸에 마음을 업로딩하여 기계와 정신의 일체를 형성하는 인간 형태 그리고 현존 인간종 등, 다양한 인간 그룹들이 공존하게 될 것이다. 인간은 우월한 인간종을 열렬하게 또 부단히 추구할 것인데, 그러한 추구의 이유는 더 나은 혹은 더 강력한 인간종에 대한 상대적·우위적 가치 인식이 강하게 작용하고 있기 때문이라고 할 수 있다. 인류 역사를 관통하여 탐지되는 인간에 대한 이러한 상대적 가치판단의 경향은 차별의 정당화로 이어지며, 미래 사회에서도 직면하게 될 경향이라고 할 것이다. 여기서 인간과 기계의 불연속 해체에 대한 신상규의 논의는 유익하다.

> 인간의 역사에는 인종이나 성별, 계급에 따라 부당한 차별이 공공연히 이루어졌던 부끄러운 기록이 남아 있다. 그런데 차별적 태도를 가졌던 사람들이 단순히 자신들이 살던 시대적 한계 속에 갇혀 있었던 사람들일 뿐이다. 차별을 정당화하는 과거의 규범적·실천적 관행은 많은 부분 당시의 사람들이 가지고 있었던 인간과 관련된 다양한 범주적 차이에 대한 인식에 의존하고 있다. 또한 이러한 차별의 이면에는 언제나 그러한 차별을 정당화하고자 하는 엉터리 과학이 있기 마

련이며, 그러한 범주적 차이들이 도덕적 규범성을 획득하면서 바로 인종주의racism 나 성차별주의sexism 와 같은 부끄러운 역사다. 이러한 차별의 극복에는 도덕의 보편적 원리로서 동등성 혹은 평등의 원리가 작동하고 있다. 동등성의 원리는 도덕적 차별을 정당화하기 위해서는 그에 상응하는 정당한 차이가 있어야 함을 요구한다. 만약에 도덕과 유관한 어떤 정당한 차이가 존재하지 않는다면, 모든 존재는 도덕적으로 동등한 대우를 받을 권리가 있다. 과학의 발전은 과거에 이루어졌던 여러 범주적 구분의 허구성을 폭로하고 설령 어떤 차이가 존재한다 하더라도 그것이 도덕적 차별을 정당화시켜주는 차이는 아님을 입증하는 데 일정 부분 공헌했다고 말할 수 있다. 현재 인간의 존엄성에 대한 태도를 포함해 우리가 받아들이고 있는 도덕적·실천적 관행의 많은 부분은 인간에 대한 자기 이해 및 그것의 범주적 구분에 의존하고 있다. 우리는 반성적 자기의식을 통한 자율적인 행위능력을 갖춘 존재는 오직 인간뿐이라는 배타적인 방식으로 스스로를 이해한다. 그러나 인간과 기계 사이의 […] 불연속이 해체된다면, 그러한 배타성이 도전받을 것이며 동등성 원리의 확장된 적용은 불가피할 것이다.[31]

"하이브리드 지능이나 기계와 인간의 융합 등 새로운 인간종이 출현됨으로 발생하게 될 인간종의 계층화와 좀 더 발전된 형태의 인간종에 대한 우월적 평가와 추구"를 4차 산업혁명의 포괄적 규범윤리로 적절히 고려하는 것이 필요하다고 한다면, 기독교 신학과 윤리는 인간

---

31   신상규, 『호모 사피엔스의 미래: 포스트휴먼과 트랜스휴머니즘』, 51-52.

종 사이의 우열 평가 그리고 그것과 연동된 차별의 정당화에 대해 무엇을 말할 수 있고 또 말해야 하는가? 아웃카의 개념으로 모든 인간종들을 차별 없이 사랑해야 하는 동등배려의 대상으로 삼아야 하는가? 새로운 인간종에 속한 존재들도 하나님의 사랑의 대상에 포함될 수 있고 또 그렇게 되어야 한다는 규범적 인식을 신학적으로 혹은 철학적으로 뒷받침할 수 있다면, 아웃카는 당연히 그들도 동등배려의 대상에 포함시켜야 한다고 주장할 것이다. 하나님이 인간에게 부여하신 창조적 역량에 의해 산출된 인간종의 존재론적 의미도 인간의 창조에 대한 신적 창조의 연장으로서 이해한다면, 신학적 정당화의 여지를 유의미하게 모색할 수 있을 것으로 보인다. 4차 산업혁명의 포괄적 규범윤리가 공존하는 다양한 인간종들 사이의 차별을 정당화하는 방향으로 기울 수 있다는 우려를 고려할 때, 대상 범위에 있어서 보편성을 견지하는 기독교 사랑의 규범적 특성 특히 아웃카의 동등배려로서의 아가페 개념에 내포된 특성 은 그러한 차별과 정당화의 위험을 차단하거나 교정하는 윤리적 근거로서 작용할 수 있을 것이다.

다양한 인간종들 사이의 사랑의 관계의 궁극적 목적은 무엇인지에 대한 논의에서 아웃카의 주장은 유익하다. 보편성과 일방향성을 기독교 사랑의 규범적 특성으로 견지하지만 사랑의 궁극적 결실을 친밀한 사귐으로 보는 아웃카의 입장은 미래 사회 인간들의 사랑에도 적용될 수 있고 또 그렇게 되어야 한다고 필자는 생각한다. 사귐의 구체적 형태가 어떻게 나타나게 될지는 정확히 알 수 없으나 친밀한 상호 관계의 형성이 궁극적 이상이 되어야 할 것이다. 아울러 사랑의 삶에 있어서 감정의 문제도 중요하다. 앞에서 살핀 대로, 감정의 측면보다 규범에 우선적 지위를 허용하는 이유는 감정의 불안정성이나 변화 가능성에 있다는 것이라는 점을 생각할 때 이러한 우선순위 설정은 지속적으로 존중되어야 할 것이라고 생각한다.

3. 과학기술의 획기적 진보가 가져다줄 수 있는 인간종의 진보, 특별히 신의 경지에의 진입이라는 전망과 신적 사랑에 대한 규범적 이해: 어거스틴의 하나님 사랑의 우선성 이해를 중심으로

1) 하나님 사랑의 우선성 이해[32]

어거스틴에게 중요한 것은 사랑할 것이냐 말 것이냐의 문제가 아니라 누구를 또 어떻게 사랑하느냐의 문제이다. "나의 무게는 나의 사랑이다. 내가 움직여지는 곳이 어느 곳이든지, 나의 사랑이 나를 움직인다."[33] 수많은 사랑의 대상이 있고 또 사랑의 방법들이 존재한다. 사랑의 삶에서 중요한 것은 바른 대상을 바르게 사랑하는 것이라고 어거스틴은 강조한다. "질서 있게 사랑하게 해주소서."[34] 하나님만이 우리의 사랑이 지향해야 할 바른 사랑의 대상이시다. 하나님을 사랑하는 것이 참된 사랑의 유일한 형태이다. 하나님을 사랑함으로써만, 사랑하는 그 사람이 참된 행복과 구원에 이를 수 있다. 사랑의 바른 질서 속에서, 하

---

32 이 주제와 연관해서 다음의 문헌들에서도 다루었다. 이창호, 『사랑의 윤리: 사랑에 관한 신학적·윤리적 탐구』 (서울: 장로회신학대학교출판부, 2020), 42-43, 168-69; 이창호, 『신학적 윤리: 어거스틴, 아퀴나스, 루터, 칼뱅을 중심으로』 (서울: 장로회신학대학교출판부, 2021), 36-39.

33 Augustine, *Confessions*, trans. Henry Chadwick (Oxford: Oxford University Press, 2009), XIII. 9.

34 Augustine, *The City of God*, trans. Marcus Dods (New York: Random House, 2000), XV. 22.

나님을 다른 그 어떤 대상보다도 사랑한다. 다시 말해, 사랑은 무엇보다도 먼저 하나님 사랑이어야 하고 그 다음에 이웃 사랑과 자기 사랑이 하나님과의 관계 안에서 바르게 이루어져야 한다. 참되고 완전한 자기 사랑은 오직 다른 그 어떤 대상보다도 하나님을 더 사랑할 때 가능하다. 하나님을 그 무엇보다 더 사랑하는 것은 인간 존재에 최선이기에 다른 이들을 하나님께 인도하는 것보다 더 소중한 사랑의 길은 없다고 하겠다. 어거스틴은 "사람들은 당신을 찬양하길 원합니다" 그리고 "우리의 심장은 당신 안에서 안식할 때에야, 참 쉼을 얻을 수 있습니다"라고 선언한다.[35] 자아는 하나님 안에서 거처를 찾고 또 거기서 참된 안식을 누리게 되기를 간절히 바란다.

　　아웃카는 어거스틴의 신학과 윤리를 충실히 따르면서 하나님을 사랑함을 '하나님께 몰입함'God-intoxication 이라는 개념으로 설명한다. 이는 열렬하게 하나님을 추구하는 것을 뜻한다. 하나님께 질문하고 해답을 구한다. 해답을 찾느냐 못 찾느냐는 삶과 죽음의 갈림길이 될 만큼 결정적이다. 기독교인들이 몰입하는 이 하나님은 전지전능하고 완전히 선하며 사랑으로만 가득한 분으로서 천지만물과 인간을 창조하셨다. 어거스틴 전통에서 '하나님께 몰입함'은 하나님을 향한 극진한 '사랑'의 다른 표현인 셈이다.[36] 이는 전적인 혹은 포괄적인 헌신을 내포한다. 아웃카는 이러한 사랑과 헌신의 주된 의미를 설명한다. 첫째, 하나님과 관계를 형성하고 사는 것이 중요하다. 그 자체가 최상의 목적이다. 아웃카는 아담스Robert M. Adams를 인용하면서 "하나님은 인간의 복지 혹은 행

35　Augustine, *Confessions*, I. 1.
36　Gene Outka, "Theocentric Love and the Augustinian Legacy: Honoring Differences and Likenesses between God and Ourselves," *Journal of the Society of Christian Ethics* 22 (2002), 100.

복과 연관되어서만이 아니라 인간과의 관계 자체에 관심이 많으신 분"[37]이라고 역설한다. 하나님과 인간 사이의 사귐은 다른 그 어떤 것으로도 환원될 수 없다. 둘째, 위와 연결된 것으로 하나님과의 만남 혹은 관계는 지고至高의 선이다. 이 지고선으로서의 만남을 위해 하나님은 인간을 향해 헌신하신다. 하나님 편에서 하나님이 인간에게 주실 수 있는 가장 귀한 것을 주시는데, 하나님 자신을 내어주시기까지 한다. 어거스틴 전통에서 인간 쪽에서 하나님께 드릴 수 있는 가장 귀한 것은 사랑이다.[38] 셋째, 하나님은 우리 존재의 처음과 끝이다. '결정적으로' decisively 우리의 실존과 관계가 있는 분이다. 키에르케고르 Søren Kierkegaard 는 '유일하게' only 라는 용어를 선택하지만, 아웃카는 '결정적으로'라는 용어를 사용한다.[39] 하나님의 다스림은 우리 인생 전체에 닿아 있으며 이 다스림이 우리 인생에 결정적인 것으로 인정하며 사는 것이 하나님을 믿는 인간의 도리라고 강조한다.

어거스틴은 온 피조세계와 역사와 인간의 삶을 다스리고 돌보시는 선한 하나님의 주권에 대한 신념을 확고하게 견지한다. 마니교와의 투쟁이 이를 증거해 준다. 악의 원리 혹은 세력이 현재의 세계와 인간 역사를 지배하고 있으며 선의 원리와 악의 원리가 쟁투한다는 마니교의 이원론은 오직 하나님만이 모든 것의 처음과 끝이 되시며 절대적인 주권자가 되신다는 어거스틴의 신념에 배치되는 것이다. 마니교의 이원론과 투쟁하면서, 어거스틴은 하나님의 전능과 주권에 대한 신앙을

---

37 Robert M. Adams, *Finite and Infinite Goods: A Framework for Ethics* (New York: Oxford University Press, 1999), 145, Gene Outka, "Theocentric Love and the Augustinian Legacy: Honoring Differences and Likenesses between God and Ourselves," 99에서 재인용.

38 Gene Outka, "Theocentric Love and the Augustinian Legacy: Honoring Differences and Likenesses between God and Ourselves," 100.

39 위의 논문.

굳게 다진 것이다.[40]

2) 기독교윤리적 응답

하나님이 피조물인 인간에게 부여하신 문명 창출의 역량을 가지고 인류는 4차 산업혁명으로 대표되는 획기적인 과학기술의 발달과 첨단 문명을 산출해 가고 있으므로, 인간의 과학기술 창출과 문명의 형성·발전에 대한 신학적 정당성은 바로 신적 창조와 문명적 능력 부여에서 찾아야 할 것이다. 다만 그러한 정당성을 긍정하면서도, 과학기술 문명을 진단·평가함에 있어서 하나님과 인간 사이의 관계성에 대한 신중한 검토가 필요하다는 점을 분명히 해 두어야 하겠다.

앞에서 살핀 어거스틴의 신학적 신념을 전적으로 수용하지 않는다 하더라도, 창조자 하나님과 피조물 인간 사이의 구분을 적절하게 존중하는 것은 필요하다. 인간의 창조 행위도 하나님의 인간 창조와 문명 창출 역량의 부여 없이 있을 수 없다는 신학적 진실을 견지할 때, 4차 산업혁명의 포괄적 규범윤리로 필자가 논의한 "인간과 우주를 통합하여 인간이 지능화된 우주를 지배할 수 있다는 전망 곧 피조물 인간을 초월하여 창조자의 지위와 역량을 확보하게 된다는 낙관적 전망 안에서 인간의 신격화의 보편적 수용과 추구"는 무비판적으로 받아들여질 수는 없다고 본다.

다시 말해, 창조신학적 근거를 가지고 인간의 문명 창조 활동을 긍정할 수 있다고 하더라도, 문명 창조의 궁극적 목적이 인간의 신적

---

40   이창호, "정치적 사랑에 대한 기독교 윤리적 모색," 『신앙과 학문』 15-3 (2010), 217-18.

경지에의 진입이 되어서는 안 된다는 것이다. 이 점에서 어거스틴 이래로 사랑의 관점에서 기독교 신학이 근본적으로 견지하고 있는 하나님과 피조물 사이의 관계성 곧 하나님 사랑의 우선성혹은질서에 대한 존중을 내포하는 관계성은 적절하게 고려되어야 할 것이다.

Ⅳ 맺는 말

필자의 탐구가 관련 담론에 건설적으로 기여할 수 있기를 바라는 기대와 좀 더 심화되었으면 하는 지점들을 고려하면서 몇 가지 제안을 함으로써 본 장을 맺고자 한다. 첫째, 학문적 논의의 심화라는 관점이다. 본 장에서 필자는 4차 산업혁명과 그것을 가능하게 하는 과학기술에 관한 규범적 담론에 참여하는 기독교 신학과 윤리의 이론적 토대를 강화하고자 하는 목적에 충실하였다. 특별히 획기적인 과학기술의 발전과 더불어 미래 사회가 겪을 수 있는 문제들 곧 정의justice의 약화, 다양한 인간종들의 갈등의 심화 가능성에 대한 우려, 부정적 세속화의 강화와 과학기술의 우상화의 경향성 등에 대해 어떻게 기독교적으로 응답할 것인지 비평적으로 논구하였는데, 본 장에서 수행한 연구가 이러한 논제들에 대한 기독교적 응답을 정련화하고 또 실천적 역량의 증진에 기여할 수 있기를 바라며 앞으로 더욱 진전된 형태의 학문적 논의가 전개될 수 있기를 기대해 본다.

둘째, 사회적 기여의 관점이다. 앞에서 밝힌 대로, 포괄적 규범윤리의 탐색과 기독교윤리의 규범적 응답을 모색하는 것이 본 장의 주된 목적이지만 그렇다고 이론적 연구로 그치지 않았음을 밝혀 두어야 하겠다. 또 다른 하나의 주된 목적을 꼽으라면 규범의 적용이다. 본 장에서 4차 산업혁명이 인류 문명에 가져다줄 획기적 변화의 극적인 단면들을 윤리적으로 분석·평가하였는데, 이러한 구체적 적용의 작업은 한국 사회뿐 아니라 세계 공동체에서 이루어지는 사회적 담론의 성숙에 실제적으로 긍정적인 기여를 할 것으로 생각하고 사회적 활용의 차원에서 심화된 토론과 연구가 이어질 수 있기를 바란다.

셋째, 교육과의 연계를 통한 기대효과와 활용이라는 관점이다. 본 장은 간학문적 혹은 융합적 특성을 내포하기에, 그 연구의 산물은 다양한 학문의 영역에서 활용될 수 있을 것으로 판단한다. 기독교학이나 신학의 영역뿐 아니라 철학과 같은 인문학 영역, 과학사나 과학철학과 같은 자연과학의 영역 등에서 의미 있게 다루어질 수 있는 학문적 내용을 제공할 수 있게 되기를 기대한다.

제 5 장

유발 하라리의
인간종의 진보론에 관한
신학적 · 윤리적 비평

이 장은 다음의 문헌을 수정·보완한 것이다. 이
창호, "유발 하라리의 인간종의 진보론에 관한
신학적·윤리적 비평: 몰트만과 슈바이커를 중심
으로," 『장신논단』 53-5 (2021), 179-213.

세계 학계 안팎에서 큰 반향과 담론의 열기를 드높이고 있는 『호모 데우스』를 비롯한 여러 역작을 통해 하라리 Yuval N. Harari 는 인간과 인간 역사의 본질에 대한 근본적인 성찰과 논의에 우리를 초청한다. 인문학, 사회과학, 자연과학 등 다양한 학문 분야를 포괄하면서 인류의 어제와 오늘 그리고 내일에 관해 논하는 하라리의 탁월함과 성실함에 대해 박수를 보내는 것은 어색한 일이 아닐 것이다. 하라리가 현 인류에게 던져 주는 많은 성찰과 논의의 주제들이 있지만 가장 깊은 자리에 '인간'에 대한 근본적 물음이 자리 잡고 있음을 밝혀 두어야 하겠다. 특별히 인간종의 변화, 더 정확하게는 인간종의 진보에 관한 하라리의 생각과 예측은 그의 인간론의 핵심 주제이다. 이는 기독교 신앙의 관점에서도 우선적으로 대화하고 또 응답해야 할 주제가 될 것인데, 인간을 포함한 세계의 창조와 섭리 그리고 궁극적 구원에 대한 신학적 담론은 기독교 신학의 중추中樞를 형성하고 있기 때문이다. 필자는 인간종에 대한 하라리의 토대적 이해와 신념은 '진보'에 있다고 판단하며, 본 장에서 그의 인간종의 진보론에 대해 신학적으로 또 윤리적으로 성찰함을 통해 하라리와 기독교 신학 사이의 비평적 대화에 나름대로 참여하고자 한다.

하라리는 세계 속에서 또 세계와의 연관에서 인간의 의미와 지위를 논하면서 종교라는 용어를 일관성 있게 사용하고 있는데, 특별히 역사적 관점에서 신에게서 인간의 존재와 의미를 궁극적으로 찾고자 한 유신론적 종교의 시기로부터 유신론적 종교의 틀 안에서 신앙의 대상이 되는 신이 아니라 인간이 스스로 권위의 원천으로서 의미와 힘을 부여하는 인본주의 종교의 시기 그리고 기술의 혁명적 발전이 가져다준 인간종의 변화 곧 기술인본주의 혁명을 통한 '호모 데우스'의 출현의 시기로 이어지는 흐름을 제시한다. 기술종교의 절정에서 생물학과 컴퓨터과학의 결합이 가져다줄 데이터교 시대가 열릴 것인데, 여기서 인간종은 모든 인간과 우주를 하나의 세계로 통합하는 거대한 데이터 처리 시스템이 될 것이며 개별 인간은 시스템 전체를 구성하는 한 부분 곧 '칩'의 지위를 얻게 될 것이다.[1] 이 데이터 처리 시스템으로서의 인간종 시기에 이르면, 사피엔스로 불리는 인간종은 종말을 보게 될 것이라는 것이 하라리의 예측이다. 이렇듯 존재론적으로 또 의미론적으로 궁극적인 결정 주체를 종교로 이해하고 또 인간종의 진보^{발전} 과정에서 종교의 지위를 획득하게 될 다른 주체들을 예측·진술하면서 자신의 인간종의 진보론을 전개하고 있는 것이다.

이에 필자는 본 장에서 하라리의 인간종의 진보론을 탐색·서술하고, 몰트만^{Jürgen Moltmann}과 슈바이커^{William Schweiker}의 신학과 윤리를 논구한 후 하라리를 비평적으로 논할 것이다.[2] 하라리의 인간종의 진보론을 과학과 종교의 관계성 고찰, 근대적 힘의 추구와 인간 문명의 상관성, 인간종의 진보에 관한 역사적 성찰 등을 주요 논점으로 하여 정리하고 각 논점에 대해 신학적·윤리적 관점에서 비평적으로 성찰하고자 하는데, 이러한 비평적 대화를 위해 몰트만과 슈바이커를 주목하고자 한다. 인간과 세계에 대한 하나님의 창조와 계속적 창조, 창조의 전체 지평을 포괄하는 총체적 구원 이해, '오시는 하나님'의 종말론에 뚜렷이

---

1   하라리의 인간론은 진보를 본질적으로 내포한다는 점에서 진화론적이지만 동시에 진화론적 자연선택을 넘어선다고 볼 수 있는데, 인간이 육체와 의식이나 뇌를 설계하고 제작하는 능력을 갖추어 감으로써 자연선택으로 대표되는 '자연의 섭리'를 근본적으로 바꾸어가고 있다는 점에서 그렇다. Yuval N. Harari et al., *Super-forecast*, ed. Kazumoto Ohno, 정현옥 역, 『초예측』 (파주: 웅진지식하우스, 2019), 52.

내포된 종말론적 현재와 미래의 통전적 연계 등을 중요하게 내포하는 몰트만의 신학적 구도는 인간의 진보라는 '과정'에 대해 창조론적으로, 구원론적으로 또 종말론적으로 성찰하는 데 적절하다고 판단한다. 또한 생명의 통전성을 기독교 신학과 윤리의 핵심적인 규범적 주지^{主旨}로 상정하고 생명에 책임적인 윤리를 강조하면서 생명의 구현과 신장에 기여해야 할 과학기술과 과학기술이 창출한 힘이 생명과 그 실현을 제한하거나 억압하는 주요 원인으로 작용하고 있다는 비판적 진단을 주된 논조로 삼는 슈바이커의 신학적 윤리는 진보와 힘의 상관성에 주목하는 하라리의 인간진보 사상을 규범적으로 성찰하는 데 유효하다고 생각한다. 마지막으로 몇 가지 제안을 할 것인데, 이 제안들이 인간종과 인간 문명에 대한 간학문적 논의와 연구에 있어 규범적으로 또 실천적으로 의미 있는 기여를 할 수 있기를 바란다.

---

2   주목할 만한 선행연구로 김성원, 왕대일 그리고 이윤석의 연구를 들 수 있다. 김성원은 "유발 하라리(Yuval Harari)의 "호모 데우스(Homo Deus)론"에 관한 분석 비평연구"『조직신학연구』28 (2018), 42-76]에서 하라리의 '호모 데우스'론을 기독교철학적 관점에서 비평적으로 성찰하는데, 특별히 하라리가 "환원주의, 알고리즘, 진화론 등의 방법론적 틀에 지나치게 국한해서 접근"하고 있다는 점을 지적한다. 하라리의 이론이 종교와 세계에 대한 잘못된 이해에 이르게 할 수 있음을 경계하면서 자신의 연구가 기독교 신자들을 '보호'하고자 하는 변증적 목적이 있음도 분명히 한다. 왕대일은 "유발 하라리의 『사피엔스』와 『호모데우스』의 인간이해에 대한 해석학적 진단: 호모 사피엔스, 호모 데우스, 호모 렐리기오수스"[Canon & Culture 12-1 (2018), 235-55]에서 하라리의 인간론을 해석학적으로 읽어내는데, 하라리의 저작이 "표면적으로는 반(反)종교적, 인본주의적, 생물학적, 생명공학적 인간이해"를 노정하지만 '생물학적' 호모 사피엔스에서 '생명공학적' 호모 데우스로의 변화가 일어나며 변화는 거기서 멈추지 않고 데이터교로 대표되는 '호모 렐리기오수스'의 단계에 진입하게 된다는 식으로 인간종의 역사와 전망을 논한다고 정리한다. 왕대일에 따르면, 하라리가 도래할 것으로 보는 데이터교의 세계는 '낯선 신세계'이다. 이윤석은 "유발 하라리의 인간관에 대한 비판적 고찰"[『조직신학연구』32 (2019), 52-86]에서 하라리의 인간론을 논술하고 신학적 인간론의 관점에서 비평적으로 평가한다. 하라리의 인간론이 진화론적 본성을 가지고 있지만 그것과는 다른 특성 곧 트랜스휴머니즘적인 독특성을 내포하고 있음을 밝히고, 그의 인간 이해를 개혁주의 인간론의 빛에서 비평적으로 논구한다. 본 장에서 필자는 선행연구들과 마찬가지로 하라리의 인간 이해에 주된 관심을 두되 진보의 관점을 초점으로 하여 그의 인간론을 탐색·비평하고자 한다. 필자의 비평적 작업에서 하라리의 인간종의 진보론에 대한 신학적 접근뿐 아니라 윤리적 혹은 규범적 접근을 중시할 것임을 밝힌다.

I 하라리의 인간종의 진보론 탐색

1. 과학과 종교의 관계

1) 인간에 대한 신성화와 인간중심적 세계관의 토대적인 논거

하라리는 유신론적 종교들은 자신들이 믿는 신을 신성시하고 신과의 관계성에서 인간에게 복종의 지위를 부여하는 것을 마땅히 할 바로 받아들였지만 실상은 인간도 신성시해왔다고 주장한다. '새로운 유신론의 무대'에서 사피엔스로서의 인간은 자신을 우주의 중심으로 설정하고 세계의 주인공으로 스스로를 내세우게 되었다는 것이다.[3] 이 새로운 무대의 형성에 있어서 과학의 역할은 결정적이다. 뉴턴 Isaac Newton 을 중심으로 이루어진 과학의 혁명적 발전기를 비롯하여 생명공학, 나노기술 등 획기적인 과학기술 문명의 진보의 결실로 인간은 스스로를 신의 힘을 보유한 존재로 인지하게 되었다는 것이다.[4] 말하자면 '인본주의 종교'가 탄생한 것이다. 과학혁명이 결정적 토대가 된 인본주의 종교는 다양한 형태로 나타나는데 하라리는 자유주의, 공산주의, 나치즘 등을 그 보기로 들면서 이러한 "인본주의 종교들의 창립이념은 호모 사피엔스는 특별하고 신성한 본질을 지니고 있으며 우주의 모든 의미와

---

3   Yuval N. Harari, *Homo Deus*, 김명주 역, 『호모 데우스』 (서울: 김영사, 2017), 133.
4   위의 책, 141.

권위가 거기서 나온다."는 신념이라고 지적한다.[5]

　　유신론적 종교에서의 인간에 대한 신성화와 인본주의 종교에서의 인간중심적 세계관의 전개를 위한 토대적인 존재론적 근거는 무엇인가? 전통적인 일신교는 인간만이 영혼을 보유하고 있다는 점이 바로 그 근거라고 확고하게 주장해 왔지만 하라리는 이 점을 단호하게 부정한다.[6] 하라리가 이를 부정하는 논거는 크게 두 가지이다. 먼저 하라리는 진화론에 의지한다. 인간종의 변화를 진화론적 패러다임에서 이해하는 하라리는 진화의 질서 안에서 그 생성과 진보를 논할 수밖에 없는 인간에게 부분으로 나뉘지 않고 영속적으로 존속하는 그 무엇 곧 영혼의 존재를 허용한다면, 그러한 존재는 부분들로 형성되고 그 부분들이 변화·확장되면서 진화한다는 생명의 원리를 내포하는 진화론의 기본 개념에 배치된다고 강조한다.[7]

　　다음으로 세계에 대한 책임적 설명구조로서의 과학의 역할 증대이다. 인류는 수천 년 동안 수많은 자연현상을 설명함에 있어서 신을 적극 활용해 왔지만 이제 더 이상 그럴 필요가 없어졌다는 점을 밝히는데, 과학이 신의 존재를 입증할 증거를 확보하지는 못했다 하더라도 다양한 자연현상과 생명의 기원에 대해서 충분히 입증하고 설명할 수 있는 증거와 설명의 방식을 발견했다는 것이다. 이러한 현실은 역사나 경제에도 예외가 아닌데, 2차 세계대전에서의 연합군의 승리가 신의 도움 때문이라고 더 이상 고백하지 않으며 20세기 초의 경제공황을 신의 책임으로 돌리지 않게 되었다는 점 또한 밝힌다.[8] 영혼의 문제도 마찬가

5　　위의 책, 142.
6　　위의 책, 146.
7　　위의 책, 151-52.

지다. 영혼의 존재와 기능을 신에게로 돌리지 않게 되었다고 하라리는 강조한다. 이 변화에 있어서도 과학의 역할은 중요하다. "영혼에도 같은 운명이 닥쳤다. 수천 년 동안 사람들은 우리의 모든 행동과 결정이 영혼에서 나온다고 믿었다. 하지만 그 믿음을 뒷받침하는 증거가 없었고 훨씬 더 세밀한 대안 이론들이 나오자 생명과학은 영혼이라는 개념을 버렸다."[9] 그러기에 인간으로서 작용하고 경험하는 모든 것, 특히 보통 정신이나 영혼과 연관된 것이라고 여겨졌던 것들도 모두 뇌에서 발생하는 전기 작용의 결과에 불과하다는 생각이 '과학적 정설'이라고 강조하면서,[10] 하라리는 '본질'에 있어 인간이나 다른 동물들은 공히 영혼이 없으며 이 지점에서 인간을 포함한 모든 동물들은 그 가치에서 우열을 따질 수 없다고 주장한다.[11]

2) 과학과 종교의 관계

하라리는 종교를 초자연적 실재나 현상에 대한 믿음과 연관해서 이해하는 것은 잘못된 것이라고 단정한다.[12] 이런 맥락에서 종교를 신에 대한 믿음으로 보는 것도 문제가 있다고 주장하는데, 독실한 종교인은 해당 종교의 신을 믿기 때문에 종교를 갖고 있고 철저한 공산주의자는 신을 믿지 않기 때문에 종교가 없다고 하는 것은 적절치 못하다고 생각하는 것이다. 여기서 종교 이해의 핵심은 초월적 실재나 신에 대한

---

8   위의 책, 165-66.
9   위의 책, 166.
10 위의 책, 171.
11 위의 책, 183.
12 위의 책, 251.

과학기술과 인간에 관한 기독교적 성찰

믿음의 여부가 아니라 종교를 창조한 인간이 설정한 종교의 '사회적 기능'이라는 점을 밝힌다.[13] 종교의 사회적 기능은 무엇이며 무엇이어야 하는가? 하라리에 따르면, 말 그대로 사회적 기능인데 사회질서를 유지하고 구성원들의 통합에 기여하는 것이다. 이에 대한 긴 설명은 필요 없을 것이라고 생각한다. 이보다는 과학과의 관계성이라는 관점에서 종교의 사회적 기능을 논하는 것이 더 중요하다. 하라리는 기본적으로 과학은 현상을 서술하는 반면 종교는 철학적·윤리적 의미를 탐색하여 행위와 삶의 방향성을 제시하는 것이라는 이해를 갖고 있는 듯하다. 그의 예시가 흥미롭다. "과학은 우리에게 인간이 산소 없이는 살 수 없다는 사실을 알려준다. 하지만 범죄자들을 질식시켜 처형해도 괜찮은가? 이런 질문에 어떻게 답해야 하는지 과학은 알지 못한다. 종교만이 이런 질문들에 필요한 지침을 제공할 수 있다."[14] 이런 맥락에서 하라리는 과학과 종교를 도무지 공존할 수 없는 별개의 영역으로 보는 극단적인 이분법적 접근을 경계하는 것으로 보인다. 다시 말해, 과학은 사실 진술에만 그리고 종교는 윤리적 진술에만 집중해야 한다는 접근에 대한 부정적 판단을 내리고 있는 것이다. 이러한 접근의 틀 안에서 종교를 이해한다면 종교는 윤리적 판단만을 다루지 않고 사실과 사실에 대한 진술에 대해서도 관심을 가지고 있고 또 그렇게 해야 한다.[15] 그러므로 종교가 윤리적 판단을 다룰 뿐 아니라 윤리적 지침을 주어야 한다면 그러한 역할 수행을 사실적 인식과 판단에 근거해야 한다는 것이 하라리의 생각이다. 또한 과학자들이 종교의 윤리적 판단과 진술에 대해 논하는 것은 적

---

13 위의 책, 252.
14 위의 책, 261-62.
15 위의 책, 263.

절치 못하다 하더라도 종교의 '서술'에 대해서는 말할 수 있고 또 그렇게 해야 한다고 주장한다. "'수태된 지 일주일 지난 태아에게 신경계가 있는가? 그 태아는 고통을 느낄 수 있는가?' 같은 사실적 질문에 답하는 데는 성직자들보다 생물학자들이 더 적임자이다."[16]

이로써 보건대, 과학과 종교의 관계성 이해에 있어서 하라리는 적절한 구분을 말하지만 엄격한 분리는 경계한다. 과학과 종교의 극단적 분리를 경계하면서, 하라리는 둘 사이의 상호작용의 여지를 열어두는 것으로 보인다. 한편으로, 새로운 기술이 창출되면 그 기술을 활용하는 데 있어 방향성의 제시가 필요하며 이를 위해 종교는 '선지자'의 역할을 할 수 있고 또 그렇게 해야 한다는 것이다. 예를 들어, "19세기 공학자들은 기관차, 라디오, 내연기관을 발명했다. 하지만 20세기가 증명해 보였듯이 우리는 똑같은 도구로 파시스트 사회, 공산주의 독재, 자유민주주의를 창조할 수 있었다. 종교적 신념이 없다면 기관차를 어디로 향하게 할지 결정할 수 없다."[17] 다른 한편으로, 기술은 종교적 신념과 행위를 현실적으로 평가하고 '종교적 비전의 범위와 한계'를 정하는 역할을 수행할 수 있고 또 그렇게 해야 한다는 것이다. "신기술은 오래된 신을 죽이고 새로운 신을 탄생시킨다. 농업세계의 신이 수렵채집인들의 정령과 달랐던 이유, 공장에서 일하는 공원들이 꿈꾸는 천국이 농부들의 천국과 다른 이유, 21세기의 혁명적 기술이 중세 교의들을 소생시키기보다 유례없는 종교운동을 낳을 가능성이 높은 이유가 여기에 있다."[18]

---

16   위의 책, 265.
17   위의 책, 372.
18   위의 책.

2. 근대성과 인본주의의 부흥

1) 근대성의 의미

　　하라리는 근대성의 본질적 특징을 계약에서 찾는다. 근대성은 '일종의 계약'이라는 것이다.[19] 근대의 계약의 내용은 무엇인가? 하라리에 따르면, 인간은 힘을 얻는 대신 의미를 포기하기로 한 것이다. 이 점이 근대와 근대 이전을 가르는 결정적인 특징이 된다고 보는 것이며, 근대 이전은 인간이 힘 대신 의미를 얻었던 시기라고 평가할 수 있게 되는 것이다. 신학적으로 말한다면, 신은 우주 안에서 인간에게 특수한 지위와 역할을 부여하며, 인간은 신적 부여에 상응하여 삶의 의미를 찾았던 것이다. 장대한 우주적 계획 안에서 자신의 유의미한 역할을 수행하면서 의미를 찾았던 근대 이전의 사람들은 의미를 부여한 신 앞에서 자기 자신의 위치와 역할을 제한한다는 점에서 힘을 포기했다. 그러나 근대적 계약 체결 이후 인류에게 우주적 계획이나 장대한 의미 따위는 더 이상 중요하지 않다. 인생과 역사는 각각 의미를 보유한 다양한 역할들이 수행되는 연극이 더 이상 아니다. 이 연극을 펼치기 위해 필요했던 배우나 연출자 그리고 제작자도 더 이상 요구되지 않는다. "적어도 우리가 아는 과학 지식에 따르면 우주는 계획도 목적도 없는 과정으로 '아무 의미 없는 소음과 광기로 가득하다.' 우리는 우주 속의 작은 점에 불과한 어느 행성에 아주 잠깐 머물다 가는 동안 '활개치고 안달하다 사라져버릴 뿐' 세익스피어의 〈맥베스〉 5막 5장에 나오는 구절-옮긴이 이다."[20]

19　위의 책, 277.

의미 대신 힘을 선택한 근대 계약은 인류에게는 대단히 강력한 유혹일 수밖에 없다. 과학기술의 획기적 진보에 연동된 힘의 추구는 그야말로 힘에 대한 무한의 확대재생산으로 이어지고 종국에는 신적 능력을 획득할 수도 있다는 희망에 젖게 되었다고 하라리는 진단한다. 그러나 무조건적 낙관만이 있는 것은 아니다. 성장과 확장의 이면에는 짙은 어두움의 가능성도 도사리고 있는데, 의미를 상실한 힘의 추구는 문명의 방향성에 대한 무지와 의혹 그리고 그에 따른 '존재론적 불안'을 인류에게 심층적으로 가져다주고 있다는 것이다.[21] 유혹과 불안, 근대 이후 인간과 인간 공동체가 겪고 있는 피할 수 없는 존재론적 현상을 인정하면서도, 하라리는 희망의 자리에 더 깊게 뿌리를 내리고 '근대 이후'를 평가한다. 근대 이후 사회는 "경제성장이 가능할 뿐만 아니라 절대적으로 필요하다는 확고한 믿음 위에 서 있다."는 점을 밝히면서, 하라리는 결핍이 있으면 채우기 위해 소유하려 하고 더 소유하기 위해 더 생산하려고 하는 근대적 역동은 경제의 '영속적' 성장을 추구하게 만들었다고 역설한다.[22]

2) 인본주의 종교의 부흥

생태계의 위기, 지역적 전 세계적 양극화 등 과학기술의 진보와 경제성장의 부정적 결과들의 중대함과 절박성에도 인류가 그런대로 잘 대응해 오고 있다고 평가하는 하라리는 근대 이후 인류가 성취해 오고

---

20   위의 책, 278-79.
21   위의 책, 280.
22   위의 책, 285.

과학기술과 인간에 관한 기독교적 성찰

있는 결실이라는 관점에서 후한 긍정의 평가를 덧붙인다. "이렇듯 근대 계약은 우리에게 전례 없는 힘을 약속했고, 그 약속은 지금까지 지켜졌다. 그렇다면 그 대가는 뭘까? 근대 계약은 우리가 힘을 얻는 대가로 의미를 포기하기를 기대한다. 인간이 이 서늘한 요구에 어떻게 대응했을까? 이 요구를 따랐다면 아마 우리는 윤리, 미학, 동정이 없는 암흑세계에 살고 있을 것이다. 하지만 지금 인류는 그 어느 때보다 막강할 뿐 아니라, 그 어느 때보다 평화롭고 협력적이다." 이어지는 질문을 들어보자. "인간은 어떻게 그렇게 할 수 있었을까? 어떻게 신, 천국, 지옥이 사라진 세계에서 도덕과 아름다움은 물론 동정까지도 살아남아 번성할 수 있었을까?"[23] 하라리는 자본주의자들이 자랑하는 만능해결사로서의 '보이지 않는 손'도 혹은 다른 그 어떤 사상적·체제적 대안들도 아니고, 평화와 공존의 세상을 가져다준 것은 "새롭게 떠오른 혁명적 종교인 인본주의"였다고 응답한다.[24] "인본주의에 따르면, 인간은 내적 경험에서 인생의 의미뿐 아니라 우주 전체의 의미를 끌어내야 한다. 무의미한 세계를 위해 의미를 창조해라. 이것이 인본주의가 우리에게 내린 제1계명이다."[25]

하라리에 따르면, 인본주의의 부흥을 통한 근대의 종교혁명의 핵심은 인간이 스스로에 대한 신뢰를 얻고 또 그 신뢰를 확고히 한 것이다. 신에 대한 믿음의 자리가 완전히 사라진 것은 아니지만, 신은 더 이상 의미와 권위의 원천이 아니다. 근대 이후 인간이 최종적인 의미의 원천이고 자유의지가 가장 중요한 권위의 근거가 되고 있다는 것이다.[26]

---

23   위의 책, 304-305.
24   위의 책, 305.
25   위의 책, 307.

이런 맥락에서 신에 대한 믿음을 논한다고 해도, 주체는 신에서 인간으로 이동한다. 신이 인간으로 하여금 신을 믿게 하는 것이 아니라 인간이 신을 선택하는 것이다. "내면의 자아가 나에게 신을 믿으라고 말하면 나는 믿는다. 내가 신을 믿는 것은 신이 존재한다고 느끼기 때문이고, 신이 있다고 내 가슴이 말하기 때문이다. 하지만 어느 날 신이 존재한다고 느껴지지 않으면, 그리고 내 가슴이 갑자기 신은 없다고 말하면, 나는 믿기를 그만둘 것이다. 어느 쪽이든 권위의 원천은 나 자신의 감정이다. 그래서 나는 신을 믿는다고 말할 때조차 사실은 내 내면의 목소리를 믿는 것이다."[27]

3. 신흥 기술종교의 도래와 호모 사피엔스의 운명

하라리에 따르면, 미래에 나타나게 될 종교는 이른바 '신흥 기술종교'인데 그 대표적 보기들 중 하나가 기술 인본주의이다. 미래의 종교상에 대한 논의이지만, 현존의 인간종 곧 호모 사피엔스의 운명과 깊은 연관을 상정한 것이기에 주목할 필요가 있다. 기술 인본주의는 말 그대로 기술을 통하여 인본주의적 이상을 구현하며, 기술이 신적 역량을 발휘하는 경지에 이른다 하더라도 여전히 인간이 중심이라는 관점을 본질적으로 내포한다. 미래에 인류가 성취해갈 과학기술의 힘은 호모 사피엔스를 획기적으로 발전시키는 새로운 인간종을 출현케 할 것인데,

26   위의 책, 308-309.
27   위의 책, 326.

바로 호모 데우스이다. "기술 인본주의는 우리가 아는 형태의 호모 사피엔스는 역사의 행로를 완수했으며 미래에는 할 일이 없다는 데 동의하지만, 바로 그것 때문에 우리가 기술을 이용해 호모 데우스^{훨씬 우수한 인간}모델를 창조해야 한다는 결론을 내린다."[28] 호모 데우스는 신이 된 인간이라기보다는 신에 가까운 능력을 소유한 인간종을 가리키며, 그리스 신화에 등장하는 인간적인 신과 유비가 있다. 이전 시기를 지배한 자유주의적 인본주의를 비롯한 인본주의 종교들을 뒤이을 기술 인본주의의 핵심 과제는 무엇인가? 호모 데우스에 내포된 이상과 같이, 좀 더 완전한 인간을 창출하는 것이다. 이런 맥락에서 의학의 주된 목적은 치료가 아니라, "건강한 사람을 업그레이드하는 데" 있다.[29]

　　앞에서 살핀 하라리의 인본주의 논의에서 기술 인본주의는 여전히 인간이 기술을 결정하며 우주의 변화도 인간 의지에 달려 있다는 인본주의 핵심 교리에 충실하기에, 하라리가 예측하는 인간과 기술 사이의 관계성의 역전은 기술 인본주의의 패러다임과 근본적으로 충돌한다. 그리하여 역전적 패러다임을 수용하고 발전적으로 전개할 새로운 형태의 기술종교가 등장할 것이라고 하라리는 보는데, 그는 이 기술종교를 데이터교라고 칭한다. 하라리는 데이터교의 기원을 두 갈래 과학의 합류에서 찾는데, 유기체를 생화학적 알고리즘으로 보는 생명과학과 앨런 튜링^{Alan Mathison Turing}의 튜링 기계 이후 지속적으로 정교하게 전자 알고리즘을 발전시키고 있는 컴퓨터과학의 결합이 그것이다. 다시 말해, '두 가지 혁명'의 결합 곧 "인간 신체, 특히 인간의 뇌와 감정의 신

28　위의 책, 482.
29　위의 책, 492.

비를 해독[하는]" 생물학적 혁명과 "[인간에게] 유례없는 데이터 처리 능력을 선사[하는]" 컴퓨터·과학적 혁명의 결합이다.[30] 데이터교 신봉자들은 생화학적 알고리즘과 전자 알고리즘이 동일한 수학적 법칙들에 따라 작동한다고 본다. 그리하여 데이터교는 생명체와 기계 사이의 장벽을 무너뜨리고 종국에 가서는 전자 알고리즘이 생화학적 알고리즘을 해독해 진일보한 알고리즘을 산출하게 될 것이라고 공언한다.[31] 두 혁명의 결합을 통해 산출된 '빅데이터 알고리즘'은 감정을 비롯하여 인간을 구성하는 요소들을 인간 자신보다 탁월하게 관찰하고 이해할 수 있게 됨으로써 "권위는 아마도 인간에게서 컴퓨터로 이동할 것"이라는 하라리의 예측도 주목할 필요가 있다.[32] 하라리는 이러한 '인간'의 변화는 "호모 사피엔스 자체를 변화시키는 것"이며 기술이 보유하는 잠재역량의 '진정한' 발현의 결과라고 평가한다.[33]

이러한 결합을 통해 등장할 인간종은 하나의 '데이터 처리 시스템'이며, 개별 인간은 그 시스템을 구성하는 '칩'이다. 데이터교의 관점에서 인간의 역사란 이 시스템을 발전시키는 과정이라고 볼 수 있다.[34] 여기서 인류가 만나게 될 데이터 처리 시스템의 양상은 어떤 것이며 인간의 운명은 어떻게 될 것인가? 하라리의 답을 들어보자. "데이터교도들은 '만물인터넷Internet-of-All-Things'이라 불리는 새롭고 훨씬 더 효율적인 데이터 처리 시스템이 그 산물이 될 거라고 말한다. 이 과업이

30 Yuval N. Harari, *21 Lessons For the 21ˢᵗ Century*, 전병근 역, 『21세기를 위한 21가지 제언: 더 나은 오늘은 어떻게 가능한가』 (파주: 김영사, 2018), 87.
31 Yuval N. Harari, 『호모 데우스』, 503.
32 Yuval N. Harari, 『21세기를 위한 21가지 제언: 더 나은 오늘은 어떻게 가능한가』, 87.
33 Yuval N. Harari, *Sapiens*, 조현욱 역, 『사피엔스』 (파주: 김영사, 2015), 581.
34 Yuval N. Harari, 『호모 데우스』, 518-20.

완수되면 호모 사피엔스는 사라질 것이다."[35]

　　하라리에 따르면, 데이터교는 가치중립을 표방하는 과학으로 출발하였으나 이제 옳고 그름을 판단하는 척도로서의 지위를 보유하는 종교가 되고 있다. 이 종교의 지고의 가치는 무엇인가? 정보의 흐름이다. 정보는 흘러야 하고, 그 흐름은 더 넓고 깊게 심화되어야 한다. 정보의 흐름을 지고선으로 받아들이는 세계에서 인간은 창조의 절정이 아니다. 오히려 만물인터넷을 창출한 도구일 뿐이며, 도구로서의 인간은 만물인터넷이라는 단일한 데이터 처리 시스템을 우주에까지 확장하는 사명을 수행하게 될 것이다. 우주적으로 확장된 데이터 처리 시스템은 신의 지위를 차지할 것이며 인간은 이 시스템 안에 흡수되고 이 시스템의 통제를 받게 될 것이라는 것이 하라리의 예측이다.[36]

　　데이터교의 부흥이 인류에게 가져다줄 결실은 무엇인가? 무엇보다 인본주의 이상 곧 '건강, 행복, 힘'의 구현을 향한 큰 발걸음을 걷게 될 것이다. 다만 이를 위해서 인간은 엄청난 양의 데이터를 처리해야 할 것인데, 인간의 역량을 넘어서기에 알고리즘이 이 과업을 수행하게 될 것이며 권한이 인간에게서 알고리즘으로 이동하면 인본주의의 과제도 폐기될 것이라고 하라리는 진단한다. "우리가 인간 중심적 세계관을 버리고 데이터 중심적 세계관을 채택하는 즉시 인간의 건강과 행복은 보잘것없는 문제처럼 보일 것이다. 훨씬 더 나은 모델들이 존재하는데 왜 한물간 데이터 처리 기계에 신경을 쓰는가? 우리가 만물인터넷을 만들려고 하는 것은 그것이 우리를 건강하고 행복하고 강하게 해줄 거라는

---

35 위의 책, 521.
36 위의 책, 521-22.

기대 때문이다. 그런데 만물인터넷이 실제로 운용되기 시작하면, 우리
는 엔지니어에서 칩으로, 그런 다음에는 데이터로 전락할 것이고, 결국
세차게 흐르는 강물에 빠진 흙덩이처럼 데이터 급류에 휩쓸려 흩어질
것이다."[37]

Ⅱ 하라리 비평을 위한 신학적·윤리적 논거

1. 몰트만: 하나님의 창조와 인간의 문명적 창조 사이의
   신학적·윤리적 유비 탐색[38]

1) 무無로부터의 창조

기독교는 전통적으로 하나님을 전지전능하시고 무소부재하신
하나님으로 고백한다. 하나님의 전지전능하심과 무소부재하심을 견지
한다면, 하나님 밖의 다른 어떤 존재나 공간을 상정할 수 있는가? 하나
님의 '밖'과 그 공간에 존재하는 하나님이 아닌 다른 무언가를 인정하
게 된다면, 하나님에 대한 전통적인 신념과 충돌하는 것이 아닌가? 해
결책을 찾을 수 있는가? 몰트만은 그 해결책을 하나님의 '자기 제한'에

---

37 위의 책, 541.
38 몰트만에 대해 3장에서도 다루었는데, 본 장의 목적에 맞추어 다시 전개하였음을 밝힌다.

서 찾는다. 하나님 스스로 한계를 설정하시고 그 한계를 실행하시는 것이다. 전지전능하시고 무소부재하신 하나님이 스스로를 제한하시고 '무로부터의 창조'를 위한 '무'를 마련하신다는 것이다.[39]

몰트만은 이러한 생각을 루리아Isaak Luria의 침춤zimzum에 관한 이론을 참고하면서 발전시킨다.[40] '침춤'은 집중Konzentration과 위축Kontraktion 곧 자기 자신 속으로 물러남을 의미한다. 하나님의 '밖'은 하나님의 내향 곧 자기 자신 속으로 물러남을 통하여 이루어진다. 이러한 '안'을 향한 활동을 통해 '일종의 신비적인 원초의 공간'이 생긴다. 몰트만이 인용한 숄렘G. Scholem의 문장은 이를 요약적으로 표현한다. "하나님이 자기 자신으로부터 자기 자신에게로 물러나는 그곳에서 그는 신적인 본질과 신적인 존재가 아닌 것을 일으킬 수 있다."[41] 몰트만은 하나님의 자기 제한에 대한 카발라적 이론은 기독교 신학에 지속적인 영향을 미쳐왔다는 점을 지적한다. 폰 쿠에스Nicholas von Cues, 쉘링F. W. J. Schelling, 브룬너Emil Brunner 등이 그가 제시하는 대표적인 보기들이다. 이들은 하나님의 창조에 대한 승인에서 하나님의 자기 낮추심 곧 그리스도의 십자가에서 정점에 도달하는 '하나님의 자기 낮추심'을 보았다.[42] 여기에서 몰트만은 세 가지 심화된 의미를 제안한다. 첫째, 앞으로 창조될 피조물의 존재 부정이 아니라, 어떤 면에서 하나님 자신의 존재를 부분적으로 부정함으로써 생성된 무의 공간은 하나님의 자기 제한의 공간 곧 '하나

---

39 Jürgen Moltmann, *Gott in der Schöpfung: Ökologische Schöpfungslehre*, 김균진 역, 『창조 안에 계신 하느님: 생태학적 창조론』(서울: 한국신학연구소, 1991), 112-13.

40 위의 책, 113.

41 G. Scholem, *Schoepfung aus Nichts und Selbstverschraenkung Gottes* (Eranos, 1956), 115-16, Jürgen Moltmann, 『창조 안에 계신 하느님: 생태학적 창조론』, 113에서 재인용.

42 Jürgen Moltmann, 『창조 안에 계신 하느님: 생태학적 창조론』, 113-14.

님의 버림받은 공간'이다. 이 공간은 지옥에 상응하며 절대적 죽음의 공간으로 볼 수 있는데, 하나님은 이에 대항하여 창조의 삶을 지키고자 하신다.[43] 둘째, 자기 자신으로부터 자기 자신에게로 물러나심으로 창조를 위한 하나님 '밖'의 공간을 생성하신 하나님은 비로소 창조 사역을 감당하신다. 창조자 하나님은 겸손하게 스스로를 낮추시는 하나님이라고 말할 수 있는 근거가 여기에 있다. 창조자 하나님은 창조 이전에 자기를 낮추신 것이며, 여기에서 하나님의 자기 낮추심은 창조의 전제가 된다.[44] 셋째, 창조가 이루어져야 할 하나님의 '밖'은 그야말로 하나님의 존재 밖에 있는 공간인가? 지금까지 살핀 바에 근거한다면, 엄밀한 의미에서 그 '밖'은 하나님 '밖'이 아니다. 오히려 하나님은 창조의 공간을 자기 자신 안에 마련하셨다고 볼 수 있다. 자기 자신으로부터 나와 자기 자신 안으로 위축되어 들어감으로 전통적으로 기독교 신학이 '무'라고 일컫는 창조의 공간이 생성된 것이 아닌가. 이런 맥락에서 창조는 "하나님이 모든 것 안에서 모든 것"이라는 신학적 진리 안에서 포착되어야 할 것이다.[45] 이것은 창조를 범신론적 동일시로 보게 하는 근거로 작용하지 않고, 오히려 창조는 하나님 안에서 이해될 때 궁극적으로 참된 형태를 볼 수 있다는 점을 내포한다고 하겠다. 그렇다면 창조를 가능하게 하는 하나님의 태초의 자기 제한은 그 속에서 모든 창조가 영광스럽게 변형되는 것으로서의 자기 제한의 폐지를 지시한다.[46]

---

43 위의 책, 114-15.
44 위의 책, 115.
45 위의 책.
46 위의 책, 115-16.

2) 계속적 창조

태초의 창조는 본질적으로 '시간의 창조'이다.[47] 시간은 그 본성에 있어 변화를 내포하기에, 태초의 창조는 변화의 창조라고 해야 할 것이다. 그러므로 하나님이 태초에 창조하신 세계는 변화를 본성으로 내포하는 시간 안에서 앞을 향해 지속적으로 자신을 개방한다. 여기서 계속적 창조를 생각한다. 하나님의 창조는 딱 한 번의 창조 곧 '태초의 창조'로 끝나지 않는다. 하나님의 창조는 계속되는데, 이 계속적 창조는 그러므로 '유'에서 '새로운 유'를 창조하는 것이다.[48] 일종의 새로운 창조이다. 계속적 창조는 하나님의 역사적 활동에 있어 두 가지 전망을 드러낸다. 하나는 피조된 세계의 보존이요 다른 하나는 피조세계의 완성에 대한 준비이다. 하나님의 역사적 활동은 태초의 창조와 새 창조 사이에 있다. 역사 안에서의 계속적 창조가 태초의 창조와 새 창조 사이에 있다면 하나님의 계속적인 창조의 행위는 보존하며 혁신하는 행위라고 할 것이다. 보존과 혁신은 본질적으로 같은 차원에 있다. 모든 보존하는 행위 속에 혁신이 있으며 모든 혁신하는 행위 속에 보존이 있다.[49] 그렇다면 하나님의 역사적 창조는 메시아적 종말론적 방향을 가지고 있다. 다시 말해, 하나님의 계속적 창조는 하나님 나라의 종말론적 완성으로부터 들어와 그 완성으로 작용하는 것이며 궁극적 완성의 목적을 향해 준비함으로써 태초의 창조를 보존한다.[50]

---

47 위의 책, 143-44.

48 김명용, "성령·창조·새창조," 『기독교사상』 1991년 1월호 (서울: 대한기독교서회, 1991), 34.

49 Otto Weber, *Grundlagen der Dogmatik* I (Neukirchen-Vluyn: Neukirchener Verlag, 1955), 555-57.

50 Jürgen Moltmann, 『창조 안에 계신 하느님: 생태학적 창조론』, 251-52.

이 점에서 태초의 창조와 계속적 창조는 종말론적 관점에서 이해되어야 하며, 세계의 궁극적 완성을 향한 보존과 혁신 행위로서의 계속적 창조를 견지하기 위해 몰트만의 종말론적 이해를 주목할 필요가 있다. 종말론은 일반적으로 세계와 역사의 마지막에 일어날 일들에 대한 교리이자 가르침이다. 몰트만은 종말론에 대한 일반적 이해를 뒤집어놓는다. 몰트만에게 기독교 종말론은 '마지막'이 아니라 '시작'에 대한 가르침이다. 어떤 시작인가? 예수 그리스도의 삶과 십자가와 부활 안에서 예기적으로 선취된 하나님 나라의 시작이다. 이런 맥락에서 몰트만은 새로운 '미래' 개념을 제시한다. 과거, 현재 그리고 미래로 이어지는 일직선적 시간 개념 안에서의 한 시제인 '미래' *futurum* 〈푸투룸〉가 아니라 '도래' *adventus* 〈아드벤투스〉로서의 미래 개념을 제안한다.[51] 일직선적 시간 개념의 틀 안에서 미래는 정녕 미래일 수 있는가? 시간이 흐르면서 그 미래는 현재가 될 것이다. 그 현재는 정녕 현재일 수 있는가? 아니다. 언젠가 시간의 흐름 속에서 과거의 시제에 처하게 될 것이다. 이러한 시간 개념 안에서 종말론적 '미래'는 결국 과거로 귀결되고 말 것이다. 신론적 개념으로 표현해 본다면, 하나님이 이러이러하셨고 또 이러신 것처럼, 앞으로 이러실 것이라는 식^ㅈ의 관념으로는 하나님이 이루시는 종말론적 완성의 미래를 온전히 이해할 수 없다. 오히려 신적 미래는 '도래' 안에 있다고 몰트만은 강조한다. 예수 그리스도 안에서 예기적으로 선취된 종말론적 하나님 나라의 완성으로부터 오시는 하나님의 도래가 바로 기독교 종말론의 미래 개념이 되어야 한다고 주장하는 것이

---

51 Jürgen Moltmann, *Das Kommen Gottes: Christliche Eschatologie*, trans. Margaret Kohl, *The Coming of God: Christian Eschatology* (Minneapolis: Fortress, 1996), 25-26.

다. 하나님의 이 도래오심를 통해 하나님은 종말론적 능력으로 역사하셔서 하나님 나라를 지금 여기에서도 불러일으키시며 또 궁극적 완성을 향해 이끌어 가시는 것이다.[52]

2. 슈바이커: 책임윤리와 인간 문명에 대한 기독교윤리적 평가[53]

1) 포스트모던 시대의 도덕성과 책임윤리의 모색

포스트모던 시대의 도덕성을 이해하는 데 유용한 개념은 도덕적 다원주의이다. 슈바이커에 따르면, '다원주의'는 도덕적 합의의 상호불가공약성 incommensurability 곧 다른 개인이나 공동체와 도덕적 차원에서 소통하기 위한 기본적인 공동의혹은 공유된 기초가 존재하지 않을 수 있다는 문제점을 보여준다. 그러므로 상호불가공약성을 극복하고 도덕적 신념으로 소통하고 상호작용하기 위해서 중립적인 도덕 언어나 공동의 도덕이 요구된다.[54] 그런데 정말 그런가? 도덕의 상호불가공약성을 거부할 수 없는 현실로 받아들여야 하는가? 슈바이커는 상황이나 문화의 다양성을 고려하는 규범의 다원적 산출과 작용의 가능성을 배제하지 않으면서도 인류 공동체가 보편적으로 공유할 수 있는 도덕적 관념이나 규범적 기반의 존재를 긍정하는 입장에 서서, '생명'의 본질적 특징들

---

52 위의 책.

53 슈바이커에 대해 3장에서도 다루었는데, 본 장의 목적에 맞추어 다시 전개하였음을 밝힌다.

54 William Schweiker, *Power, Value, and Conviction: Theological Ethics in the Postmodern Age*, 문시영 역, 『포스트모던 시대의 기독교윤리』 (서울: 살림, 2003), 45-46.

그리고 그러한 특징들과 결부된 가치들로부터 공동의 규범적 기반을 도출하고자 한다. 모든 인간에게 가장 중요한 가치는 '생명'이며 이 생명을 통전적으로 보존하고 가꾸어가는 것이 도덕적으로 선한 삶이라는 것이다.[55]

　　슈바이커는 여기서 인류가 추구해야 할 보편윤리를 모색한다. 곧 생명을 통전적으로 보존하고 가꾸기 위해 힘쓰는 윤리가 온 인류가 공감하며 함께 추구해야 할 윤리라고 보는 것이다.[56] 슈바이커는 생명의 통전성을 존중하며 생명에 책임적인 윤리를 '책임윤리'로 규정한다. 책임윤리는 생명에 필요한 요소들이 있으며 이 요소들은 인간에게 소중한 가치들이라는 점을 전제한다. 인간은 이러한 전제를 존중하며 "각자 삶의 다양한 형태 속에서 삶의 통전성을 존중하고 함양하는 방식들"을 선택하게 되는 것이다.[57] 따라서 책임윤리는 "인간의 필요와 그 가치를 고려하면서 인간에게 전개된 우리 시대의 새로운 상황에 창조적으로 응답하려는" 윤리라고 볼 수 있다.[58]

2) 과학기술과 힘에 관한 신학적·윤리적 성찰

　　슈바이커는 과학기술과 힘에 관한 신학적·윤리적 관점에서 현대 사회의 특징을 설명한다. 크게 세 가지로 정리할 수 있겠다. 첫째, 현대 사회는 탈-유신론적 post-theistic 사회이다. 인간과 인간 공동체의 의미와

55　William Schweiker, *Responsibility and Christian Ethics* (Cambridge: Cambridge University Press, 1995), 106-34.

56　William Schweiker, 『포스트모던 시대의 기독교윤리』, 53-54.

57　위의 책, 55.

58　위의 책.

목적과 존재 방식에 관해 근본적이고 궁극적인 해석의 틀을 제공하던 종교의 지위와 역할이 현대 사회 속에서 많이 약화되었다는 것이다.[59] 둘째, 과학기술의 발전으로 인간과 인간 공동체의 힘이 괄목할 정도로 또 혁명적으로 확장되었다.[60] '확장된 힘'이라는 문명사적 전환은 실재에 대한 이해와 해석의 틀을 바꾸는 계기가 되고 있으며, 이전 시대에서 찾아볼 수 없었던 여러 가지 책임의 문제들이 발생하고 있다는 것이다. 다시 말해, 과학기술의 혁명적인 발전으로 인해 기존의 도덕적·종교적 신념의 실재 이해와 해석으로는 실재와 책임의 문제를 온전히 해명할 수 없게 되었다는 생각인 것이다.[61]

셋째, 현대 사회에서 가치 인식의 핵심 요소는 힘이다. 현대 사회에서 의미 있는 삶이란 힘을 추구하는 삶이다.[62] 세속화된 사회인 현대 사회에서 실재에 대한 이해와 해석은 초월적 인과관계에 의해서 이루어지는 것이 아니며 인간의 행위 역시 초월적인 신적 존재와의 상호작용이라는 관점에서 규명되기보다는 "전체적으로 자연적 과정의 상호복합적인 틀" 안에서 규명되어야 한다.[63] 여기서 슈바이커는 인간만이 가치를 설정하고 목적화하여 행위할 수 있는 존재라는 전제 곧 "인간만이 유일한 행위자라는 형이상학적 전제"가 현대 서구인들 가운데 강하게 작용하고 있으며 그리하여 가치가 인간 행위에 종속되는 지위로 떨어지고 말았다고 평가한다.[64] 현대 사회에서 인간은 가치 창조를 목적으

59   위의 책, 65.
60   위의 책.
61   William Schweiker, *Responsibility and Christian Ethics*, 196-202.
62   William Schweiker, 『포스트모던 시대의 기독교윤리』, 66.
63   위의 책.
64   위의 책.

로 힘을 획득하고 확장하기 위해 힘쓰며 그러한 힘의 확장을 위한 가장 중요한 토대는 과학기술의 발전이라고 생각한다. 또한 인간중심적 세계관은 과학기술의 발전을 통한 힘의 확장과 그 힘을 통한 가치의 구현은 철저하게 가치중립적인 시간과 공간 안에 이루어진 것이라는 신념을 내포한다.

이제 슈바이커는 성서적·신학적 신념의 빛에서 현대 사회의 현실을 성찰하면서 기독교적 응답을 모색한다. 특별히 바벨탑에 대한 성경의 증언을 주목하며 현대 사회와의 유비를 탐색한다. 바벨탑을 건설한 인간과 인간 공동체의 목적론적 역동 안에서 현대적 역동을 발견한다. 바벨탑 건설의 동기는 인간의 잠재성 혹은 가능성의 극대치의 실현 곧 인간 본연의 힘의 확장과 극대화의 추구이다. 바벨탑은 인간의 힘의 문명적 구현의 결실이며 인간의 능력과 문명에 대한 자만심의 표현이다. 이에 대한 하나님의 응답은 무엇인가? 하나님은 사람들의 언어를 혼잡하게 만드시고 그리하여 사람들을 민족 단위로 나누심으로써 인간 공동체의 자만과 방종을 막고자 하신다. 인간의 잠재성의 발현과 힘의 추구 그리고 그것을 통한 문명 형성에 있어서 '한계'를 설정하고자 하신 것이다. 다시 말해, "문명 형성의 전제조건인 힘의 통합"에 한계를 설정하신 것이다.[65] 여기서 슈바이커는 인간의 인위적 가치 추구의 근저에는 힘의 확장과 극대화를 향한 강한 의지적 역동이 있음을 강조한다.[66]

슈바이커는 바벨탑 이야기의 사회윤리적 함의를 몇 가지로 설명한다. 곧 기술에 의한 힘의 발현과 통합을 통해 인간의 정치사회 공동체

---

65 위의 책, 73.
66 위의 책, 72-73.

는 생존을 위한 물질적 조건을 마련할 수 있다는 점, 힘의 추구가 개인적·공동체적 의미 혹은 명예 추구의 동기에 의해 결집되어 문명 통합 능력으로 나타난다는 점, 사회적 혼란과 무질서는 문명 통합의 결실로서의 '탑'의 건설을 통해 종식될 수 있다는 점, 그러한 기술의 발전과 문명 통합이라는 목적의 구현은 가치중립적 시공간에서 이루어지는 것이 아니고 '힘'의 관점에서의 분명한 가치와 선에 대한 판단 속에서 이루어진다는 점 등의 함의를 내포한다.[67] 그러나 하나님은 "인간만의 독특한 가치 창조를 위한 힘의 사용"을 심판하신다.[68] 이러한 신적 심판의 의미는 무엇인가? 인간이 스스로 창출한 기술을 통해 하나님 없이 그리고 인간의 힘만으로 인류의 생존을 충분히 보장하고 또 공동체적 문명적 통합을 이루어낼 수 있다는 신념에 대해 강하게 도전하시는 것이다.

슈바이커는 바벨탑과 아브라함으로 대표되는 이스라엘 족장의 역사를 대비하면서 인간 문명에 대한 하나님의 뜻을 좀 더 심도 있게 드러내고자 한다. 바벨탑을 쌓은 인간들은 본래적으로 보유한 역량으로 문명을 창출하고 가치로서의 힘을 영속적으로 확장해 갈 수 있다는 신념으로 무장하고 있는데, 이들이 추구하는 이상적 삶의 목적이란 '자기 이름'을 드높이는 것이다. 그러나 아브라함과 이스라엘은 바벨탑의 인간들과는 확연히 다르다. 아브라함은 스스로 이름을 추구하거나 드높이고자 의도하지 않는다. 그의 이름은 하나님으로부터 온다. 또한 이스라엘은 하나님이 허락하신 초월적 기반 위에 민족적 실존을 세운다. 다만 초월적 기반을 논한다고 해서, 문명 창출의 주체이자 책임적인 도

---

67   위의 책, 73-74.
68   위의 책, 74.

덕 행위자로서의 인간의 지위나 의미를 부정하는 것은 아니다. 슈바이커는 이러한 대비를 통해 중요한 것은 가치로서의 힘의 활용 여부가 아니라 힘의 원천과의 참된 관계 설정이라는 점을 역설한다.[69]

　　슈바이커는 힘과 가치 그리고 하나님 사이의 관련성을 윤리적으로 해명하는 데 있어 성경 특히 구약성경의 주된 신학적 전통들 곧 제사장적 전통, 예언자적 전통, 그리고 율법적 전통을 활용한다. 특별히 인간이 어떤 힘을 추구하는지 혹은 어떤 힘에 이끌리는지를 분별·판단하고 또 그러한 힘을 통한 가치의 추구를 어떻게 도덕적으로 평가할 것인지에 관심을 두면서 성경의 사회윤리적 의의를 제시한다.[70] 첫째, 제사장적 전통은 제의적 행위를 통해 하나님과의 관계성을 드러낸다. 제의적 행위는 역사내적 시간과 공간 안에서 실재의 근본 구조와 양태를 재연하며 그렇게 재연된 실재는 사회의 기초가 된다. 제의적 행위에 참여하면서 인간과 인간 공동체는 힘 자체의 성격과 그 힘의 행사에 대해서보다는 그 힘과 하나님 사이의 연관성을 더 중요하게 성찰하게 된다. 둘째, 예언자적 전통은 인간이 힘을 얻는 참된 길은 "오직 정의를 행하며 인자를 사랑하며 겸손하게 네 하나님과 함께 행하는" 데 있다고 가르친다 미 6:8. 셋째, 율법적 전통은 제사장적 전통과 예언자적 전통을 규범적으로 연결하는 역할을 한다. 구약의 율법은 도덕법, 시민법, 제의법 등으로 세분화되며, 그렇게 세분화된 율법적 형태들을 통해 공동체적 삶의 다양한 행동 양식을 구체적으로 규율하게 된다. 요컨대, 인간의 행위는 도덕질서의 근본을 밝히는 제의적 실천을 통해 매개되고 인간의 힘의

69　위의 책, 74-75.
70　위의 책, 77-78.

추구는 정의와 인자의 구현을 목적으로 해야 한다는 예언자적 담론을 통해 인식되며 인간의 사회적·정치적 삶은 율법적 담론의 틀 안에서 행위의 다양한 영역에서 구체적인 규범의 형식들을 통해 규율된다. 힘의 고유한 원천은 인간이 아니라 하나님이시기에 힘을 지향하는 행동은 가치중립적이지 않다. 힘에 대한 가치 판단은 그러므로 하나님과의 연관성 속에서 이루어져야 한다는 것이 슈바이커의 생각인 것이다.[71]

Ⅲ 하라리의 인간종의 진보론에 대한 신학적·윤리적 응답

1. 창조에 대한 서술 그리고 인간과 세계에 대한 규범적 통찰

앞에서 본 대로, 하라리는 과학과 종교 사이의 이분법적 분리를 경계하는데, 과학은 오직 현상에 대한 서술만을 그리고 종교는 규범 생산만을 감당해야 한다는 식으로 둘을 엄격하게 나누는 것에 대해 신중한 입장을 취한다. 아울러 "윤리적 판단과 사실적 진술을 분리하는 것"은 결코 쉬운 과제가 아님을 하라리는 인정한다.[72] 다만 종교적 신념이나 규범이 사실과 사실에 대한 서술에 기초할 수 있다는 가능성을 전적

71 위의 책, 78-79.
72 Yuval N. Harari, 『호모 데우스』, 271.

으로 부정하는 것은 아니지만, 그렇다고 서술에서 규범으로의 전환을 적극적으로 지지하거나 권장하지는 않는 것으로 보인다. 이 점에서 하라리는 그러한 전환을 '자연주의적 오류'로[73] 규정하고 비판하는 입장에 가까이 서 있다고 평가할 수 있다. '자연주의적 오류'론에 대한 동의는 규범을 오로지 세계 안에 이미 내재하는 존재론적 질서에서 찾음으로써 생길 수 있는 규범에 대한 결정론적 이해를 방지하는 데 유익하다고 볼 수 있는 반면, 서술에서 규범으로의 전환을 완전히 거부함으로써 과학과 종교혹은 과학과 신학 사이에서 발생할 수 있고 또 그렇게 되어야 할 규범적 차원에서의 상호작용과 협력의 가능성을 차단하거나 약화시킬 수 있다는 점을 지적해 두어야 하겠다. 이와 대비적으로, 서술에서 규범으로의 전환을 허용하는 대표적인 접근으로서 자연법 윤리를 생각할 수 있다. 이에 대한 기독교의 주요한 옹호자는 아퀴나스 Thomas Aquinas 이다. 자연법 윤리는 사실에서 규범으로의 전환을 규범 생산의 본질적 과정으로 인식한다. 이성을 통해 자연 혹은 인간의 본성을 들여다보고 숙고하여 무언가 존재하는 질서나 자연스러운 경향을 식별하고 서술한다. 그러한 질서나 경향을 자연법 원리로 규정하게 되는데, 자연법의 제1원리는 "선은 추구되어야 하고 악은 피해야 한다."는 것이다.[74] 이 원리는 그 자체로 자명한 것이기에 다른 설명이나 논증이 요구되지 않는다. 자연법 윤리의 틀 안에서, '서술'은 '규범' 진술의 근본적 토대가 된다. 자연법적 접근을 수용할 때, 과학과 종교가 인간의 목적에 관한 의미 추구나 인간의 행위와 삶을 규율하는 규범 탐색에 있어서 만날 수

---

73 제3장 각주 1)참조.
74 Thomas Aquinas, *Summa Theologiae*, I-II. 94. 2.

있는 지점은 그 빈도나 강도에서 증가하게 될 것이다.[75]

　　이를 신학적으로 표현한다면, 창조질서에 대한 서술이 규범의 원천이 된다. 다만 창조질서에 대한 창조신학적 이해와 해석 그리고 서술은 창조의 맥락에 국한되어서는 안 될 것이며, 기독론적·구원론적 관점도 존중하며 읽을 때 온전한 의미에 이를 수 있다는 점을 밝혀 두고자 한다. 이런 점에서, 몰트만의 창조에 대한 기독론적·구원론적 해석을 주목하여 볼 필요가 있겠다. 앞에서 살핀 대로, 창조자이시며 창조된 모든 것의 주권자이신 하나님이 '태초의 창조'에서 보여주신 존재와 행위의 모범은 '자기 제한'이다. 창조의 하나님은 자기를 낮추고 비우고 개방하고 나누심으로써 세계를 창조하신다는 것이다. 여기에 창조와 구원의 신학적·규범적 융합이 있다. 창조 안에 성육신적 자기 제한이 들어 있으며, 예수 그리스도의 자기 제한의 빛에서 창조와 창조의 전개는 규범적 방향성을 찾게 된다. 몰트만은 예수 그리스도의 십자가와 관련하여 무無로부터의 창조 곧 태초의 창조에 대한 기독론적·구원론적 해석을 내린다. 인간을 포함하여 온 피조세계를 무로부터 창조하신 하나님은 피조물의 죄악과 유한함에도 불구하고 전체 세계를 구원하기를 원하시며, 이 소원을 완수하시기 위해 예수 그리스도의 성육신과 사역 가운데 자기 자신을 '파괴하는 무'에 드러내신다. 특별히 십자가라는 절대적 유기遺棄의 상태 속에 성자 예수를 통해 성부 하나님이 죽음과 지옥에 던져짐으로써 하나님이 '무'속으로 곧 하나님 자신의 자기 제한으

---

[75] 김성원은 하라리의 호모 데우스론이 "종교를 픽션 스토리(fictional story)라고 단정적으로 전제하는 문제를 안고 있다."고 지적한다. 김성원에 따르면, "신에 대한 아이디어들 즉 완전, 영원, 불변, 무한은 픽션이 아니라 비질료적 실재들이다. 신의 절대적 속성인 완전, 영원, 불변은 픽션이 아니라 초월적인 실재들이다." 이러한 실재론적 이해는 서술과 규범의 관계성의 관점에서 둘 사이의 연관성을 뒷받침하고 강화하는 데 유익할 것이라고 필자는 판단한다. 김성원, "유발 하라리(Yuval Harari)의 "호모 데우스(Homo Deus)론"에 관한 분석 비평연구," 58-59.

로 이루어지고 또 거기로부터 세계를 창조한 바로서의 '무' 속으로 들어가신다. 이제 하나님은 그 무 곧 절대적으로 버림받은 상태를 신적 현재로 채우신다. 그 현재는 예수 그리스도의 성육신에서 확연하게 드러난 신적 자기 비움 안에서 자기 자신을 낮추고 희생하고 나누어주고 고난을 당하며 결국 죽음까지도 경험하는 바로서의 사랑의 현재인 것이다. 그러므로 십자가에 달린 예수 그리스도 안에 있는 하나님의 이 사랑의 현재는 영원한 삶을 모든 피조물에게 선사하며 피조세계를 궁극적 완성으로 이끌어 가신다.[76]

    이렇듯 몰트만은 창조질서에 대한 서술을 통해 인간과 세계에 대한 규범적 진실을 끌어낸다. 다시 말해, 창조에 대한 서술에서 구원론의 함의를 도출해냄으로써 인간과 세계의 완성에 대한 존재론적·규범적 논의를 심화한다. 이 지점에서 하라리가 몰트만과 비평적으로 소통한다면, 과학과 종교^{신학} 사이에서 전개될 수 있고 또 그렇게 되어야 하는 규범적 차원에서의 소통과 상호작용의 여지를 좀 더 넓혀갈 수 있을 것이라고 생각한다. 방법론적으로 인간과 세계에 대한 서술로부터 규범으로 전환될 수 있는 여지를 좀 더 넓게 허용할 수 있는 방향으로 숙고할 수 있는 계기가 될 수 있을 것이다. 또한 규범적 통찰의 생산이라는 관점에서 서술을 통한 현상이나 객관적 사태에 대한 진술에 머물지 않고 그러한 '서술'에서 인간과 세계가 나아가야 할 윤리적 방향성을 끌어냄으로써 그러한 현상과 사태를 결정론적으로 받아들이지 않고 대안적 진로를 모색·추구해 나가는 데 유의미한 기여를 할 것이다. 특별히 창조에서 구원론적 의미를 끌어내는 몰트만의 신학적 틀을 참고하

---

76   Jürgen Moltmann, 『창조 안에 계신 하느님: 생태학적 창조론』, 117-18.

며 생각한다면, 인간과 세계의 완성을 향한 바람직하고 유효한 진로를 좀 더 적극적으로 탐색할 수 있게 될 것이다.

2. 책임윤리를 통한 힘의 한계 설정

앞에서 살핀 대로, 하라리는 근대 계약을 기점으로 근대 이전과 이후를 가르면서 그 계약의 핵심 조건은 의미 대신 힘을 선택한 것이라는 점을 밝힌다. 근대 이전 인류는 신 앞에서 세계와 역사에 대한 의미를 찾고 그 의미를 구현하는 것을 삶과 문명의 이상으로 삼았다면, 근대 이후 인간과 인간 공동체는 힘의 추구를 지상 목적으로 삼고 힘의 확보와 극대화를 위해 혼신을 다하게 되었다는 것이다.[77] 여기서 하라리는 진보의 관점에서 인간과 문명이 서로 연결되어 있다는 점을 상정하면서, 이 둘을 연결하는 '진보'의 본질적인 속성으로서 힘에 대한 영속적 추구와 확장을 중시한다. 다시 말해, '힘'을 인간과 문명의 진보를 판단하고 평가하는 기준 혹은 척도로 여기는 것이다. 다만 힘의 추구와 사용의 규범적 방향성과 정당성에 대한 윤리적 숙고나 성찰에 대해서는 그리 큰 관심을 갖고 있지 않는 것으로 보인다. 인류의 생존과 인간 문명의 형성·전개를 위해 힘은 필요하다. 힘의 의미와 가치를 전적으로 부정해서는 안 될 것이다. 그러나 동시에 힘을 어떻게 추구하고 또 사용하는 것이 옳고 좋은 것인지에 대한 비평적인 윤리적 성찰과 평가를 소홀히 여겨서는 안 될 것이다. 이런 맥락에서 힘에 대한 슈바이커의 신학

---

[77] Yuval N. Harari, 『호모 데우스』, 280.

적 성찰을 살피는 것은 의미 있다고 할 것이다.

우리가 본 대로, 슈바이커에 따르면 현대 사회에서 인간과 문명의 의미를 결정하는 것은 힘이다. 힘은 가치의 척도이기도 하다. 그러므로 힘을 추구하고 확장하는 삶이야말로 의미 있는 삶이요 가치 있는 삶이 되는 것이다. 윤리적 '옳고 좋음'을 규정하는 것은 신이 아니다. 도덕적 규범이라는 것은 인간이 스스로 성취하고자 하는 목적을 위해 의도를 갖고 고안해 낸 결과물이며, 그러한 목적지향의 심층에는 힘에 대한 욕구가 강하게 작동하고 있다는 것이 슈바이커의 생각이다. 힘과 가치의 동일시를 관점으로 삼아 세상을 본다면, 힘을 더욱 강렬하게 추구하고 또 더 많이 확보하면 할수록 세상은 더 좋은 세상이 되는 것이라고 판단하게 될 것이다. 이러한 가치관과 세계관을 존중하는 인간은 힘을 키우고 또 키워 결국 확장된 힘을 통해 오직 인간의 목적을 달성하려고 할 것이다.[78] 앞에서 살핀 대로, 슈바이커에 따르면 기술과 기술을 통해 확보한 힘을 사용하여 인간 스스로 인류의 생존을 보장하고 인간 문명을 통합할 수 있다는 신념으로 무장한 바벨탑적 시도에 대해 하나님은 분명하게 판단하신다. 또한 슈바이커는 바벨탑과 아브라함을 대조함을 통해 바벨탑의 인간들과 그들의 문명에 대한 하나님의 심판의 의미를 좀 더 심도 있게 모색함을 보았다. 바벨탑의 인간들은 하나님이 아닌 자신들에게 고유한 목적을 수립하고 그 목적을 독자적으로 추구하고 달성할 수 있는 존재들이며, 이러한 목적·지향적 과정의 심층에 자리 잡고 있는 동기는 자기 영광에 대한 열망이다. 그러나 아브라함과 이스라엘은 바벨탑의 인간과 인간 공동체와는 전적으로 다르다. 하나님께 이

---

78   William Schweiker, 『포스트모던 시대의 기독교윤리』, 66-68.

름을 받은 아브라함과 이스라엘은 개인적 공동체적 실존을 위한 초월적 기반을 부여받게 된다. 여기서 바벨탑과 아브라함이스라엘이 근본적인 차이를 보이는데, 앞에서 본 대로, 전자는 스스로 힘의 주인이 되려 하고 또 사용하는 행위 자체에 초점을 둔다면 후자는 하나님이 부여하신 힘과 형성하는 '바른' 관계성을 본질적으로 중요한 것으로 여긴다.[79] 인간의 힘을 통한 가치 창조는 하나님과의 관계성 안에서 이루어져야 하며 인간의 힘에 한계를 설정하시고 '가치'의 측면에서 윤리적으로 인도하시고자 하는 하나님의 의도 안에서 이루어져야 한다는 것이다.

슈바이커는 인간과 문명의 현재와 미래는 가치중립적으로가 아니라 하나님의 통치혹은 하나님 나라와 연관해서 이해하고 해석해야 한다고 본다. 특별히 힘을 통한 가치 창조와 연관된 신적 의도와 통치를 예언자적 관점에서 논하면서 인간의 가능성과 기술의 힘이 정의와 인자의 구현에 기여하는 방향성을 존중해야 한다고 강조한다. 이러한 도덕적이고 종교적인 조망은 인간과 피조세계의 생명의 통전성을 존중하고 함양하기 위하여 힘의 근원이신 하나님을 의식하며 살아야 한다는 점을 내포하며, 유한한 존재로서 인간으로 하여금 그 본질적 유한성을 인정하게 만들며 탈유신론적 문화의 도덕적 한계를 현실적으로 바라볼 수 있도록 돕는다.

이런 맥락에서 힘을 인간과 문명의 진보를 평가하는 중요한 기

---

79 왕대일에 따르면, 하라리에게 역사는 "사람이 써 가는 자취"이며 "미래 역사의 방향을 결정하는 주체는 과학기술이 아니라 사피엔스라는 인류의 마음이다." 그리고 왕대일은 질문한다. "어떻게 이 마음을 바르게 할 수 있을까?" 이 질문에서 '바르게'에 주목할 필요가 있다. 역사의 진로(진보)가 인류의 마음에 달려 있다는 것이 하라리의 신념이라고 한다면, 하라리는 이 마음의 '바른' 작용에 대한 적절하고도 충분한 성찰의 여지를 두고 있는지 물어야 할 것이다. 왕대일, "유발 하라리의 『사피엔스』와 『호모 데우스』의 인간이해에 대한 해석학적 진단- 호모 사피엔스, 호모 데우스, 호모 렐리기오수스," 253.

준으로 삼는 하라리가 힘에 대한 종교적·윤리적 성찰과 논의에 좀 더 관심을 갖고 동참할 필요가 있다고 생각한다. 데이터교의 도래라는 결정적 계기로 현존 인간종이 쇠퇴하게 될 것이라는 묵시적 예언이 하라리의 최종적 의도는 아닐 것이다. 과학기술 문명이 인류에게 가져다준 괄목할 만한 힘에 취해 확대재생산에만 몰입해 있을 것이 아니라 인간됨의 본질을 냉철하게 돌아봐야 한다는 절박한 권고를 주고 있다고 볼 수 있다. 다만 하라리는 여전히 인간과 인간 문명에 대한 희망을 포기하지 않고 있으며 현존 인간종이 기술종교가 창출할 새로운 인간종^{우주적 데} ^{이터 처리 시스템}의 '칩'으로 전락하지 않고 주체성을 가지고 인간종의 진보를 지속해 나갈 수 있어야 한다는 발전적 방향성의 여지를 완전히 닫고 있지 않는 것으로 보인다. 이는 하라리에게 근거 없는 희망이나 방향 설정이 아니다. 우리가 본 대로, 근대 계약 안에서 의미 대신 힘을 선택한 인류는 힘에 대한 중단 없는 추구로 인한 부정적 결과들 곧 생태계 위기나 극심한 양극화와 같은 결과들로 인해 고통받기도 하지만 현존 인간종은 이러한 부정적 측면들을 그런대로 잘 극복해 가고 있다고 하라리는 긍정적으로 진단·평가한다. 인간에 대한 낙관적 희망의 근거는 무엇인가? 근대 계약과 인본주의에 대한 하라리의 논의의 빛에서 그 해답을 찾는다면, 크게 두 가지를 주목할 필요가 있다. 하라리에 따르면, 결핍을 채우고 더 소유하여 힘을 '영속적으로' 확장하고자 하는 인간과 인간 공동체의 역동 그리고 인본주의에 내포된 인간에 대한 근본적인 신뢰이다. 이것들이 충분하고 또 타당한 근거가 될 수 있는가? 신중한 비평적 성찰이 요구된다고 할 것이다. 무엇보다도 힘이 기준이자 가치가 될 수 있지만 유일한 기준이나 가치일 수 없고 또 그렇게 되어서도 안 될 것이며, 가치중립의 영역을 초월하는 지위를 부여받아 적절한 윤리적 판단과 평가의 영역으로부터 완전히 독립적인 성격을 띠어서도 안 될 것이다. 하라리가 힘만이 기준이요 가치라는 극단적 입장을 취하는 것은 아니지만 다른 기준이나 가치에 대한 진중한 논의와 힘에 대한 비평적 성찰을 좀 더 적극적으로 수행해 줄 것을 제안하고자 하는 것이다. 결핍과 위기를 힘의 영속적 추구를 통해 인간이 충분히 해결할 수 있다는 신념에 대해 엄중하게 진단·평가하고 또 바람직한 방향성을 제시할 수 있어야 할 것인데, 특별히 인간과 문명과 역사의 진로와 연관하여 윤리적으로^{규범적으로} 무엇이 옳고 좋은지 그리고 힘을 추구하는 인간을 전적으로 신뢰할 수 있는지에 대한 숙고와 토론이 철저하게 선행되어야 할 것이다. 슈바이커가 주목한 성서적 개념을 참고한다면, '정의와 인자'를 지향하는 힘의 추구와 사용이 되어야 할 것이며 주체로서의 인간이 힘에 종속되거나 힘을 신격화하지 않고 규범적 기준과 정당한 공적 목적을 존중하며 힘을 추구·사용할 수 있도록 해야 할 것이다. 특별히 힘이 인간과 문명의 진보를 판단하는 유일무이한 척도의 지위를 점하게 될 때, 힘을 중심으로 한 체계나 질서를 이상적인 것으로 규정하게 되고 위계적 구조 안에서 다양한 형태의 폭력이나 차별을 정당화하는 결과에 이를 수 있다는 점을 주의 깊게 살펴야 할 것이다.

3. 하나님의 도래를 통한 새로운 창조와 진보사관에 대한 대안

하라리의 역사 이해의 핵심은 진보다. 진보사관을 인간론에 적용한다면, 인간은 현존 인간종 곧 호모 사피엔스로서 영속적으로 존재해서는 안 되고 사피엔스를 넘어 새로운 인간종으로 변화되어야 한다. 다시 말해, 호모 사피엔스는 영원하지 않을 것이며 필연적으로 쇠퇴하고 사라진 이후 그 자리를 더 발전되고 진화된 다른 인간종이 채우게 될 것이다. 이것이 인간의 진보이며 진보한 인간이 주체가 되어 일구어갈 역사의 진보라는 것이 하라리의 생각이다. 호모 사피엔스로서의 인간 종에서 호모 데우스로서의 인간종으로의 변화·진보를 말하는데, '데우스'를 그 이름에 포함하고 있다고 해서 인간이 신과 동일하게 됨을 의미하는 것은 아니다. 그러나 호모 데우스는 호모 사피엔스와 연속성을 가지면서도 육체적으로나 정신적으로 보다 뛰어난 자질과 능력을 보유한 인간 유형이며, "[그리스 신화에 등장하는 신들처럼] 약점, 꼬인 구석, 한계를 가질 테지만 우리보다 훨씬 더 큰 차원에서 사랑하고 증오하고 파괴할 수 있[는]" 새로운 인류인 것이다.[80] 인간과 문명과 역사에 대한 하라리의 '진보'론은 인간 역사에 대한 반성적 숙고로부터 온 것이기도 하지만, 인간의 본질에 대한 존재론적 서술에 근거하고 있다. 인간 존재는 진보를 본성적으로 내포하기에, 호모 데우스도 마지막 인간종 곧 가장 발전된 형태의 인간종이 아니며 또 아니어야 한다. 호모 데우스보다 더 진화된 인간종의 출현은 인간에게 필연적인 것이다. 다만 진보에 대한 무비판적인 신뢰 안에 내포된 위험에 대해서는 신중한 비평적 숙고가 필요하다고 생각한다. 이러한 숙고에서 '진보'에 더 큰 가치를 설정함으로써 진보된 '미래'에 비해 이전 단계나 시기를 열등하게 볼 수 있다는 점, 진보가 전적으로 긍정적인 것만은 아닐 수 있고 부정적 양상이나 결과로 드러날 수 있다는 점 등을 주목할 필요가 있을 것이다. 하라리의 역사 이해에 대해 기독교는 어떤 비평적 성찰과 대안을

---

80   Yuval N. Harari, 『호모 데우스』, 74.

내놓을 수 있는가? 진보사관에 대한 대안이 될 만한 기독교 역사관의 대표적인 보기로서, 몰트만의 역사 이해를 생각해 볼 수 있다.

앞에서 본 대로, 몰트만에게 태초의 창조는 시간의 창조이다.[81] 시간은 본질적으로 변화를 내포하며 시간의 경험은 다름 아닌 변화의 경험이기에, 태초의 창조를 변화의 창조로 이해하는 것은 타당하다고 할 것이다. 따라서 하나님이 창조하신 세계는 자기 자신에 갇혀 머물러 있거나 결코 변화하지 않는 무언가가 아니라 시간의 흐름 속에서 변화할 수밖에 없는 존재로서 앞을 향해 열려 있다. 우리가 본 대로, 몰트만은 여기서 계속적 창조를 논한다. 신적 창조는 '태초에' 하나님이 행하신 창조로 종결되는 것이 아니다. 다시 말해, 하나님의 창조는 일회적이지 않고, 태초의 창조 이후에도 계속 이루어진다. 그야말로 계속적 창조이다. 다만 태초의 창조와는 분명하게 구분되는 점이 있는데, 태초의 창조는 무에서 유를 가져오는 창조라고 한다면 계속적 창조는 태초의 창조를 통해 존재하게 된 '유'로부터의 창조이다. '유'에서 '유'의 창조인 것이다. 계속적 창조는 구원론과 섭리론의 관점에서 두 가지 전망을 포함한다는 점을 보았다. 태초에 하나님이 창조하신 세계의 보존과 그 세계의 궁극적 완성을 위한 준비이다. '보존'과 '준비'를 계속적 창조의 관점에서 종합적으로 말해 본다면, 하나님은 지금 여기에서 하나님 나라를 불러일으키심으로 '새 하늘과 새 땅'을 향해 이 세계를 이끌어 가시며 그렇게 궁극적 완성을 향해 준비하심을 통해 태초의 창조로 시작된 세계를 보존하신다.[82] 이 지점에서 인간과 역사에 대한 진보 관념과 계

---

81   Jürgen Moltmann, 『창조 안에 계신 하느님: 생태학적 창조론』, 143-44.

82   위의 책, 251-52.

속적 창조가 본질적으로 또 결정적으로 구분되게 하는 중요한 신학적 요소가 있음을 지적해 두고자 한다. 계속적 창조는 본질적으로 종말론적 차원을 내포한다. 만일 역사와 세계에 대한 인식에서 종말과 종말에 있을 궁극적 완성에 대한 전망을 완전히 제거하고 계속적 창조를 역사 안으로 제한한다면, 계속적 창조에 대한 신학적 신념은 진화론적 역사 이해의 '진보'론과 크게 다를 바가 없는 것이 되고 말 것이다. 다시 말해, 역사 너머에 있을 종말론적 완성을 철저하게 부정하고 역사와 종말의 단절을 견지한다면, 유에서 '새로운 유'를 창조하는 것으로서의 계속적 창조를 통해 나타나는 새로움의 변화는 중단 없는 진보를 '운명'으로 강조하는 진화론적 진보사관과 강한 유비를 띠게 될 것이다. 이에 진화론적 진보와는 분명하게 구분되면서, 세계의 궁극적 완성을 향한 보존과 혁신 행위로서의 계속적 창조를 견지하기 위해 몰트만의 종말론적 이해를 주목할 필요가 있다.

우리가 본 대로, 몰트만에게 종말론은 전통적인 이해와 달리 '마지막'이 아니라 '시작'에 관한 신학적 담론이다. 예수 그리스도 안에서 예기적으로 선취된 종말론적 하나님 나라의 시작에 관한 교리인 것이다. 이러한 근본적인 종말론적 전제 안에서 몰트만은 일직선적 시간 개념의 한 시제로의 '미래'가 아니라 '도래'로서의 미래를 대안적 미래 개념으로 제시함을 보았다. 하나님의 미래는 종말론적 완성의 때로부터 이 세계 안으로 들어오시는 하나님의 '오심'^{도래} 안에 있다는 것이다. 여기서 도래로서의 미래는 일직선적 시간 개념의 마지막 시제인 미래와 미래에 있을 완성에 배타적으로 고정된 것이 아니라 역사와 종말을 포괄하여 모든 시간에 하나님 나라를 불러일으키시는 하나님의 '미래'의 능력이다. 다시 말해, 예수 그리스도의 삶과 십자가와 부활 안에서 예기적으로 선취된 종말론적 완성으로부터 오셔서 지금 여기에서 하나님 나라를 불러일으키심을 통해 '새 하늘과 새 땅'의 새로움으로 변화의 역사를 이루시는 하나님의 새 창조의 능력인 것이다. 하나님은 이러한 하나님 나라의 불러일으키심 안에서 인간과 세계와 역사를 궁극적 완성을 향해 이끌어 가신다.

　　진보에 대한 하라리의 역사적 안목과 확신이 인간 문명 발전의 중요한 동인이 된다는 점을 부정할 수 없을 것이나 진보에 대한 단편적 혹은 일방향적 신념에 내재된 위험을 식별할 필요가 있다고 필자는 생각하며, 몰트만의 역사와 종말 이해는 인간과 문명과 역사에 관한 하라리의 '진보'론에 대한 유효한 대안이 된다고 본다. 한편으로, 종말론적 새로움이 하나님 나라를 역사 안에서 불러일으키시는 신적 도래를 통해 그 도래가 발생하는 모든 시간과 공간에 차별 없이 이루어진다는 점에서 하라리식^차 '진보'에 내포된 진보의 질과 양에 따른 차별적인 우열의 평가·규정의 가능성을 차단할 수 있을 것이다. 다시 말해, 미래에 있을 발전된 양상에 초점을 둠으로써 '어제'와 '오늘'의 인간에 대한 가치 평가가 정당하게 이루어지지 않을 수 있다는 점을 소홀히 여겨서는 안 된다고 판단하며 신적 도래를 통한 하나님 나라의 '현재적' 실현이 종말론적 완성의 예기적 선취의 차원에서 '어제'와 '오늘'의 인간과 문명의 가치를 정당하게 인식·확보하는데 있어 중요한 계기로 작용할 것이라는 점을 밝혀 두고자 한다. 다른 한편으로, 종말에 있을 궁극적 완성에 대한 전망을 확고하게 견지함으로써 진보사관의 운명론적 '중단 없는 진보'와의 분명한 구분점을 확보하고 또 궁극적 완성과 역사내적 성취 사이의 본질적 차이^{간격}를 존중하면서 종말론적 완성의 빛에서 비평적으로 검토함으로써 역사내적 성취를 절대화하는 오류에 빠지지 않는

데 유익할 것이다. 하나님 나라의 현재적 구현의 여지를 열어두는 동시에 궁극적인 마지막 완성에 대한 믿음을 확고히 함으로써 역사내적 성취에 궁극적 의미를 부여하는 위험을 경계하는 데 이바지할 것으로 보는 것이다. 아울러 인류의 역사는 진보라는 것이 결코 전면적^{혹은 총체적}이지 않고 언제나 진보의 이면에 퇴보가 있어 왔다는 이중성을 증언한다는 점을 고려할 때, 종말론적 완성과 인간의 역사내적 성취 사이의 본질적 차이^{간격}에 대한 논지는 실증적으로 뒷받침될 수 있다고 본다.

Ⅳ 맺는 말

인간종의 변화^{혹은 진보}에 관한 간학문적^{특히 과학과 신학 간의} 논의와 연구에 유의미한 기여를 할 수 있기를 바라면서, 몇 가지 규범적·실천적 제안을 하고자 한다. 첫째, 서술과 규범 생산의 관점에서 과학과 신학 사이의 경직된 역할설정과 상호작용 이해를 지양해야 할 것이다. 과학은 서술의 기능을 그리고 신학은 의미와 규범 산출 기능을 배타적으로 수행한다는 식의 이분법적 이해를 경계해야 한다는 말이다. 한편으로 과학은 사실에 대한 관찰과 서술을 위해 힘쓸 뿐 아니라 완전한 가치중립을 넘어선 가치판단과 의미해석에 근거한 학문 활동을 전적으로 부정하지는 말 것을 제안하고자 하며, 다른 한편으로 신학은 사실에 대한 사실 밖으로부터의 평가와 해석과 판정만을 고유한 책무로 볼 것이 아니라 사실에 이미 내재해 있는 의미와 가치를 드러내는 서술의 역할도 중요함을 인식할 필요가 있다는 점을 밝혀 두고자 한다.

둘째, 인간종과 인간 문명의 변화^{혹은 진보}에 대한 해석·평가에 있어서 '힘'의 의미를 다원적으로 논할 필요가 있다. 힘의 보유 유무나 강도를 인간종과 문명의 발전을 평가하고 확정하는 유일무이하거나 우월적인 척도로 삼는 것에 대해 신중해야 할 것이다. 그렇게 볼 수 있지만 그것만이라고 해서는 안 된다는 말이다. 앞에서 본 대로, 힘만이 아니라 '가치에 대한 검토와 숙고'가 인간과 문명의 변화나 발전에 대한 판단에 있어서 중요한 요소가 되어야 한다는 주장에 유의해야 할 것이다. 신학적으로 말한다면, 인간종의 창조자이자 주관자이신 하나님의 의도에 대한 고려는 빼놓을 수 없는 요소가 되는 것이다.

셋째, 진보에 대한 신중하면서도 폭넓은 논의와 검토가 요구된다. 하라리는 '인간' 진화의 핵심 요인을 과학기술 문명의 진보에서 찾음으로써 인간론 논의의 지평을 확장했다고 볼 수 있다. 이 지점에서 기독교 신앙이 감당해야 할 중요한 역할을 찾는다. 하라리가 인간과 과학기술 문명을 긴밀하게 연결시키고 있기에, 새로운 인류^{인간종}를 향한 진보의 핵심적 요인인 과학기술의 의미와 목적에 대한 윤리적 성찰은 필수불가결한 과업이 될 것이며 기독교 신학과 윤리는 이 과업을 충실하게 수행해야 할 것이다. 특별히 하라리가 인간 문명의 본질적 특징을 힘의 추구와 지속적인 진보로 보고 있다는 점을 고려할 때, 인류가 추구하는 힘과 진보에 대한 신학적·윤리적 관점에서의 비평적 논의와 성찰 그리고 대안의 제시는 인간 공동체가 바벨탑의 오류에 빠지지 않고 참된 인간됨을 구현하는 문명을 이루어가는 데 필연적으로 요청되는 바라고 할 것이다.

제 6 장

리처드 도킨스의
과학주의적 · 진화론적
무신론 논증과
기독교적 반론 탐색

이 장은 다음의 문헌을 수정·보완한 것이다. 이 창호, "리처드 도킨스의 무신론 논증과 기독교적 반론 탐색: 김기석과 알리스터 맥그래스를 중심 으로," 『장신논단』 54-2 (2022), 67-101.

마이어 Stephen C. Meyer 는 과학혁명기를 기점으로 하여 기독교의 유신론 논증이 약화되었다고 진단한다.[1] 마이어는 유신론적 논증의 약화의 원인 가운데 중요한 한 가지를 지적하는데, 바로 과학과 종교 사이의 갈등 심화이다. 신다윈주의의 강력한 도전이 그 대표적인 보기이다. 심슨 George G. Simpson 은 "인간은 인간을 계획하지 않은 맹목적인 자연적 과정들의 결과"라는 점을 강조한다.[2] 이처럼 역사적으로 유신론적 논증의 약화의 흐름을 추적할 수 있지만, 현대적 상황은 다른 추세로 흐르고 있다는 점을 마이어는 지적한다. 유신론적 논증의 부활의 조짐이 강하게 감지된다는 것이다. 그 전환점은 신 가설 God Hypothesis 의 부활이다. 크게 두 가지 실례를 든다. 마이어에 따르면, 물리학과 생물학은 현대판 설계논증의 중요한 단서들을 제공한다. 먼저 "우주의 많은 우발적 특성들은 생명체의 존재를 가능하게 하기 위해서 섬세하게 균형 잡힌 것"처럼 보이는데, 물리학자들은 이를 인류적 일치라고 하고 이 일치들을 모두 수렴하는 것을 '인류적 미세조절' anthrophic fine-tuning 이라고 한다. 이러한 미세조절은 선재하는 지성에 의한 설계가 아니면 불가능하다는 주장인 것이다.[3] 다음으로 생물학적 지적 설계의 증거이다. 분자생물학의 획기적 발전으로 인해 DNA와 단백질에 새겨진 특정한 서열 정보의 기원에 대한 심각한 의문이 제기되었고 자연주의적 접근들이 이 의문에

---

1   Richard F. Carlson, ed., *Science & Christianity: Four Views*, 우종학 역,『현대과학과 기독교의 논쟁』(서울: 살림, 2003), 169.
2   George G. Simpson, *The Meaning of Evolution* (New Haven: Yale University Press, 1967), 344-45, Richard F. Carlson, ed.,『현대과학과 기독교의 논쟁』, 179에서 재인용.
3   Richard F. Carlson, ed.,『현대과학과 기독교의 논쟁』, 181-87.

대해 시원한 응답을 내놓지 못하고 있다는 점을 지적하면서, 지적 설계의 가능성을 강하게 제기한다. "DNA의 암호부위는 컴퓨터 코드나 언어구문이 갖는 것과 똑같은 '배열특정성'이나 '정보내용'을 갖는다. 비록 DNA가 자연적 언어나 '의미론적 정보', 즉 인간 대리인에게 주관적으로 의미를 주는 정보들의 특성 전부를 갖고 있지는 않지만, DNA는 총체적으로 선재하는 지성을 암시하는 바로 그 특성들을 갖고 있다."[4]

이렇듯 유신론적 논증과 그것에 대한 응답으로 이루어지는 논쟁은 짧지 않은 역사를 갖고 있다. 마이어가 지적한 바와 같이 신 가설의 부활로 유신론적 논증이 다시금 그 힘을 얻고 있다는 점을 주목할 필요가 있는 한편, 그것에 대한 무신론적 반대 논증의 흐름도 동시에 강하게 탐지되고 있다는 점 또한 간과해서는 안 될 것이다. 최근의 관련 담론의 지형에서 유신론적 논증에 대한 가장 강력한 반론의 목소리를 꼽으라면 도킨스Richard Dawkins를 들 수 있을 것이다. 『눈먼 시계공』The Blind Watchmaker, 『리처드 도킨스의 진화론 강의: 생명의 역사, 그 모든 의문에 답하다』Climbing Mount Improbable, 『만들어진 신』The God Delusion, 『이기적 유전자』The Selfish Gene 등을 통해 과학주의적·진화론적 무신론 논증을 확연하게 전개하고 있는데, 이를 통해 한편으로 과학의 지위와 역할을 궁극적 차원에 대한 논의와 탐구를 포함하여 고양시키고자 하며 다른 한편으로 신 가설의 무력화를 완수하고자 한다. 다만 도킨스에 대한 기독교의 응답혹은 반론 또한 만만치 않다. 국내외를 막론하고 도킨스에 대한 다양한 응답들이 있어 왔는데, 본 장에서는 나름대로의 분명한 논지와 이론을 토대로 하여 체계적·논리적 반론을 시도한 대표적인 학자들에 주목

4　위의 책, 206.

하며 도킨스와의 논쟁을 정리해 보고자 한다. 도킨스의 대화상대자로 본 장에서 다루려고 하는 학자들은 한국 신학자 김기석과 영국 신학자 맥그래스Alister E. McGrath이다.[5] 김기석과 맥그래스를 도킨스에 대한 기독교적 응답의 주요 논자로 삼고자 하는 것이다. 도킨스 무신론의 핵심 논점들을 본 장의 주된 논제로 삼고자 하는데, 종교의 본성에 대한 기본 이해와 종교의 윤리성, 신학적 신 논증과 과학적 신 논증, 자연선택을

---

5 주목할 만한 선행연구들이 있다. 먼저 도킨스의 종교 담론에 대한 종교철학적 탐구이다. 신재식은 "'종교적 문자주의'와 '과학적 문자주의'를 넘어서: 종교와 과학의 새로운 독법 모색을 위한 탐색"[『종교연구』 53 (2008.12), 27-62]에서 종교적 문자주의와 과학적 문자주의의 환원주의적 경향을 지적하는데, 후자의 대표적인 보기인 도킨스에 대해 비판적으로 고찰하고 '지식의 순환'을 모색할 것을 요청한다. 또한 "'유전자'와 '밈' 사이에서: 도킨스의 종교 담론"[『종교문화비평』 15 (2009), 223-54]에서 도킨스의 종교 이해와 비판을 논구하는데, 도킨스에게 종교는 다윈주의 진화 과정의 부산물이자 '밈 복합체'로서 모방이나 전염을 통해 전달·존속된다는 점, 도킨스의 종교 비판은 형이상학적 무신론자와 달리 과학을 근거로 하고 있으며 '밈'의 관점에서 종교의 교리나 제의를 성찰할 여지를 마련해 주고 있다는 점 등을 밝힌다. 박일준은 "도킨스의 종교 비판에 대한 종교철학적 고찰"[『인문학연구』 74 (2008), 297-327]에서 도킨스의 종교 비판이 종교성 자체에 대한 부정이 아니며 그의 비판에는 '종교'가 작용하고 있다고 주장한다. 또한 "이기주의와 이타주의 논쟁: 도킨스와 윌슨의 논쟁 - 사이의 관점에서"[『한국조직신학논총』 23 (2009), 215-48]에서 도킨스와 윌슨(David S. Wilson) 사이의 '생물학적' 이기주의/이타주의 논쟁을 '인문학적으로' 수용·소통할 수 있는 여지를 탐색하며 담론을 간학문적으로 확장하고자 한다. 철학적 탐구로서 장대익의 연구도 주목할 만하다. 장대익은 "도킨스 다시 읽기: 복제자, 행위자, 그리고 수혜자"[『철학사상』 25 (2007.10), 195-225]에서 '복제자'(replicator), '행위자'(agent), '수혜자'(beneficiary), '지향성'(intentionality) 등의 개념을 중심으로 도킨스의 과학사상을 철학적 담론으로 전개·심화하며 도킨스의 밈 이론을 철학적으로 성찰한다. 또한 "일반 복제자 이론: 유전자, 밈, 그리고 지향계"[『과학철학』 11 (2008), 1-33]에서 도킨스의 '복제자 관점'을 기반으로 하여 '일반 복제자 이론' 곧 '자연물과 인공물의 진화를 모두 설명하는 이론'을 제시하는데, 장대익은 이 이론이 과학의 '작동 방식 자체'뿐 아니라 종교를 과학적으로 이해하는 유효한 접근이라는 점을 밝힌다. 다음으로 도킨스의 무신론에 대한 신학적 비평을 모색한 연구들이다. 김성원은 "리차드 도킨스(Richard Dawkins)의 밈(meme)의 종교적 기능에 관한 분석비평 연구"[『종교연구』 51 (2008.6), 29-64]에서 밈 이론을 기반으로 하는 도킨스의 종교론의 타당성을 비평적으로 검토하며 밈 이론에 대한 '무신론적 해석'을 넘어서 '종교적 기능의 가능성'을 모색한다. 정기철은 "도킨스의 무신론에 대한 신학 변증"[『한국기독교신학논총』 64-1 (2009.7), 143-64]에서 도킨스는 '과학 무신론'의 전형적 보기임에도 그의 논증은 과학적이지 않다는 점을 밝히는데, 다만 그럴수록 '로고스의 중요성'을 견지해야 함을 역설한다. 박찬호는 "자연과학과 신학의 관계에 대한 맥그라스의 견해: 도킨스의 무신론적 진화론에 대한 비판을 중심으로"[『한국기독교신학논총』 67-1 (2010.1), 223-46]에서 도킨스의 진화론적 무신론("진화론은 무신론에 이르는 지적 고속도로"라는 입장)에 대한 맥그래스의 비판과 자연과학과 신학 사이의 관계성에 대한 맥그래스의 이해를 주된 논점으로 삼는다. 박종균은 "도킨스의 과학적 무신론에 대한 유신론적 답변"[『기독교사회윤리』 22 (2011), 103-33]에서 도킨스의 과학적·다윈주의적 무신론 입장에 대해 맥그래스와 스윈번(Richard Swinburne)을 중요하게 참고하며 유신론적으로 응답하는데, 특별히 '환원 불가능한 복잡성'을 주된 논점을 하여 그렇게 한다. 박영식은 "무신론의 도전과 신학적 응답"[『신학과 선교』 60 (2021), 39-68]에서 고전적 무신론과 과학적 무신론을 포괄적으로 다루고 신학적 응답을 모색하는데, 도킨스는 '과학주의 무신론'의 전형적인 보기로서 과학을 절대적으로 신봉하며 환원주의적 경향을 띤다는 점을 지적한다.

초점으로 하는 진화론적 무신론 등이다. 첫 번째 논제에 대해서는 김기석을 중심으로 그리고 두 번째와 세 번째에 대해서는 맥그래스를 중심으로 도킨스와의 비평적 대화를 모색할 것이다. 이들 논제들에 대한 탐구와 논의를 근거로 하여 종합적 비평과 제안을 하고자 하는데, 넓게는 과학과 신학 사이의 담론 그리고 좁게는 과학주의적·진화론적 무신론과 유신론적·신학적 접근 사이의 담론의 성숙에 이바지할 수 있기를 바란다.

I 종교와 종교의 윤리성 논쟁

1. 종교 이해

1) 유신론적 종교 vs. 도킨스의 종교

도킨스는 인류 역사에서 가장 뛰어난 과학자들이 남긴 종교적 언명들을 근거로 해서 그들이 유의미한 유신론적 신앙을 보유하고 있었다고 결론을 내리는 것에 대해 큰 거부감을 가진다. 그것이 사실이 아니라는 점을 애써 입증하려고 한다. 대표적인 보기가 아인슈타인 Albert Einstein 이다. 도킨스에 따르면, 아인슈타인의 신앙은 인격신에 대한 신앙고백을 본질로 삼는 유신론적 종교에의 헌신과는 거리는 멀다. 그가 남긴 종교적 말들은 인격적 관계 형성을 토대로 한 것들이 아니라 범신론적 종교 체험과 연관된 언명들이라는 주장인 것이다.

아인슈타인이 종교라는 개념을 사용하면서 자신의 종교적 경험에 대해서 언급하는 문장들을 검토하면 아인슈타인을 신앙 깊은 과학자로 규정하기를 좋아하는 사람들은 실망하게 될 것이라는 것이 도킨스의 판단이다. 그러면서 아인슈타인의 종교와 유신론적·초자연적 종교를 명확하게 구분해야 한다고 강조한다. 이를 입증하기 위해 도킨스는 아인슈타인의 한 문장을 인용하는데, 여기에도 옮겨본다. "나는 지극히 종교적인 불신자다. 이것은 다소 새로운 종류의 종교다. 나는 자연에 목적이나 목표 혹은 의인화라고 이해될 만한 것을 전혀 갖다붙인 적이 없다. 우리는 자연을 매우 불완전하게만 이해할 수 있고, 이는 생각하는 인간이 겸손으로 채워야 하는 장엄한 구조다. 그것은 신비주의와 아무런 관련이 없는, 진정으로 종교적인 감정이다. 인격신이라는 개념은 내게 아주 이질적이며 심지어 소박하게까지 보인다."[6]

아인슈타인은 이 문장에서 스스로를 '종교적인 불신자'로 인식한다. 종교적인 경험과 삶을 긍정하지만 신앙이 있는 사람으로서의 자기정체성을 부정하는 듯하다. 이어지는 말들에서 이러한 자기규정을 뒷받침하고 있음을 알 수 있다. 그에게 종교적 경험이란 자연을 이해하고 또 자연의 장엄함과 아름다움에 깊은 정서적 반응과 공감을 갖는 것이다. 이 경험은 인격신이 개입된 신비로운 종교 체험과 다른 것이며 그러기에 인격신이라는 개념이 자리 잡을 여지가 전혀 없다고 생각하는 것이다. 이런 맥락에서 도킨스는 역사상 가장 위대한 과학자 중 한 사람인 아인슈타인은 무신론자임을 공표하고자 하는 것이다.

---

6   Richard Dawkins, *The God Delusion*, 이한음 역, 『만들어진 신』 (서울: 김영사, 2006), 29.

2) 도킨스의 종교 이해에 대한 비판

　　김기석은 아인슈타인은 우주의 본성을 물리적 관점에서 논하며 신이라는 개념을 사용하곤 하였다는 사실 그리고 전자들이 원자핵 주위를 돌면서 특정한 위치를 점유하게 되는 것은 확률적 개연성에 의한 것이라는 양자역학의 결론을 부정하면서 하나님은 주사위 놀이를 하지 않으신다는 말을 남겼다는 사실을 밝히면서, 아인슈타인을 인용한다. "경험할 수 있는 무언가의 배후에 우리 마음이 파악할 수 없는 무언가가 있으며, 그 아름다움과 숭고함이 오직 간접적으로만 그리고 희미하게만 우리에게 도달한다고 느낄 때 그것이 바로 종교다. 그런 의미에서 나는 종교적이다."[7] 도킨스는 이 문장은 일반인들에게 오해를 불러일으킬 위험이 있다고 우려하며 파괴적인 결과를 가져다줄 것이라고 주장한다. 앞에서 언급한 대로, 아인슈타인과 같은 위대한 과학자의 이런 말이 유신론 종교의 인격신과 범신론적혹은 비유적 신을 혼동하게 하는 부정적인 결과에 이를 수 있다는 것이다. 합리적인 이해와 경험의 틀 안에서 살아가는 과학자들이 자연에서 신비로운 감동을 경험하는 것은 초자연적 인격신 경험과는 아무 상관도 없으며 질적으로 완전히 다른 것이라는 점을 강조하고 있는 것이다. 김기석도 도킨스의 이러한 생각을 적시하면서, 도대체 도킨스는 무슨 근거로 그러한 주장을 하는지에 대해 묻는다. 초자연적 경험과 인격신에 대한 신앙은 도킨스의 생각처럼 그렇게 불합리하고 어리석으며 도무지 받아들일 수 없는 것인가? 김기석의 응답을 들어보자. "이렇게 정교하게 조율된 질서를 보면서 우리는 우연

7　　김기석, 『종의 기원 vs 신의 기원』 (서울: 동연, 2009), 45.

한 행운의 표시로 해석하는 것이 옳은가? ⋯ 우리가 현실로 경험하고 있는 이 우주는 그저 법칙들의 우연한 일치 때문에 실현 가능한 무수한 우주들 중에 존속되고 있는 하나의 우주가 아니라, 창조주에 의해 창조되었기 때문에 이러한 방식으로 존속될 수 있다고 생각할 수도 있는 것이다. 창조주께서 이 우주가 이토록 결실 있는 역사를 이룰 수 있도록 그에 따른 알맞은 법칙들과 조건들을 부여하신 것으로 보는 관점은 우리에게 우주 안에 생명을 지닌 존재로서 일치감과 평안, 감사와 관용의 선물을 가져다준다."[8]

　　도킨스가 종교의 개념에 대한 일반적 논의에 있어서 그 개념적 지평을 너무 협소하게 설정한 것이 아닌가 하는 인상을 지울 수 없다. 종교적 신앙을 인격신에 대한 신앙고백 여부에 단선적으로 결부시키는 경향이나 자연을 통한 신비로운 정서적 체험을 종교 경험으로 일반화하는 것에 대해 과도한 거부감을 갖는 자세 등을 고려할 때 그렇다는 것이다. 또한 기독교 신앙과 신학의 종교에 대한 이해를 상당한 혐의를 가지고 보는 것에 대해 그리고 기독교의 이해의 역사에 대한 적절한 지식을 결㕀하고 있는 것이 아닌지에 대해 묻지 않을 수 없다.[9] 김기석도 이 점을 지적한다. "일부 자연과학자들은 과학이 발전되어 온 것을 잘 알면서 신학 역시 발전해 온 것을 잘 모르는 것 같다. ⋯ 일부 과학자들의 희망과 달리 신이라는 대상을 넓혀 온 신학자 중에 폴 틸리히라는 사람이 있는데, 그는 신을 표현하기를 '궁극적 실재ultimate reality'라

8　　위의 책, 51-52.

9　　김기석의 비판에는 신학과 신학자에 대한 도킨스의 단편적이고 환원주의적 판단의 경향도 포함된다고 할 것이다. 일례로, 도킨스는 신학자는 "사실적 증거에 관심이 없다."고 단정한다. Christopher Hitchens, Richard Dawkins, Sam Harris, and Daniel Dennett, *The Four Horsemen: The Conversation That Sparked an Atheist Revolution*, 김명주 역, 『신 없음의 과학: 세계적 사상가 4인의 신의 존재에 대한 탐구』(서울: 김영사, 2019), 44.

고 표현했다. 그리고 대상에 대한 인간의 참을 수 없는 지향을 '궁극적 관심'ultimate concern 이라고 했다. 우리가 자신의 귀한 것을 바쳐 추구하는 대상이 있다면 그것은 곧 종교적 영역에 포함될 수 있다는 말이다."[10] 궁극적 관심을 가지고 지향하는 대상을 궁극적 실재로 규정함으로써 신론 이해의 지평을 확장한 틸리히 Paul Tillich 의 기여를 언급하면서, 도킨스와 같이 과학주의의 관점에서 무신론을 강하게 입증하고자 하는 과학자들이 기독교 신학의 신과 종교에 대한 논의의 넓이와 깊이를 좀 더 존중해 주기를 바라는 기대 섞인 제안도 빼놓지 않는다. "우리는 신 혹은 궁극적 실재에 대한 이해에서 인종적이고 문화적인 한계가 깃든 단편적인 이해로부터 보다 보편적이고 포괄적인 이해로 진보되어 왔다."[11] 참된 종교적 이해와 경험을 추구하는 성숙한 신학은 인류 구성원들에게 허무와 절망의 요인으로 작용하는 것이 아니라 생명과 역사의 의미를 찾고 희망 가운데 삶과 역사가 진보해 가는 데 의미 있는 기여를 하고 있음을 밝힌다. "파라오 압제하에서 신음하는 히브리 백성들의 아우성을 듣고 야훼가 해방의 메시지를 보내어 응답했듯이 오늘날의 신학도 현재를 살아가는 인간들이 허무와 고통과 좌절에 대하여 삶의 의미와 위안과 희망의 메시지를 찾고자 부단히 노력해 왔다. 도킨스가 지난 1800년 동안 신학은 발전이 없었다고 말했지만, 모든 신학자가 공연히 밥만 축내는 자들은 아니다."[12]

도킨스의 종교 이해는 매우 협소하고 단편적이라는 김기석의 평가는 타당하다. 간종교적 담론을 언급하지 않고 기독교의 역사적 논의

10   김기석, 『종의 기원 vs 신의 기원』, 53.
11   위의 책, 55.
12   위의 책, 56.

에서만 보더라도, 인격신에 대한 인식과 경험과 신앙에 배타적으로 종교적 믿음을 근거 지우는 도킨스의 이해는 의도적이든 비의도적이든 단편에 치중하다가 전체를 왜곡하는 일종의 환원주의적 오류에 빠져 있다고 볼 수 있겠다. 칼뱅 Jean Calvin 은 하나님 인식에 있어서 구원적 인식과 자연적 인식을 구분하는데, 전자는 예수 그리스도의 말씀을 통한 하나님 인식의 길을 의미하는 한편 후자는 하나님이 창조하신 세계 안에서 하나님을 인식하고 경험할 수 있는 가능성을 내포한다.[13] 특별히 후자의 경우에서도 인격신에 대한 유신론적 인식과 경험의 여지를 찾을 수 있다는 점을 주목해야 할 것이다.

도킨스는 신 존재 증명과 같은 궁극적 과제도 과학의 영역에 맡겨두어야 하며 과학의 힘으로 논증의 과업을 수행할 수 있다는 신념을 견지하는데, 만일 과학이 그 과업에 실패한다면 인류는 신 존재를 논증할 수 없고 그리하여 '신 없음'이라는 사실을 받아들여야 할 것이라는 확신에까지 그 신념의 깊이는 심화된다. 이와 같은 배타적 신념에 철저한 도킨스가 신학혹은 종교의 영역에서 이루어지고 있는 영성, 신비, 초월, 인격신 신앙, 종교적 경험 등에 대한 다양하고 심도 있는 논의의 장에 참여하고 또 자신의 생각을 넓힐 수 있는 기회를 갖기를 바라는 김기석의 기대 섞인 요청에 대해 필자도 공감하는데, 도킨스의 강고한 무신론적 전제와 확신을 어떻게 누그러뜨리고 최소한 대화의 장으로 한 걸음 더 들어설 수 있게 할 것인지에 대한 논의가 발전적으로 전개되어야 할 것이다.

---

13   Jean Calvin, *Institutes of the Christian Religion*, ed. John T. McNeill and trans. Ford Lewis Battles (Philadelphia: The Westminster Press, 1960), I. 5. 1; I. 5. 10; I. 5. 15.

2. 종교의 윤리성

1) 도킨스의 기독교 윤리성 비판

도킨스의 무신론 논증에서 기독교의 윤리성에 대한 평가와 비판이 중요한 부분을 차지한다는 점을 주목할 필요가 있다. 도킨스는 유신론적 종교의 기초를 흔들어서 결국 근본적인 신뢰의 구조에 치명적인 타격을 주고자 하는데, 이러한 의도를 고려할 때 경전에서 신앙의 본질을 찾는 기독교와 같은 종교는 대단히 공격이 용이한 경우라고 도킨스는 생각한다. 특별히 구약성서에 드러나는 신의 모습은 도킨스에게는 기독교의 윤리성을 심각하게 문제 삼을 수 있는 이유가 된다. 그가 구약의 하나님을 어떻게 묘사하고 있는지 들어보자. "《구약성서》의 신은 모든 소설을 통틀어 가장 불쾌한 주인공이라고 할 수 있다. 시기하고 거만한 존재, 좀스럽고 불공평하고 용납을 모르는 지배욕을 지닌 존재, 복수심에 불타고 피에 굶주린 인종 청소자, 여성을 혐오하고 동성애를 증오하고 인종을 차별하고 유아를 살해하고 대량 학살을 자행하고 자식을 죽이고 전염병을 퍼뜨리고 과대망상증에 가학피학성 변태성욕에 변덕스럽고 심술궂은 난폭자로 나온다."[14] 도킨스의 이러한 묘사를 어떻게 받아들여야 할까? 강한 선입견이 작동한 지독한 오독이나 감정적 선동의 결과로 보아야 할까? 아니면 구약성서의 하나님에 대한 상당히 치우친 이해와 해석에 근거한 신神 묘사이지만, 그럼에도 구약내적으로 그러한 묘사가 나오게 만드는 근거가 전무하다고 볼 수는 없다는 평가를

---

14 Richard Dawkins, 『만들어진 신』, 50.

전적으로 부정할 수는 없는 것인가?

　　이 질문들에 어떻게 응답할 것인지에 대한 숙고도 중요하겠지만 도킨스는 구약성서의 신에 대한 윤리적 평가는 사정이 이러하기에 너무나 쉬운 표적이며 "그런 쉬운 표적을 공격하는 것은 불공평하다."고 주장하면서, 종교 비판의 다른 하나의 접근을 제안한다. 곧 유신론적 종교의 특정한 구체적인 인격이나 속성에 대한 공격이 아닌 다른 접근을 제시한다. "신 가설 God Hypothesis 은 가장 사랑받지 못하는 주인공인 야훼나 그의 상반되는 기독교적 얼굴인 '온유하고 부드럽고 온화한 예수'와 운명을 같이해서는 안 된다. … 야훼나 예수, 알라나 바알, 제우스, 오딘 같은 특정한 신의 구체적인 성격을 공격하려는 것이 아니다."[15] 인격신에 대한 신앙을 토대로 하는 유신론적 종교 내부에서 흘러나오는 신 존재와 창조 논증의 대안적 접근으로서 이른바 '설계 가설'이 종교의 입장에서 보면 '신의 구체적인 성격' 중심의 논증보다는 더 나은 접근이라고 평가하면서, 설계 가설의 개념의 틀 안에서 자신의 입장의 요지를 밝힌다. 기독교의 언어로 표현한다면 인간을 포함한 온 우주 만물을 인격신인 하나님이 말씀으로 창조했다는 창조론적 구도가 아니라 어떤 초자연적 초인적 지성이 특정한 의도를 가지고 설계하고 또 그 설계에 따라 우주와 그 안의 모든 것을 창조했다는 설계론적 구도가 더 설득력 있는 접근이라고 도킨스는 판단하는 듯하며, 설계 가설의 언어로 자신의 입장을 다음과 같이 진술한다. "무언가를 설계할 정도로 충분한 복잡성을 지닌 창조적 지성은 오직 확장되는 점진적 진화 과정의 최종 산물로 출현한 것이다."[16]

<hr>

[15]　위의 책, 51.

2) 도킨스의 윤리성 논지에 대한 반론

김기석은 『이기적 유전자』 등의 저작들에 나타나는 도킨스의 종교 비판의 요점을 네 가지로 정리한다. 첫째, "전통적인 유신론은 신비롭고 정교한 생명현상을 보면서 설계자인 신을 유추하게 하였지만, 다윈주의가 제공하는 설명은 그러한 설계자가 불필요하거나 불가능하게 만든다." 둘째, "종교는 증거가 아닌 신념에 근거하여 존속하는데, 이는 엄격한 증거에 토대를 둔 과학 정신과 상반된다. 진리는 신념에 의해서가 아니라 증거에 의해서 입증되어야 하며, 과학이 옳다면 종교는 폐기되어야 마땅하다." 셋째, "종교는 시대적, 문화적 편견에 사로잡혀 세계에 대해 빈약하고 제한적인 모습밖에 설명하지 못하는 반면, 과학이 설명하는 세계는 보편적이고 장엄하며 제한이 없다." 넷째, "종교는 결국 악에 이른다. 그것은 마치 악성 바이러스와 같이 인간의 마음을 전염시켜서 서로 미워하게 하고 전쟁을 일으켜 인류를 살상에 이르게 한다."[17]

앞의 두 가지는 과학적이고 뒤의 두 가지는 문화적·윤리적이다. 한편으로 종교는 설득력 있는 증거에 기초한 입증과는 거리가 멀기에 신뢰할 수 없으며 다윈주의 진화론의 과학적 틀을 가지고 세계와 생명의 시작을 합리적으로 설명할 수 있기에 종교의 창조론은 설 자리가 없다고 주장하는 것이며, 다른 한편으로 종교가 보편적인 인식론적·문화적 토대가 아닌 지극히 특수하고 편협한 토대 위에 서 있으며 이러한 토대와 연관된 배타적 신념과 삶의 방식에 대한 강조는 폭력이나 분쟁

---

16   위의 책.
17   김기석, 『종의 기원 vs 신의 기원』, 21-22.

과 같은 윤리적 악의 양산으로 이어진다고 보는 것이다. 특별히 후자의 관점과 연관하여 도킨스는 구약성서의 신의 비윤리성^{혹은 반윤리성}에 대해 혹독하게 평가하는데, 김기석은 그의 평가가 정당하지 못하다고 주장한다. 무엇보다도 구약성서의 신의 비윤리성에 관한 목록을 힘써 작성하고 또 인류가 저지른 악행들을 적시하는 과정에서 종교가 그러한 악의 근본 뿌리라고 강조하는 방향을 강화하다가 의도적이든 아니든 종교적 동기와 무관한 인류의 악, 어찌 보면 종교와 연관된 악의 결과들과는 비교할 수 없을 만큼 참혹한 악에 대해서는 침묵하고 있다는 점을 든다. 특별히 20세기뿐 아니라 인류 역사에서 가장 심각한 악이라고 최상급의 지위를 부여할 수 있는 히틀러와 스탈린의 악행에 대한 평가에 있어서 균형을 잃었다고 강조한다. "20세기는 인류에 의해 가장 끔찍한 대량학살이 그 어느 때보다도 많이 저질러진 시기였다. 그중에서도 가장 지독한 것은 히틀러와 스탈린에 의해 수행되었다. 히틀러에 의해서는 6백만 명 이상의 유대인과 집시 등 사회적 약자들이 희생되었고, 스탈린 치하에서는 대략 2-3천만 명이 목숨을 잃었다 한다. 이 악마적인 행위들은 과연 종교적 동기로 저질러졌는가? 종교가 완전히 무관하다고 할 수는 없지만 주요 동기는 명백히 다른 것에 있다. 양자 모두 공통적으로 전체주의를 수단으로 하였으나, 전자는 인종주의를, 후자는 공산주의라는 이데올로기를 동력으로 사용하였다. 이러한 상황 속에서 종교는 그 이데올로기에 동조하거나 반대함에 따라서 각각 지지, 혹은 탄압을 받았다. 하지만 어디까지나 종속변수였다."[18] 인류의 악행 목록에서 히틀러와 스탈린을 뺀 이유는 우연의 일치이거나 의도적 선택의

18　위의 책, 24-25.

결과였을 것이라고 김기석은 생각하는데, 후자에 무게중심을 둔다. 종교 비판에 우선순위를 두었기에 의도적으로 뺀 것이 아니냐 하는 것이다. 그러면서 인간의 불의와 악행을 제어하고 종식하는 것보다 종교를 끝장내는 데 과도하게 집중하고 있는 것이 아닌지 의문을 제기한다.[19]

　　종교에 대한 윤리적 비판에 있어서 도킨스가 보이는 편향성의 근본적인 원인으로서 김기석은 도킨스의 해석학적 역량의 결핍을 든다. 경전 종교인 이슬람이나 기독교와 같은 종교는 기본적으로 평화지향적인 종교이며 이러한 윤리적 주지를 해석적 초점으로 삼고 그들의 경전을 해석해야 하는데, 이러한 적절한 해석의 과정을 소홀히 여기고 있는 것이 아닌가 하는 것이다. "도킨스의 종교 비판은 해석학의 중요성을 간과하고 피상적으로 드러난 문제에 집착하는 문제를 안고 있다. 어떤 관점에서 텍스트를 읽을 것이며, 텍스트와 설화 너머에 자리한 컨텍스트를 우리는 가능한 한 재구성해서 텍스트를 읽어야 한다."[20] 김기석에게 해방자로 다가오는 여호와 하나님이 도킨스에게 극악한 폭력 행위자로 그려지는 것은 적절한 해석의 과정을 통해 뛰어넘어야 하는 '수천 년의 시간의 격차로 인한 컨텍스트의 거리' 때문이라는 것이다.[21] 그러므로 이러한 거리를 충분히 고려하지 않고 문자적으로 받아들이는 것은 과학자들이 고대 과학을 그러한 방식으로 받아들이는 것과 차이가 없다는 점을 지적하면서, 김기석은 "문자를 보지 말고 텍스트의 배후에 있었던 컨텍스트와 사건의 본질을 읽어야 한다."고 강조한다.[22]

19　위의 책, 25.
20　위의 책, 66-67.
21　위의 책, 82.
22　위의 책, 82-83.

도킨스의 비윤리성 논지에 대한 김기석의 반박은 정당하고 타당하다고 필자는 생각한다. 성서에 대한 해석학적 지평을 확장하고 방법론적 성숙을 꾀해야 한다는 지적도 적절하다고 판단한다.[23] 도킨스의 성서 읽기와 해석이 근본적으로 본문에 대한 객관적 읽기와 이해에 근거한 해석으로 전개해 간다는 의미에서의 '엑세게시스'exegesis가 아니라 해석자의 특정한 입장이나 관점 혹은 의도를 전제하고 본문이 그렇게 의미하도록 한다는 의미에서의 '에이세게시스'eisegesis에 경도되어 있다는 인상을 지울 수 없다.[24] 해석자로서 도킨스가 갖고 있는 특정한 입장이나 의도가 분명하고 또 확고하기에, 김기석이 지적한 바와 같이 나치즘이나 스탈린의 공산주의가 저지른 악행에 대해 침묵한 것은 어찌 보면 당연한 것인지도 모르겠다.

윤리적 관점에서 도킨스가 이토록 혹독하게 공격하는 것은 종교가 사라지면 인류의 악행도 사라질 것이라는 희망을 반영하는 것 같다는 인상을 지울 수 없으며 이러한 전략적 목표를 달성하기 위해 도킨스는 전선을 종교 대 과학 혹은 종교 대 지성으로 설정하고 전투를 벌이

---

23 알리스터 맥그래스와 조안나 맥그래스(Joanna C. McGrath)는 도킨스가 보기에 문제적인 구약성서의 본문들을 해석하기 위해 '외부적인 판단 기준'이 요청된다고 본 것은 정당하다고 평가할 수 있지만 그러한 기준이 존재한다는 점에 대해서 무지한 것 같다고 보는데, 그들에 따르면 그 기준은 "나사렛 예수의 삶과 가르침이다." Alister E. McGrath and Joanna C. McGrath, *The Dawkins Delusion?*, 전성민 역, 『도킨스의 망상: 만들어진 신이 외면한 진리』 (서울: 살림, 2007), 146.

24 다만 도킨스가 기독교의 성경과 같은 경전과 종교의 효용을 전적으로 부정한 것은 아니라는 점을 김성원은 지적한다. "도킨스는 신을 망상(The God Delusion)이라고 하였지만, 기독교 성서나 다른 경전을 교육의 현장에서 버려서는 안 된다는 흥미 있는 주장을 하였다[Richard Dawkins, *The God Delusion* (Boston: Houghton Mifflin Co., 2006), 344]. 종교의 가치를 전적으로 부정하는 입장은 아니라는 것으로 추측하게 한다. 도킨스는 열정적으로 무신론을 설파하고 종교의 비합리성을 주장하였다. 그러나 종교의 가치를 완전하게 부정하지 못하는 것은 종교문헌에 담겨있는 문화적이고 수사학적인 가치를 잃지 않기 위한 것으로 해석하는 경우도 있다. 신을 믿는 것은 포기할 수 있어도, 역사 속에 있는 값진 유산을 잃어버려서는 안 된다고 한 것에서 그러한 입장을 엿볼 수 있다[Richard Dawkins, *The God Delusion*, 344]. 역사 속에 있는 종교적 유산에서도 무엇인가 버릴 수 없는 것이 있다고 생각하는 것으로 해석한다." 김성원, "리차드 도킨스(Richard Dawkins)의 밈(meme)의 종교적 기능에 관한 분석비평 연구," 57.

고 있다는 것이 김기석의 판단이다. 도킨스의 이러한 생각과 전략적 선택은 타당한가? 원리적으로나 전략적으로나 도킨스는 실패의 진로를 가고 있는 것이 아닌지 의문을 제기하며 김기석은 대안적 관점을 제안하는데, 이를 주목할 만하다. "도킨스는 종교 자체를 너무 미워한 나머지 전선을 잘못 긋고 있다. 전선은 무신론자 대 유신론자가 아니라 극단주의자^{근본주의자} 대 온건주의자^{평화주의자}로 그어야 한다. 평화롭고 정의로운 미래 세계에 대한 꿈을 갖고 있고, 합리적인 이성과 판단력을 지닌 온건주의자들은 어떤 분야에 속해 있든지 연대해야 한다. 정치적·종교적·인종적·성차별적 편견에 기반한 극단주의와 근본주의자들의 반인도주의적 행태에 함께 대항하여 보다 선한 사회와 제도를 만들기 위한 온건주의 연대를 꾸려야 한다. 이 연대에는 과학자도 종교인도 함께 동참해야 한다."[25] 여기서 김기석은 도킨스를 향해 과학과 종교의 관계를 대립적^{적대적} 구도로 설정하고 쟁투할 것이 아니라[26] 인류와 지구 공동체에 위협의 요소가 되는 극단주의에 대해 과학과 종교가 협력할 수 있고 또 그렇게 해야 하는 관계성 구도를 정립할 것을 제안하고 있는 것이다.

---

25 김기석, 『종의 기원 vs 신의 기원』, 99.

26 맥그래스는 도킨스가 과학과 종교의 관계를 '전쟁'에 유비하며 적대적 관계로 보는 것은 도무지 받아들여질 수 없는 것이라고 강조하면서 무엇보다도 그러한 관계인식과 역사적 사실들 사이의 부조화를 그 중요한 이유로 제시한다. "과학과 종교가 영원히 전투 상태에 있다는 생각은 19세기 말에 높은 인기를 누렸는데, 이는 주로 사회학적 이유 때문이었다. 대중 매체에서는 과학과 종교가 전투 상태에 있다는 생각이 여전히 이어지고 있지만, 역사 속에서 과학과 종교가 주고받은 상호작용에 관한 우리 지식이 늘어나면서 학계에서는 이런 생각이 지지대를 잃어버렸다." Alister E. McGrath, *Surprised by Meaning: Science, Faith, and How We Make Sense of Things*, 박규태 역, 『우주의 의미를 찾아서: 맥그래스, 과학과 종교, 삶의 의미에 대해 말하다』 (서울: 새물결플러스, 2013), 74.

1. 기독교 신 논증에 대한 도킨스의 비판

1) 불가지론과 무신론의 상관성 논의

도킨스는 불가지론을 크게 두 가지로 구분한다. 먼저, TAP 곧 '실질상의 일시적 불가지론'Temporary Agnosticism in Practice 이다. 이것은 "이쪽 아니면 저쪽이라는 명확한 답이 실제로 있지만 아직 거기에 도달할 증거가 부족할 때또는 그 증거를 이해하지 못하고 있거나 증거를 살펴볼 시간이 없을 때 취하는, 합리적인 중도적 입장이다."[27] 고생대 말기 페름기에 발생한 대멸종에 대해서 취할 수 있는 합당한 불가지론이라고 할 수 있는데, 입증 가능한 진리가 존재하지만 당분간은 아니라는 의미에서 그렇다.[28] 다음으로, PAP 곧 '원리상의 영구적 불가지론'Permanent Agnosticism in Principle 이다. 여기에 속하는 불가지론은 "아무리 증거를 모은다 해도 증거라는 개념 자체를 적용할 수 없기에 답을 결코 얻을 수 없는 질문들에 알맞다."는 인식을 핵심적으로 내포한다.[29] 이러한 질문들은 증거를 가지고 입증하고 설명하기에 적합하지 않거나 그럴 수 없는 차원과 연관된 것들이다. 도킨스가 예시하는 질문이다. "당신과 내가 바라보는 빨강이 똑같은 빨강인

---

27 Richard Dawkins, 『만들어진 신』, 76.
28 위의 책, 76-77.
29 위의 책, 77.

가?"[30]

　　도킨스는 신의 존재라는 주제도 과학적 가설의 영역에서 탐구되고 논의되어야 한다고 주장한다. 그렇다면 불가지론의 형태의 관점에서 어떤 유형에 속하는가? 신의 존재-비존재 문제는 폐름기 논쟁에 부합되는 TAP 영역에서 논할 수 있다고 제안한다. "신의 존재나 비존재는 실질적으로는 아니라 해도 원칙적으로는 발견 가능한 우주에 관한 과학적 사실이다. 신이 존재하고 그것을 드러내기로 결심한다면, 신 스스로가 시끌벅적하고 명확하게 자신이 선호하는 논증의 결말을 지을 수 있을 것이다. 그리고 설령 신의 존재가 어떤 식으로든 확실하게 증명되거나 반증될 수 없다고 할지라도, 가용 증거와 추론을 통해 50퍼센트에서 먼 확률 추정 값을 얻을 수 있을지도 모른다."[31]

　　그러면서 '확률 스펙트럼'이라는 개념의 틀 안에서 강한 유신론자와 강한 무신론자를 양극단으로 하고 신의 존재에 관한 인간의 판단과 입장을 일곱 가지 가능성을 내포한 스펙트럼으로 제시한다. 여기에 옮겨본다. 첫째, "강한 유신론자. 신이 존재한다는 것을 100퍼센트 확신함. 카를 융 Carl Jung의 말을 빌리면, '나는 믿는 것이 아니라 아는 것이다.'" 둘째, "확률이 아주 높지만 100퍼센트는 아님. 사실상 유신론자. '나는 확실히는 알 수 없지만, 신을 굳게 믿으며 신이 있다는 가정 하에 산다.'" 셋째, "50퍼센트보다 높지만 아주 높지는 않음. 기술적으로는 불가지론자지만 유신론 쪽으로 기울어져 있음. '확신하지는 못하지만, 신이 있다고 믿고 싶다.'" 넷째, "정확히 50퍼센트. 철저하게 불편부당

30　위의 책.
31　위의 책, 80-81.

한 불가지론자. '신의 존재와 비존재는 확률상 똑같다.'" 다섯째, "50퍼
센트보다 낮지만 그리 낮지는 않음. 기술적으로는 불가지론자지만 무
신론 쪽으로 기울어져 있음. '신이 존재하는지는 모르겠지만 어쨌든 그
존재에 회의적인 쪽이다.'" 여섯째, "아주 낮은 확률이지만, 0은 아님.
사실상 무신론자. '확실히 알 수는 없지만, 신이 있을 것 같지 않다고 생
각하고 신이 없다는 가정 하에 산다.'" 일곱째, "강한 무신론자. '융이 신
이 있다는 것을 '안다'고 확신한 것만큼 나는 신이 없다는 것을 안
다.'"[32]

　　도킨스는 자신은 기본적으로 6에 속하지만 7을 향하여 큰 걸음
을 내딛고 있다고 고백하면서, 7에 비하면 1에 속한 이들은 상당히 많
다고 밝힌다.[33] 융 같은 유신론자들은 이유가 없어도 믿음을 갖는 강한
신앙의 사람이라고 규정하는데, 이들에게 신에 대한 가지可知는 신신信神
의 조건이 아니며 또 아니어도 된다. 믿기에 신이 존재하는 것이다. 그
에 비하면 6이나 7에 속한 이들에게 '가지'는 '신신'의 필수적 전제 조
건이 된다. 그러므로 '불가지'는 '무신' 혹은 불신으로 귀결될 수밖에 없
다는 것이다. 신에 대한 불가지론자이기에 무신론자인 이들이 유신론
적 신앙에 들어가기 위해서는 신에 대한 앎, 특별히 이성적으로 인지할
수 있도록 객관적 증거를 통해 입증된 앎이 필연적으로 있어야 한다. 이
것이 없다면, 이들은 영원히 무신론자로 남을 것이다. 우리는 "나는 정
원 밑의 요정에 대해서만큼 신에 대해서도 불가지론자다."[34]라고 공언
하는 도킨스가 그가 원하는 방식으로 신에 대한 앎에 이를 수 있도록

32　위의 책, 81-82.
33　위의 책, 82.
34　위의 책.

도와야 하는가? 아니면 도킨스에게 유신론자들의 신앙적 인식의 틀을 받아들일 수 있도록 치열하게 싸우고 또 설득해야 하는 것인가? 혹은 제3의 길은 가능한가?

2) NOMA와 과학의 종교로부터의 독립

도킨스는 굴드Stephen J. Gould를 인용하면서 신에 대한 과학적 논증의 거부를 비판한다. 먼저, 굴드의 문장이다. "나의 모든 동료들을 위해, 그리고 수없이 반복해야 할 테니 대학의 자유 토론 시간에서부터 학술 논문에 이르기까지 말해 두자. 과학은 (과학의 합리적인 방법들을 통해서는) 신의 자연 관리 가능성이라는 문제에 아예 판결을 내릴 수가 없다. 우리는 그것을 입증할 수도, 부정할 수도 없다. 과학자로서 우리는 그것에 관해 아예 논평할 수가 없다."[35] 굴드의 이 주장에 대해 도킨스는 정당화될 수 없다고 평가하며, 과학자는 신에 대해 입증하거나 부정할 수도 있고 또 논평할 수도 있다는 자신의 생각을 피력한다.[36]

도킨스의 이러한 생각은 굴드의 '겹치지 않는 교도권' nonoverlapping magisteria, NOMA 개념에 대해 논하면서도 드러난다. 도킨스는 굴드의 『시대의 반석들』에 나오는 문장을 옮긴다. "과학의 그물, 즉 교도권은 경험 세계를 덮고 있다. 그것은 우주는 무엇으로 이루어져 있으며사실 왜 이런 식으로 작동하는가이론를 다룬다. 종교의 교도권은 궁극적인 의미와 도덕적 가치 문제들을 포괄한다. 이 두 교도권은 겹치지 않을뿐더러, 모

---

35 위의 책, 89.
36 위의 책, 88-89.

든 의문을 포괄하는 것도 아니다_{예를 들어 아름다움의 의미에 관한 교도권을 생각해보라}. 진부한 표현을 쓴다면 과학은 암석의 시대를 다루고 종교는 시대의 반석을 다룬다. 과학은 천체가 어떻게 움직이는지 연구하고 종교는 천국에 가는 법을 연구한다."[37] NOMA는 과학과 종교는 기본적으로 별개의 영역 곧 철저하게 분리된 영역들이라는 인식을 반영한다. 그러므로 상대 영역에 관여해서는 안 되는 것이며, 그러기에 관여한다 해도 그 영역을 이해할 수도 설명할 수도 없다고 보는 것이다. 특별히 시원적 존재에 대한 물음, 신이나 구원 혹은 영생과 같은 궁극에 관련된 물음들은 과학이 아니라 신학이나 철학에 맡겨야 한다는 것이다. 도킨스는 NOMA의 기본 전제에 대해 비판적이다. 신학이 어떤 의미의 영역에서 과학이 범접할 수 없는 탐구의 역량과 권한을 보유하고 있다는 것인지에 대해 심각하게 의문을 제기한다.[38] 궁극적인 질문들에 대해서도 과학이 연구하고 논할 수 있고 또 그렇게 해야 한다는 도전인 것이다.[39]

3) 기독교 신 존재 증명에 대한 도킨스의 비판: 아퀴나스의 논증을 중심으로

도킨스는 아퀴나스^{Thomas Aquinas}의 신 존재 증명을 소개하고 또 반박한다. 아퀴나스의 논증은 아무것도 증명하지 못했고 또 공허하다는 것이 그의 평가이다. 그야말로 '무한회귀'일 뿐이라는 것이다. 도킨스가 정리한 아퀴나스 논증을 옮기고 또 도킨스의 반박을 정리해 보자. 다섯

---

37 위의 책, 89-90.
38 위의 책, 90.
39 위의 책, 97-98.

가지 중 세 가지를 한 묶음으로 하고 나머지 두 가지를 각각 다룬다.

첫째, "부동의 원동자. 그 어느 것도 선행 원동자 없이는 움직이지 않는다. 이것은 회귀로 이어지며, 회귀로부터의 유일한 탈출구는 신이다. 무언가가 최초의 움직임을 일으켜야 하며, 우리는 그 무언가를 신이라 부른다." 둘째, "원인 없는 원인. 자체가 원인인 것은 없다. 모든 결과에는 그보다 앞선 원인이 있으며, 여기서도 우리는 회귀의 압박을 받는다. 그것은 최초의 원인을 통해 종식되어야 하며, 우리는 그것을 신이라고 부른다." 셋째, "우주론적 논증. 그 어떤 물체도 존재하지 않던 때가 있었다는 것은 분명하다. 하지만 지금은 물체들이 존재하므로 그것들을 출현시킨 비물리적인 무언가가 있었던 것이 분명하며, 우리는 그것을 신이라고 부른다."[40] 도킨스의 반박의 요지는 앞에서도 잠깐 언급했듯이 아퀴나스는 회귀 논리의 함정에 빠져 있다는 것이다. 세 가지 논증을 논리적으로 생각하면 원동자, 원인 없는 원인 그리고 최초의 물질에 대한 추구는 끝이 없이 계속될 수밖에 없는 것인데, 아퀴나스는 논리를 벗어나혹은 뛰어넘어 '독단적으로' 회귀를 끝낼 누군가를 상정하고 그 누군가에게 신이라는 이름을 주었다는 것이다. 이어지는 비판이 더 신랄하다. "단순히 이름이 필요하다는 이유로 거기에 이름을 붙이는 수상쩍은 사치를 부린다고 하더라도, 그 종식자에게 일반적인 신의 속성들을 부여할 이유는 전혀 없다. 전능, 전지, 덕, 창조적인 설계도 그렇고, 기도자의 말에 귀를 기울이고 죄를 용서하고 가장 내밀한 생각을 읽는 등의 인간적인 속성들은 말할 것도 없다."[41]

---

40 위의 책, 122-23.
41 위의 책, 123.

아퀴나스의 네 번째 논증은 '정도 논증'이다. 도킨스의 서술을 먼저 옮긴다. "우리는 사물들이 서로 다르다는 것을 안다. 말하자면 선이나 완벽성 같은 것에 정도의 차이가 있다. 하지만 우리는 최대값과 비교해야만 그 정도를 판단할 수 있다. 인간은 선하면서도 악할 수 있으므로, 최대 선은 우리 안에 있을 수가 없다. 따라서 완벽성의 기준이 될 다른 어떤 최대값이 있어야 하며, 우리는 그 최대값을 신이라고 한다."[42] 앞에서와 마찬가지로 도킨스의 비판은 신랄하다. 이런 식의 논증은 도무지 논증이라고 할 수 없다는 것이다. 냉소의 기운을 가득 담아 도킨스는 아퀴나스의 논증을 평가절하한다. "이것이 논증이란 말인가? 그렇다면 우리는 이런 말을 할 수 있을 것이다. 사람들은 저마다 냄새가 다르지만, 우리는 상상할 수 있는 완벽한 최대 냄새를 참조해야만 서로의 냄새를 비교할 수 있다. 따라서 비할 수 없을 만큼 냄새를 풍기는 사람이 있을 것이고, 우리는 그를 신이라고 부른다고. 비교할 특성을 다른 것으로 바꾸어도, 마찬가지로 아둔한 결론이 도출된다."[43]

마지막으로 '목적론적 논증 또는 설계 논증'이다. "세계의 사물들, 특히 살아 있는 것들은 마치 설계된 듯이 보인다. 우리가 아는 것 중에 설계되지 않았으면서도 설계된 듯이 보이는 것은 전혀 없다. 따라서 설계자가 있는 것이 분명하며, 우리는 그를 신이라고 부른다."[44] 이에 대한 반박은 진화론의 핵심 논리이다. "설계되지 않았으면서 설계된 듯이 보이는 것은 없다는 말"은 진화론을 완전히 오독한 것이라고 전제하면서, 도킨스는 "자연선택을 통한 진화는 복잡성과 우아함을 경이로운

---

42   위의 책, 125.

43   위의 책.

44   위의 책.

수준으로 올려놓음으로써 설계되지 않은 것도 설계된 것처럼 보이게 한다."는 자신의 핵심 입장을 강하게 피력한다.[45]

2. 도킨스의 과학적 신 논증에 대한 반론

생명과 우주를 설명하는 데 있어 신이 불필요할 뿐 아니라 신은 없다는 신념을 견지하는 도킨스에 대해 어떻게 반론을 펼 수 있는가? 맥그래스는 도킨스의 무신론과 기독교 신 논증에 대한 비판에 가능한 반론을 제시하는데, 크게 두 가지로 정리해서 살펴보고자 한다.

먼저, "일반적 수준에서 보자면, 대부분의 과학적 방법들은 신 가설을 판정할 수 있는 위치에 있지 않다[부정적이건, 긍정적이건]."[46] 신 존재 문제 등을 탐구함에 있어 과학을 전적으로 배제하는 것도 적절치 못하다고 보아야 하겠지만, 과학이 그러한 탐구에서 결정적 지위를 가지고 있다고 주장하는 것도 경계해야 할 것이다. 후자의 관점에서 "과학적 방법이 신 존재를 증명 혹은 반증할 수 있다고 믿는 사람들은 그 정당한 한계 범위를 넘어서까지 과학을 사용하는 남용을 저지르고 있[다]"고 맥그래스는 우려하며, 그러한 남용이 과학에 대한 불신이나 불신임으로 귀결될 것이라고 경고한다.[47] 게놈 프로젝트의 수장이었던 콜린스[Francis S. Collins] 같은 생물학자는 자연과학이 신앙에 기여하는 정보나 근거를 제공할 수 있다고 생각하는 반면, 굴드와 같은 이는 자연과학의 발견이나

---

45   위의 책, 126.
46   Alister E. McGrath, *Dawkins' God*, 김태완 역, 『도킨스의 신』 (서울: SFC 출판부, 2007), 106.
47   위의 책, 107.

이론들이 유신론적 신앙에 부정적 영향을 미칠 가능성이 높다고 본다. 맥그래스는 이 두 입장 모두 증명된 것이 아니라고 밝히면서, 신 존재 증명 등의 문제를 해결하기 위해서는 과학이 아닌 다른 토대를 반드시 모색해야 한다고 강조한다.[48]

맥그래스가 지적한 대로, 도킨스는 '과학적 방법'이 적절하게 또 충분히 적용되지 않으면 '인식론적 혼란'epistemological anarchy에 빠질 것이며 과학적 방법을 배제한다면 우리의 모든 지적 탐구의 결론은 단순히 개인적이며 주관적인 의견에 불과하다고 생각하는데 이는 타당치 않다.[49] 도킨스의 이러한 전제의 이면에는 과학이 신의 존재를 증명하거나 반증하는 데 실패한다면 신에 대해서 우리는 아무 것도 말할 수 없고 또 그렇게 해서도 안 된다는 생각이 깔려 있다. 이것은 그야말로 과학에 대한 맹신이 아닌가. 과학을 통해서가 아니라면 인간은 그 어떤 실재에 대한 존재론적·인식론적 탐구를 할 수도 없고 또 해서도 안 된다는 말인가. 과학이 못한다면, 다른 토대 위에서 우리는 신의 문제에 대한 해결을 추구해야 한다는 것이 맥그래스의 주장이다. "물론, 이 문제가 없는 척 피해갈 수는 없다. 이 문제에 진실로 답하기 원한다면, 이 주제를 더 이상 '순전히 개인적인 취향'의 문제로 보아서는 안 되며, 이 주제에 적절하게 적용 가능한 판단 기준을 사용하는 합리적이고 법칙적인 논증을 통해 풀어나가야 한다. 그러므로 이 문제는 임의적이거나 변덕스러운 문제가 아니며, 이 논쟁에 관여하고 있는 모든 입장의 사람들이 무신론, 유신론 혹은 기독교인 사용 가능한 증거를 통해 '최선의 설명'을 제공하

---

48   위의 책, 107-108.
49   위의 책, 111-12.

고자 하는 지적 완전성 intellectual integrity 의 문제이다. 이것이 과학의 기본 철학이다. 이 원리는 도킨스가 무시한다고 해서 없어지는 그런 것이 결코 아니다."[50] 다시 말하지만, 과학적 방법으로 검증되지 않으면 모든 답은 타당성과 정당성을 획득하지 못한 것이고 또 결국 합리성을 확보하지 못하게 될 것이라는 생각은 대단히 폐쇄적이고 독단적인 것이라고 할 것이다.[51] 이러한 비평적 평가를 수용한다면, 다른 입증의 방법과 논증을 위한 다른 기준을 모색해야 한다고 맥그래스는 강조하고 있는 것이다. 요컨대, "과학적 방법들이 이 논쟁에 몇 가지 중요한 공헌을 할수는 있을지는 모르겠지만, 과학적 방법만 가지고서는 신 문제를 궁극적으로 결정할 수는 없다는 것이다."[52]

다음으로, "도킨스의 주장은 진화 과정 속에서 설명인 explanatory agent 으로서 신이 나타날 필요가 없다는 결론을 도출시키고 있다. 그러나 이 결론은 세계에 대한 다양한 입장들인 유신론, 불가지론, 그리고 기독교적 입장과도 사실 모순이 없다. 그런데도 도킨스의 결론은 이 세 가지 입장 중 그 어떤 것도 필연적으로 도출시키지 못한다."[53] 맥그래스는 아퀴나스가 신과 세계의 관계를 입증하는 중요한 논증의 틀을 만들어냈다고 평가하면서, 그의 기본적인 논증을 요약한다. "신은 모든 것

---

50 위의 책, 112.

51 김기석은 도킨스는 "물질만이 유일한 존재의 근원이며 과학을 통해서만 진리를 파악할 수 있다."고 믿는 '과학적 유물론이나 유물론적 환원론'을 대표하는 학자라고 밝히면서, 도킨스가 '과학적 우월감'에 사로잡혀 있다고 비판한다. "그는 모든 생명 현상의 본질을 단지 맹목적인 자기복제자의 번식 현상으로 파악하는 유전자 환원주의[Richard Dawkins, *The Selfish Gene* (New York: Oxford University Press, 1989)]와 종교의 신 개념조차도 다원주의적 분석에 입각해 그저 '하나의 망상'으로 규정하는 인식론적 과학제국주의의 모습을 잘 드러내고 있다[Richard Dawkins, *The God Delusion* (New York: Bantam Press, 2006)]." 김기석, 『신학자의 과학 산책: 과학과 신학의 경계를 걷다』 (서울: 새물결플러스, 2018), 191.

52 Alister E. McGrath, 『도킨스의 신』, 114.

53 위의 책, 107.

들의 원인이다. 그러나 신의 원인성은 다양한 방법들을 통해 작동한다. 신이 어떤 것을 직접적으로 할 수도 있고, 자신이 창조한 질서 속에 그 원인의 힘을 위임시킬 수도 있다. 아퀴나스는 두 번째 원인성 개념이 신 자신이 최초 원인이라는 개념과 다른 개념이 아니라 그에 대한 연장 개념이라고 생각했다. 그러므로 이 개념을 사용하게 되면, 창조된 질서 속에 있는 사건들이 최종 원인으로써의 신에 대한 궁극적 의존을 부정하지 않고서도 복잡한 인과관계들 속에 존재할 수 있게 된다."[54] 이러한 사고의 틀을 유효한 것으로 받아들인다면, 신에 의해 창조된 세계의 질서는 과학적 방법을 적용하여 밝혀내고 설명할 수 있는 어떤 인과관계를 내포하고 있다고 볼 수 있으며 그리하여 세계내적 존재들 안에서의 인과관계를 밝히고 논증하는 데 있어 반드시 무신론적 세계관을 전제하지 않아도 된다는 것이 맥그래스의 생각이다.[55] 요컨대, "신은 세계를 창조할 때 그 세계를 움직이는 질서와 과정을 함께 창조했다."[56]

    아퀴나스의 신 논증에는 장점이 있지만 단점도 있다고 맥그래스는 지적한다. 한편으로, 장점은 세계를 인과론의 관점에서 탐구함으로써 이후 과학의 발전에 기여했다는 것이다. 다른 한편으로, 단점은 세계가 자체적으로 존재와 작동의 메커니즘을 보유하고 있다면 세계를 설명하는 데 있어서 신을 반드시 상정하지 않아도 된다는 결론에 이를 수

---

54 위의 책, 118-19.

55 맥그래스는 아퀴나스 논증의 기본 방향성은 "이 세상은 신을 세상의 창조자로 반영한다는 것"이라는 점을 밝히면서 아퀴나스는 "신의 존재를 입증하는 '증거들'"에 대해 말하려고 했던 것은 아니라고 강조한다. 이런 점을 고려할 때 도킨스는 오류에 빠져 있다고 맥그래스는 판단한다. "도킨스는 믿음과 관찰의 정합성에 대한 귀납적 논증을 믿음에 대한 연역적 증명으로 잘못 이해하고 있다. 이는 이 분야의 비전문가에게는 용인될 수 있을 정도의 실수인 점을 감안하더라도 매우 심각한 수준의 오류에 해당되는 것이다." Alister E. McGrath and Joanna C. McGrath, 『도킨스의 망상: 만들어진 신이 외면한 진리』, 40-41.

56 Alister E. McGrath, 『도킨스의 신』, 119.

있다는 것이다.[57] 예를 들어, '행성의 궤도'를 설명하기 위해, 꼭 신의 개념을 전제하거나 활용하지 않아도 된다는 말이다.[58] "[도킨스]의 결론은 신이 불필요하다는 것이다. 관측된 데이터는 신적 작인agency, 作人에 호소할 필요 없이 설명 가능하다는 것이다."[59] 그러나 도킨스의 생각을 일정 부분 긍정한다고 하더라도, 신 가설이 유용하다는 것을 전적으로 부정해야 하는가. 다시 말해, 신이 설명 가설로서 전적으로 무용하다는 결론에 이르러야 하느냐는 것이다. 과학자들, 특히 기독교인 과학자들은 신 가설이 우리가 사는 세계를 이해하고 설명하는 데 유용한 통찰을 제공해 주고 있다는 현실을 소홀히 여겨서는 안 될 것이라는 맥그래스의 주장은 주목할 만하다.[60]

　　다윈과 그를 추종하는 다윈주의자들은 필연적으로 기독교의 유신론적 신앙을 거부할 수밖에 없는 것인가? 맥그래스가 제안하는 대로, 다윈이 거부한 것은 전통적인 기독교의 신 개념이지, 그것을 근거로 그가 무신론자였다고 단정하는 것은 신중해야 할 것이다. 여기서 무신론과 불가지론을 구분할 필요가 있겠다. 다윈은 무신론의 자리에 서 있는 것이 아니라, 불가지론 곧 '부적절한 증거에 토대를 두고 신 문제를 결정하는 것에 대한 원칙적 거부' 입장에 서 있다고 보아야 할 것이다.[61] 이 개념을 창안한 헉슬리Thomas H. Huxley는 종교에 관해 긍정이든 부정이든 결정주의적으로 단정하는 사람들이나 시도들에 대해 대단히 비판적이었다는 점과 본질상 과학은 불가지론적이며 그래서 과학은 신의 문

57　위의 책, 119-20.
58　위의 책, 118-19.
59　위의 책, 120.
60　위의 책, 121.
61　위의 책, 147.

제를 그대로 두어야 한다고 강조한 점을 맥그래스는 밝힌다.[62] 다윈의 생각도 헉슬리의 그것에 가깝다는 것을 드러내 주는 다윈의 문장을 주목할 만하다. 1879년 그의 자서전에 기술하고자 고민했던 바를 여기에 옮긴다. "나의 판단은 종종 흔들린다. … 극도로 흔들릴 때도 나도 결코 신을 부정한다는 의미에서 무신론자인 적은 없었다. 일반적으로 나는 내가 더 늙어갈수록, 물론 항상 그런 것은 아니지만, 불가지론이 나의 마음의 상태를 더욱 잘 설명하는 것이라고 생각한다."[63]

　　맥그래스는 도킨스가 다윈주의를 무신론을 위한 가장 중요하고 효과적인 근거로 보는 것에 대해 비판적 입장을 분명히 한다. 특별히 도킨스가 다윈주의에 힘입어 무신론을 확고히 하려 하지만 결국 불가지론에 멈춰 서 있다는 점을 지적하면서, 도킨스가 '증거'가 아닌 '레토릭'에 의존하고 있다는 평가를 내린다.[64] 그러면서 맥그래스는 "확실한 결론을 얻기 위해서는 다른 토대로 나아가야 [하며] 다른 토대 위에서 진지하게 말하고자 하는 자에게는 또 다른 설명할 거리가 생길 것이다."라는 대안적 입장을 내놓는다.[65]

62　위의 책, 147-48.
63　위의 책, 148.
64　위의 책, 156.
65　위의 책.

III '자연선택'을 중심으로 한 진화론적 무신론 논증과 기독교적 반론

1. 비개연성 논증과 도킨스의 자연선택론

도킨스는 비개연성 improbability 논증은 창조론자들이나 지적 설계론자들이 선호하는 논증 형태이며 상대적으로 가장 대중적이며 유신론자들에게 상당히 설득력을 갖춘 논증이라는 점을 지적한다. 그러나 비개연성 논증을 역으로 잘 활용하면 신이 존재하지 않는다는 사실을 입증하는 데 유용한 도구가 될 것이라고 주장한다. 도킨스는 신이 존재하지 않는다는 사실을 통계적으로 증명하려 하는데, 이 증명을 '궁극적인 보잉 747'이라고 칭한다.[66] 이것은 호일 Fred Hoyle 의 '보잉 747과 고물 야적장' 이야기와 연관된 것으로, 호일의 이야기는 지구에 생명이 생겨날 확률은 고물 야적장에 폭풍이 불어 보잉 747 비행기의 부품들이 우연히, 운 좋게 조립되어 비행기 한 대를 출현시킬 확률과 같다는 주장을 내포한다. 도킨스는 호일의 개념의 틀 안에서 "말이나 딱정벌레나 타조가 조립될 확률은 '747 영역'에 있다."고 언급하면서, "이것이 바로 창조론자가 선호하는 논증"임을 밝힌다.[67] 생명의 출현의 가능성을 보잉 747 유비에 내포된 확률로 설명한다는 것은 그렇게 생명이 생겨날 수

---

66   Richard Dawkins, 『만들어진 신』, 174.
67   위의 책, 174-75.

있는 가능성은 그야말로 전무하다는 것을 강력하게 시사하는 것이며, 생명은 '우연'이 아니라 필연 곧 하나님 창조의 필연을 통해 시작되었다는 창조론의 주된 요점을 두드러지게 내포하는 것이다.[68] 다시 말해, 말이나 타조와 같은 복잡한 생명체는 우연을 통해 생겨날 수 없다는 것이다.

이러한 논증은 "자연 선택의 핵심을 이해하지 못한 사람" 곧 "자연선택이 우연의 이론이라고 생각하는 사람"만 할 수 있는 논증이라고 주장하면서,[69] 도킨스는 다윈 진화론의 자연선택은 비개연성 논증을 정면으로 반박하고 생명 출현 문제에 대해 해명할 수 있는 유일한 설명 방식이라고 역설한다.[70] "다윈주의를 깊이 이해하면 설계가 우연의 유일한 대안이라는 손쉬운 가정에 신중한 태도를 보여야 하며, 서서히 복잡성이 증가해가는 계단을 찾아야 한다는 사실을 알게 된다. 다윈 이전에도 흄 같은 철학자들은 생명의 비개연성이 반드시 생명이 누군가에 의해 설계되었다는 의미는 아니며, 그저 대안을 떠올릴 수 없다는 의미임을 간파했다. 다윈 이후 우리 모두는 설계라는 개념 자체가 의심스럽다는 사실을 뼈저리게 느껴야 한다. 설계라는 환각은 이전부터 우리를

---

68   도킨스는 다윈주의를 '우연에 관한 학설'이라고 주장하는 것은 왜곡이라고 규정하면서, 그러한 왜곡의 '빈약한 근거'의 보기로 돌연변이의 문제를 들어 설명한다. "돌연변이는 선택을 위해 새로운 변이 유전자들이 제공되는 과정으로, 대개 무작위로 일어난다고 묘사된다. 그러나 다윈주의자들은 돌연변이의 '무작위성'은 다윈주의 과정의 또 다른 측면인 선택의 비무작위성과 대비하기 위한 것일 뿐이라고 분명히 강조한다. 자연선택이 작동하는 과정에서, 돌연변이가 반드시 무작위여야 할 필요는 없다. 돌연변이에 방향성이 있든 없든, 선택은 작동할 수 있다. 돌연변이가 무작위로 일어날 수 있다는 점을 강조한 것은, 이와 대조적으로 선택은 철저하게 비무작위적으로 일어난다는 중대한 사실에 주의를 집중시키기 위한 방편이었다. 선택의 비무작위성을 강조하기 위해 돌연변이를 대비시킨 것이 되레 사람들에게 전체 학설이 우연의 학설이라는 그릇된 인상을 심어준 점은 참으로 씁쓸한 아이러니다." Richard Dawkins, *Climbing Mount Improbable*, 김정은 역, 『리처드 도킨스의 진화론 강의: 생명의 역사, 그 모든 의문에 답하다』 (고양: 옥당, 2016), 122-23.
69   Richard Dawkins, 『만들어진 신』, 175.
70   위의 책, 175-76.

사로잡아 온 함정이며, 다윈이 우리를 일깨웠으니 우리는 거기에 빠지지 말아야 한다."[71] 자연선택의 열렬한 신봉자로서 도킨스는 다윈의 자연선택론이 신이든 초자연적 지성이든 그 어떤 존재에 의해 의도된 계획 없이 생명이 단순한 것에 복잡한 것으로 진화·출현하게 된다는 점을 밝히는 가장 확실하면서 유일하게 신뢰할 만한 이론이라고 역설하고 있는 것이다.

그렇다면 자연선택은 어떻게 비개연성이라는 수수께끼를 푸는 유일한 해답이 되는가? 장엄하고 아름다운 우주와 그 안에 살아가는 생명들의 정교하고 복잡한 구조를 어떻게 우연의 논리와 자연선택의 원리로 설명할 수 있느냐고 강력하게 의문을 제기하는 이들이 주로 선택하는 참고의 틀은 창조론과 설계론이라는 점을 지적하면서, 도킨스는 『눈먼 시계공』,[72] 『리처드 도킨스의 진화론 강의: 생명의 역사, 그 모든 의문에 답하다』,[73] 『만들어진 신』[74] 등에서 그러한 의문에 대해 응답한다. 이들 저작에서 나타나는 도킨스의 응답은 일관적이다. 아무리 단순한 것이라 하더라도 시간만 충분히 주어지면 환원불가능할 정도로 복잡한 무언가로 진화할 수 있다는 것이 도킨스의 요지이다.[75] 설계론자들이나 창조론자들은 참으로 복잡하고 정교하고 아름답고 완전해 보이는 생명이 완전한 창조자에 의한 창조의 과정 없이 혹은 우주와 생명의

---

71 위의 책, 176-77.
72 Richard Dawkins, *The Blind Watchmaker*, 이용철 역, 『눈먼 시계공』 (서울: ㈜사이언스북스, 2004), 21-82.
73 Richard Dawkins, 『리처드 도킨스의 진화론 강의: 생명의 역사, 그 모든 의문에 답하다』, 112-203.
74 Richard Dawkins, 『만들어진 신』, 174-94.
75 도킨스는 자연을 '선택 행위자'로 규정하면서, 인간 사육자의 인위적 선택 행위를 통해 몇백 년 만에 들개나 양배추가 다른 품종으로 변화될 수 있다는 사실을 고려한다면 수억 혹은 수십억 년이 진화의 과정을 위해 주어져 있기에 충분히 다양한 종의 변화가 자연선택에 의해 이루어질 수 있다고 역설하고 있는 것이다. Richard Dawkins, *The Great Show on Earth: The Evidence for Evolution*, 김명남 역, 『지상 최대의 쇼』 (서울: 김영사, 2009), 118-20.

출현 이전에 유목적적인 설계 없이 존재하게 된다는 것은 불가능하다는 확고한 신념을 견지하는 반면, 도킨스는 시간이 충분히 주어진다면 얼마든지 지극히 단순한 것으로부터 환원불가능하다고 판단할 만큼 복잡한 무언가로 진화할 수 있다는 생각을 강력하게 피력하고 있는 것이다.

도킨스는 우연히 생명이 출현했다는 '우연'론이나 초자연적 초인적 지성의 설계를 중심으로 논하는 '지적 설계'론은 첫 단추부터 잘못 끼웠다고 평가하는데, 이것들이 생명 출현과 진보의 '과정'을 적절하게 반영하지 못하기 때문이라는 것이다. 자연선택의 최대 강점은 과정의 관점에서 이론을 전개한다는 것이다. 특별히 그 과정은 '누적적'이다. 비개연성을 본질로 하는 과정의 부분들이 시간을 걸쳐 축적되면서 단순한 것에서 고도로 복잡한 무언가로 발전·출현하게 된다는 생각인 것이다. 도킨스의 언어로 들어보자. "답은 자연선택이 누적적인 과정이며, 그 과정이 비개연성이라는 문제를 작은 조각들로 나눈다는 사실이다. 각 조각은 약간 비개연적이긴 해도 심한 정도는 아니다. 이 약간 비개연적인 사건들이 연속해서 쌓이면 그 최종산물들은 아주 비개연적 즉, 우연이 도달할 수 없을 정도로 비개연적이 된다. 그러나 창조론자들이 지겨울 정도로 재활용하는 논증의 대상이 되는 것들이 바로 이 최종산물들이다. 창조론자는 요점을 완전히 놓치고 있다. 그는 _{여기서는 '그'라는 대명사가 여성을 배제한다는 점에 신경 쓰지 않아도 된다} 통계상 비개연적인 것의 출현을 단번에 이루어진 사건으로 보아야 한다고 주장한다. 그는 누적의 힘을 이해하지 못한다."[76] 도킨스는 이를 우화로 설명하는데, 이 우화에서 그는 직

---

76   Richard Dawkins, 『만들어진 신』, 189.

각에 가까운 절벽으로는 정상에 오를 수 없지만 완만한 비탈을 통해서
는 시간이 걸리더라도 얼마든지 오를 수 있다는 내용을 전달한다.[77] 정
상에는 고도로 복잡한 생명이나 생명의 기관이 있다. 그러한 복잡성이
단번에 확립된다는 생각은 마치 절벽에서 단번에 정상에 오르는 것과
같이 불합리한 생각이라는 것이다. 이와 대비적으로, 자연선택을 통한
진화는 돌고 돌아 비탈길을 따라 천천히 정상에 오르는 것에 비유될 수
있다는 것이다.[78]

　　이것이 받아들여진다면, 우연의 과정의 축적들을 통해 생명이 출
현한다는 이론을 거부하고 생명을 창출하는 신이나 설계를 위한 탁월
한 지성과 같은 외생적 주체를 상정할 필요가 없어지는 것이라고 도킨
스는 주장한다. 그러므로 그에게 다윈주의는 더 이상 생물학 이론에 머
물지 않고 우주와 생명을 설명하는 세계관이 된다. 이 세계관 안에서 신
이 설 자리는 없다. "도킨스의 세계에서 진화의 과정은 신을 위한 개념
적 공간을 전혀 남겨두지 않았다. 신적인 창조자에게 호소함으로써 설
명될 수 있었던 것들이 이제 다윈주의의 틀 속에 자신의 자리를 잡게
되었다. 그러므로 다윈 이후에는 신을 믿을 필요가 없다."[79] 신의 도움
을 얻거나 신이라는 개념을 활용한다고 해도 세계를 설명할 수 없으며
신이 불필요하다면 설명의 도구로서 유효한 대안은 다윈주의뿐이라는
것이 도킨스의 생각이다.[80]

77　Richard Dawkins, 『리처드 도킨스의 진화론 강의: 생명의 역사, 그 모든 의문에 답하다』, 112-13.
78　Richard Dawkins, 『만들어진 신』, 189-90.
79　Alister E. McGrath, 『도킨스의 신』, 104.
80　위의 책.

2. 도킨스의 진화론적 논증에 대한 반론

맥그래스에 따르면, 도킨스에게 진화론은 단순히 하나의 과학이론에 머무는 것이 아니라 철학이고 '세계관'이다.[81] 과학적 진위를 논하는 이론일 뿐 아니라 생명의 질서와 인간의 문명의 방향을 논할 수 있는 설명의 틀이 된다는 말이다. 그러기에 시대를 관통하는 시간적 영속성과 우주 전체에 적용할 수 있는 보편성을 확보한다. 맥그래스는 다른 대부분의 진화 생물학자들의 생각과 도킨스의 그것이 분기하는 중요한 지점이 바로 여기라고 본다. 다윈주의는 실제에 대한 '기술'description로서만 작용한다고 주장하는 진화 생물학자들과 달리, 도킨스는 기술뿐 아니라 (혹은 그것보다는) '설명'의 원리로서 이해하고 있다는 것이다. 이런 맥락에서 도킨스는 모노Jacques Monod의 입장과 깊은 연속성을 갖는다는 점을 맥그래스는 밝힌다. 모노는 『우연과 필연』에서 우주의 무목적성을 역설하는데, 이를 통해 그는 우주와 우주 안의 실제 이전에 어떤 특정한 의도나 계획이 존재했다는 식의 관념을 엄격하게 거부한다.[82] 이 점에서 모노는 앙리 베르그송Henri-Louis Bergson이나 피에르 떼이야르 드 샤르댕Pierre Teilhard de Chardin과는 강하게 충돌한다는 점을 맥그래스는 지적하는데, 이들은 생철학의 대표적인 옹호자들로서 생철학은 생명과 우주 안에는 '목적'이 엄존한다고 강조한다. 이들에 비판적인 모노는

---

81 맥그래스는 진화론을 세계관이나 이념으로 볼 때 생길 수 있는 중요한 부정적 결과들에 대해 진술한다. "진화론이 하나의 세계관으로 여겨지고 또 전개된다면, 그것은 더 이상 순수하게 과학이라고 할 수 없을 것이며 일종의 문화전쟁에 연루될 수밖에 없을 것인데 그렇게 되면 과학이론으로서의 신뢰성을 상실하게 될 뿐 아니라 과학이라는 학문공동체에 속한 이들에게 해를 끼치게 될 것이다." Alister E. McGrath, *Darwinism and the Divine: Evolutionary Thought and Natural Theology* (Oxford: Wiley-Blackwell, 2011), 35.

82 Alister E. McGrath, 『도킨스의 신』, 89.

'목적'을 빼고, 그 자리에 '목적론적 법칙' teleonomy 을 채워 넣는다. 이 목적론적 법칙은 다름 아닌 자연선택이다. 생명이나 우주라는 실제에 대한 논의에서 '왜'라는 질문은 불필요하다. 왜냐하면 무슨 목적이 있어서 실제로 존재하게 된 것이 아니라 그냥 있게 된 것이기 때문이다.[83]

세계는 그냥 생겨나서 이렇게 실제로 존재하고 있는 것이기에, 목적을 상정할 필요가 전혀 없으며 이와 연관하여 목적을 설정할 어떤 주체를 전제할 필요도 없다는 것이 도킨스의 확신이다. 특별히 생명과 세계를 서술하고 설명하는 데 있어 신은 있으나 마나 한 존재가 되며, 자연선택에 대한 신뢰는 이러한 신의 무효용성을 더욱 강화하게 될 것이다.[84] 나를 알고 세계를 알고 또 그 의미를 설명하고자 하는 욕구가 있다면 신을 찾을 필요가 없다. 의지할 것은 자연선택뿐이다.

여기서 물어야 할 중요한 질문이 있다. 목적이 없지만 목적론적 법칙이 있다면, 과연 진화를 진보로 말할 수 있는가? 진화론이 인간을 생명 진화의 과정의 관점에서 본다면, 이는 목적론적 진보의 과정을 필연적으로 내포하는 것이 아닌가? 진화의 전체 진로에서 인간이 차지하는 위치는 무엇인가? 이 질문들에 대한 도킨스의 답을 맥그래스는 탐색하고, 그 답에 내포된 모순에 주목하며 도킨스를 비판한다. '목적'이 아니라 '목적론적 법칙'을 주장하는 도킨스는 진보를 말해서는 안 되는데, '진보'와 진화론적 과정에서 인간이 차지하는 우위성을 내포하는 주장을 내놓고 있다는 것이다.[85] 결국 진보와 진보의 과정에서의 인간의 우위성을 주장하게 되는 도킨스는 스스로 모순적 논리에 빠져 있다는 비

---

83   위의 책, 90.
84   위의 책, 91.

판을 피하기 어렵다고 할 것이다. 이에 관한 맥그래스의 비평을 좀 더 들어보자.

　　먼저 맥그래스는 이러한 질문들은 다윈 역시 숙고한 것들이라고 지적하면서, 다윈은 어떤 '보편적인 진보의 법칙'을 주장하고 있는 것 같지는 않다고 평가한다. 그러기에 다윈은 진화의 과정 속에 있는 생명들은 '완벽함을 향한 본성적이고 필연적인 성향'을 본질적으로 내포하고 있다는 라마르크^{Jean-Baptiste Lamarck}의 견해를 단호하게 거부했다는 점을 지적한다. 이런 맥락에서 인간은 진화의 완성이나 '목적' 혹은 '정점'이 아니며 또 그렇게 될 수도 없다. 또한 다윈은 『인간의 유래』^{Descent of Man}에서 인간이 다른 생명체들에 비해 우월한 면이 있다고 볼 수 있는 여지가 없는 것은 아니지만 그럼에도 열등한 생명들과 함께 하등 생물의 기원을 공유한다고 주장한 점을 맥그래스는 덧붙인다. "인간은 비록 자신의 노력을 통해 얻은 것은 아니지만 유기체 중에서 가장 높은 곳까지 올라간 것에 대해 자부심을 느껴도 괜찮다. 원래부터 거기 있었던 것이 아니라 거기까지 올라갔다는 사실은 먼 미래에 더 높은 운명을 향해 나아갈 수 있다는 희망을 준다. 그러나 우리는 지금 희망 혹은 절망을 이야기하려는 것이 아니다. 우리의 이성이 허락하는 한에서 발견한 진리를 말하려는 것이다. 그리고 나는 할 수 있는 한 최선의 증거들을 제시했다. 우리 인간은 모든 고귀한 특성들을 다 가지고 있지만... 그 신체

85　　맥그래스는 생물학의 영역에서 목적론적 사고와 언어가 지속적으로 전개되고 있다는 점을 밝힌다. "이것[목적론적 사고가 계속 이어지고 있다는 것]은 바로 그런 사고가 우리가 관찰하는 것들을 묘사하는 방법으로서 의미가 있어 보이기 때문이요, 그 방법이 인간의 '자연스러운' 사고방식과 조화를 이루기 때문이다. 유전자를 '이기적'이라고 말하는 사람이 있을 수 있듯이, 진화가 '목적'을 갖고 있다고 말하는 사람도 있을 수 있다." Alister E. McGrath, *A Fine-Tuned Universe: The Quest for God in Science and Theology*, 박규태 역, 『정교하게 조율된 우주: 과학과 신학의 하나님 탐구』(서울: IVP, 2014), 414.

구조 속에 저급한 수준의 기원이라는 지울 수 없는 직인이 찍혀 있다."[86] 맥그래스는 이 문장이 다윈은 보편적 진보 개념도 거부하고 인간이 진화의 정점이나 목적이라는 관념에도 동의하지 않는다는 근거로 제시하지만, 진화의 마지막 목적지가 인간이라는 생각까지는 아니더라도 인간이 진화 과정의 요소들로 참여하는 생명들에 비해 우월한 그 무언가를 보유하고 있다는 생각을 반영한다는 점은 밝혀 두어야 하겠다. 다시 말해, 다윈이 진화론에 관한 자신의 이론을 전개하면서 진보의 관념이나 실제적 가능성을 배제했다고 단정할 수는 없다는 것이다. 맥그래스가 밝히는 대로, 다윈은 '존재의 위대한 사슬'Great Chain of Being이라는 개념을 통해 '도덕적' 혹은 '존재론적' 속성을 보다 '중립적인' 과학의 언어로 수용해 표현하면서 진보 관념을 반영하고자 시도했던 것 같다. 진화를 통해 생명들 가운데 이루어지는 변화는 도덕적 차원이든 존재론적 차원이든 어떤 발전의 역동을 내포한다는 점을 말하고자 했다는 것이다.

　　이러한 다윈의 입장에 대해 도킨스는 어떻게 응답할 것인가? 다윈과 같이, 기본적으로 인간과 다른 동물들 사이에 위계적 차이를 두는 것을 거부한다. 다른 생명들과 마찬가지로 인간은 진화의 한 부분일 뿐이라는 것이다. 그러나 동시에 인간의 존재론적 우위를 견지한다고 해석될 만한 주장을 도킨스가 하고 있다는 점을 맥그래스는 지적한다. "그러나 도킨스는 유전적 돌연변이와 자연 선택의 결과물인 다른 생명체들과 인간 사이에 중요한^{사실 주목할 만한} 구분을 짓고 있다. **오직 인간만이**

86　Charles Darwin, *The Descent of Man*, 2nd edn. (London: John Murray, 1882), 619, Alister E. Mc-Grath, 『도킨스의 신』, 93-94에서 재인용.

우리의 유전자를 거부할 수 있다. 다른 사람들[줄리안 헉슬리 Julian Huxley 같은]은 다윈주의 진화의 진보적 측면을 토대로 윤리적 체계를 개발하려고 시도하였으나, 도킨스는 그런 시도는 모두 잘못된 것이라고 생각한다. 자연선택은 생물학적 진화에 있어서 가장 주도적인 힘일지도 모른다."[87]

진화의 체계 안에서 인간의 우월성에 대한 도킨스의 긍정은 『이기적 유전자』에서도 탐지된다고 맥그래스는 지적한다. 도킨스는 이 책에서 인간 존재와 행위 방식이 유전자에 규정된 프로그램에 따라 결정론적으로 좌우된다는 생각에 단호하게 반대하면서, 결정주의적으로 작용하는 것으로 여겨지는 유전자에 저항하여 새로운 가능성을 열어갈 수 있는 역량을 인간만이 보유하고 있다고 역설한다. "우리는 타고난 이기적 유전자, 그리고 필요하다면 우리에게 주입되어 있는 생각의 이기적 밈meme에게 반항할 힘을 가지고 있다. 순수하고 사심 없는 이타주의 자연에는 없는 것, 세계의 전체 역사에서 결코 존재하지 않았던 것를 의도적으로 양성하고 기를 수 있는 방법에 대해서도 논의할 수 있다. 우리는 유전자 기계로 만들어졌고, 밈 기계로 양성되었다. 그러나 우리는 우리의 창조자들에게 대항할 힘을 가지고 있다. 지구상에서 유일하게 우리만이 이기적 복제자의 전제정치에 반란을 일으킬 수 있다."[88] 여기서 도킨스는 인간에게는 다른 생명체들에게서 발견할 수 없는 무언가 특별한 것 혹은 인간종에만 고유하게 존재하는 그 무언가가 있다는 점을 상정하고 있는 것이다. 인간만이 인간과 생명과 우주가 어떻게 오늘의 모습에 이르게 되었는지

---

[87]   Alister E. McGrath, 『도킨스의 신』, 94-95.
[88]   Richard Dawkins, *The Selfish Gene* (Oxford: Oxford University Press, 1976), 200-201, Alister E. Mc-Grath, 『도킨스의 신』, 96에서 재인용.

를 이해하고 설명할 수 있으며 또 인간을 능가하는 다른 종이 출현하는 것을 막을 수 있는 진화된 지적 능력을 갖추고 있다고 역설한다.[89] 이 지점에서 도킨스는 목적론자로서 스스로를 선명하게 드러내고 있는 것인데, 이는 자기모순이다. 그의 진화론적 체계에서는 '목적론적 법칙'을 견지하기에 자연스러운 변화의 과정은 허용할 수 있다 하더라도 특정 목적이나 완성의 지점을 향한 '목적론적' 고양을 내포해서는 안 된다는 점에서 그렇다. 이러한 자기모순을 어떻게 해명하고 또 해결할 것인지에 대해 도킨스는 응답해야 할 것이다.

Ⅳ 맺는 말

이상의 탐구와 논의를 바탕으로 하여 넓게는 과학과 신학 사이의 담론 그리고 좁게는 과학주의적·진화론적 무신론과 유신론적·신학적 접근 사이의 담론의 성숙을 위한 몇 가지 제안을 하고자 한다. 첫째, 기독교를 포함한 종교의 도덕적 일관성 제고에 관한 제안인데, 이는 관련 담론에서 종교신학의 신뢰 회복과 강화를 위한 것이다. 구약성서의 신 이해의 관점에서 종교를 비판한 도킨스의 비윤리성 논지에 대해 김기석은 충분하고 적절한 해석의 과정이 결핍된 읽기의 결과라고 비판하는데, 이는 타당하다고 본다. 다만 도킨스가 윤리적 관점에서 종교를

---

89 Alister E. McGrath, 『도킨스의 신』, 97.

비판했다는 점은 일면 성찰의 기회가 될 수 있고 또 그렇게 되어야 한 다는 생각이 있을 수 있다는 점을 지적해 두어야 하겠다. 과학기술과 연 관된 논의나 다양한 공적 이슈들에 대한 공적 담론에서 기독교를 포함 한 종교의 주장이나 견해가 긍정적인 반응을 얻지 못하거나 다른 공적 담론의 주체들에게 신뢰받지 못하는 현상은 논리적 타당성을 인정받지 못한 이유도 있지만 도덕적 일관성의 결여도 중요한 이유가 되고 있다 는 점을 간과해서는 안 될 것이다. 윤리적 관점에서 언행의 불일치가 종 교의 공적 주장에 대한 신뢰도를 떨어뜨리는 요인이 되고 있다는 말이 다. 이런 맥락에서 종교는 종교적·신학적 주장이나 견해를 피력하고 실 제적으로 전개해 가는 과정에서 윤리성 강화를 위해 더욱 힘을 쏟아야 할 것이다.

둘째, 스스로를 절대화하거나 무오류성에 대한 확신으로 무장하 기보다 특수한 역할이나 한계를 인정하면서 서로 존중할 부분은 존중 할 필요가 있다. 한편으로 과학주의적·진화론적 접근은 신학을 포함하 여 다른 영역은 진리를 입증할 능력도 없고 또 실제적으로 그렇게 할 수도 없다는 전제를 가지고 어떤 제한도 없이 진리 추구를 위해 다른 영역에 뛰어들거나 오직 과학주의적 접근만이 진리를 입증할 수 있다 는 과신에 빠져서는 안 될 것이다.[90] 다른 한편으로 성경과 신학적 신념 의 무오성과 절대성을 확신하는 이들은 신학적·규범적 판단의 유일무 이한 권위와 책임에 대한 위계적 인식의 틀 안에서 과학의 영역에 진리

---

90 신재식은 도킨스식(式) '과학 중심주의'에 대해 다원적 접근을 요청하는데, 이를 주목할 만하다. "종교든지 과학이든지 우주나 생명이 특정한 한 가지 수준으로 충분하다는 주장은 환원주의적 해 석을 벗어날 수 없으며, 결국 이것들에 대한 평면적이고 1차원적 수준의 이해에서 멈출 뿐이다. 이 제 남겨진 과제는 보다 다원주의적 관점에서 종교와 과학이 상호협력 속에서 '지식의 순환'을 가능 케 하는 관련성을 모색하는 것이다." 신재식, "'종교적 문자주의'와 '과학적 문자주의'를 넘어서: 종 교와 과학의 새로운 독법 모색을 위한 탐색," 57.

입증과 규범적 지도를 위해 뛰어들려 해서는 안 될 것이다. 과학 탐구를 통한 발견과 입증과 서술로부터 진리나 규범적 진실을 끌어낼 수 있으나 오직 과학만이 그것을 할 수 있다고 해서는 안 될 것이며, 신학이 두터운 성서적 신학적 논의의 토대 위에서 과학 등 다른 영역에 대해 규범적 방향성을 제시할 수 있다고 해도, 과학적 탐구가 산출해 주는 '서술'을 중요하게 참고하면서 그러한 규범적 작업을 수행해야 할 것이다.

셋째, 두 번째 제안과 연결된 것으로, 극단적 입장을 피하고 공동의 선을 위해 협력이 필요하다면 협력해야 한다는 것이다. 앞에서 살핀 대로, 도킨스처럼 전선을 '종교 대 과학'이나 '종교 대 지성'으로 설정하지 말고 과학이든 종교이든 극단주의에 대해 적절하게 응답하면서 인류가 겪고 있는 여러 위기와 문제들을 공동으로 대응해 나가야 할 것이라는 김기석의 조언은 여기에서 유의미하다.[91] 도킨스가 진화론을 지적 토대로 삼아 무신론의 종착점에 이르려 했지만 불가지론적 논의에 머물러 있다고 진단하며 어떤 방향으로든 진로가 진행되기 위해서는 과학우위적 혹은 과학만능주의적 전제와 태도를 버리고 신학, 철학 등을 포함한 다른 토대에도 관심을 두어야 할 것이라는 맥그래스의 제안 역시 주목할 필요가 있을 것이다. 도킨스에게 진화론은 과학일 뿐 아니라 철학이자 세계관으로서의 정체성을 갖는다는 점을 보았는데, 과학만이 신과 세계의 기원을 설명할 수 있는 주체가 될 수 있다는 도킨스의 신념과 연관해서 이 점을 생각해 본다면 도킨스는 자기모순에 빠져있다고 평가할 수 있다. 과학 이론을 철학적으로 혹은 세계관적으로 전개할 수 있는 여지를 스스로 마련해 두고자 한다면 철학이나 신학을 포함하

---

91 김기석, 『종의 기원 vs 신의 기원』, 99.

여 과학 외의 다른 학문 영역이 신과 세계의 기원과 본성에 대해 탐구하고 논하는 것을 타당하지도 않고 가능하지도 않다고 보는 도킨스는 자신의 입장을 내려놓든지 아니면 다른 학문 영역에게도 그러한 탐구와 논의를 위한 지위와 기회를 정당하게 부여하고 함께 담론을 형성하는 것이 마땅할 것이다. 요컨대, 신 존재 증명, 종교적 경험, 구원 등 궁극적 관심사들뿐 아니라 인류가 직면하고 있는 다양한 위기들과 문제들에 대해 논하고 해답을 찾는 데 있어서 과학이나 신학^{종교} 중 하나를 선택해야 한다는 양자택일적 방식으로 접근할 것이 아니라 관련된 영역들이 공동의 목표 혹은 공동의 선을 향해 함께 논의하고 또 구체적 해결책을 찾아야 한다는 제안인 것이다.[92]

92   Alister E. McGrath, 『도킨스의 신』, 156.

참고문헌

김경환 · 최주선. "포스트휴먼법의 체계와 이슈." 한국포스트휴먼연구소 · 한국포스트휴먼학회 편저. 『포스트휴먼 시대의 휴먼』. 파주: 아카넷, 2016.

김국현. 『과학기술과 윤리』. 대구: 정림사, 2003.

김기석. 『종의 기원 vs 신의 기원』. 서울: 동연, 2009.

_____. 『신학자의 과학 산책: 과학과 신학의 경계를 걷다』. 서울: 새물결플러스, 2018.

김명용. "성령·창조·새창조." 『기독교사상』. 1991년 1월호. 서울: 대한기독교서회, 1991.

김성원. "리차드 도킨스(Richard Dawkins)의 밈(meme)의 종교적 기능에 관한 분석비평 연구." 『종교연구』 51 (2008), 29-64.

_____. "유발 하라리(Yuval Harari)의 "호모 데우스(Homo Deus)론"에 관한 분석 비평연구." 『조직신학연구』 28 (2018), 42-76.

도성달. "과학 기술 문화에 대한 윤리적 성찰." 『과학 기술 시대의 삶의 양식과 윤리』. 서울: 울력, 2002.

박영식. "무신론의 도전과 신학적 응답." 『신학과 선교』 60 (2021), 39-68.

박일준. "도킨스의 종교 비판에 대한 종교철학적 고찰." 『인문학연구』 74 (2008), 297-327.

_____. "이기주의와 이타주의 논쟁: 도킨스와 윌슨의 논쟁 - 사이의 관점에서." 『한국조직신학논총』 23 (2009), 215-48.

박종균. "도킨스의 과학적 무신론에 대한 유신론적 한 답변." 『기독교사회윤리』 22 (2011), 103-33.

박찬호. "자연과학과 신학의 관계에 대한 맥그라스의 견해: 도킨스의 무신론적 진화론에 대한 비판을 중심으로." 『한국기독교신학논총』 67-1 (2010), 223-46.

브루노 라투르 외. 홍성욱 편. 『인간-사물-동맹: 행위자네트워크 이론과 테크노사이언스』. 서울: 이음, 2010.

신상규. 『호모 사피엔스의 미래: 포스트휴먼과 트랜스휴머니즘』. 파주: 아카넷, 2014.

신재식. "'종교적 문자주의'와 '과학적 문자주의'를 넘어서: 종교와 과학의 새로운 독법 모색을 위한 탐색." 『종교연구』 53 (2008), 27-62.

_____. "'유전자'와 '밈' 사이에서: 도킨스의 종교 담론." 『종교문화비평』 15 (2009), 223-54.

왕대일. "유발 하라리의 『사피엔스』와 『호모 데우스』의 인간이해에 대한 해석학적 진단- 호모 사피엔스, 호모 데우스, 호모 렐리기오수스." *Canon & Culture* 12-1 (2018), 235-55.

윤철호. 『세계와의 관계성 안에 계신 하나님』. 서울: 한국장로교출판사, 2006.

이상훈. "신학해제: 스택하우스의 공공신학에 관한 이해." 새세대 교회윤리연구소 편. 『공공신학이란 무엇인가?』. 서울: 북코리아, 2007.

_____. "공공신학적 주제로서의 소명과 코이노니아 관점에서 본 고령화사회." 『기독교사회윤리』 28 (2014), 193-230.

이윤석. "유발 하라리의 인간관에 대한 비판적 고찰." 『조직신학연구』 32 (2019), 52-86.

이창호. "정치적 사랑에 대한 기독교 윤리적 모색." 『신앙과 학문』 15-3 (2010), 195-227.

_____. "하나님의 사랑과 인간의 사랑, 그 같음과 다름에 관한 신학적·윤리적 연구." 『기독교사회윤리』 22 (2011), 265-301.

_____. "교회의 공공성에 관한 신학적·윤리적 탐구: 고전적 '두 정부'론의 규범적 이해와 현대신학적 전개 및 발전 탐색을 중심으로." 『기독교사회윤리』 29 (2014), 141-89.

_____. "기독교의 공적 참여 모형과 신학적 '공동의 기반'의 모색." 『기독교사회윤리』 31 (2015), 65-117.

_____. "'율법과 복음'론과 '두 정부'론의 상관성과 사회윤리적 함의 탐색: 루터와 바르트를 중심으로." 『기독교사회윤리』 34 (2016), 139-74.

_____. "과학기술에 관한 윤리적 규범 모색을 위한 철학적 사회학적 신학적 관점에서의 융합적 연구: 엘륄(Jacques Ellul)의 기술 이해에 대한 비판적 성찰과 트랜스휴머니즘에 대한 적용을 중심으로." 『선교와 신학』 45 (2018), 331-79.

_____. "문화사역의 신학적 토대에 대한 성찰: 몰트만과 마우를 중심으로." 『기독교사회윤리』 46 (2020), 209-46.

_____. "유발 하라리의 인간종의 진보론에 관한 신학적·윤리적 비평: 몰트만과 슈바이커를 중심으로." 『장신논단』 53-5 (2021), 179-213.

장대익. "도킨스 다시 읽기: 복제자, 행위자, 그리고 수혜자." 『철학사상』 25 (2007), 195-225.

_____. "일반 복제자 이론: 유전자, 밈, 그리고 지향계." 『과학철학』 11 (2008), 1-33.

최윤배. 『깔뱅신학 입문』. 서울: 장로회신학대학교출판부, 2012.

하원규 · 최남희. 『4차 산업혁명』. 서울: 콘텐츠하다, 2015.

Augustine. *Confessions*. Translated by Henry Chadwick. Oxford: Oxford University Press, 2009.

_____. *The City of God*. Translated by Marcus Dods. New York: Random House, 2000.

Aquinas, Thomas. *Summa Theologiae*. http://www.newadvent.org/summa/.

Barth, Karl. *Die Kirchliche Dogmatik. Church Dogmatics* II/2. Edited by Thomas F. Torrance and Geoffrey W. Bromiley. Translated by Geoffrey W. Bromiley et al. Edinburgh: T.&T. Clark, 1957.

_____. *Die Kirchliche Dogmatik, Church Dogmatics* IV/1. Edited by Thomas F. Torrance and Geoffrey W. Bromiley. Translated by Geoffrey W. Bromiley. Edinburgh: T.&T. Clark, 1956.

_____. *Die Kirchliche Dogmatik, Church Dogmatics* IV/2. Edited by Thomas F. Torrance and Geoffrey W. Bromiley. Translated by Geoffrey W. Bromiley. Edinburgh: T.&T. Clark, 1958.

Bijker, Wiebe E. *Of Bicycles, Bakelites, and Bulbs: Toward a Theory of Sociotechnical Change*. Cambridge: MIT Press, 1995.

_____. "The Social Construction of Bakelite: Toward a Theory of Invention." In *The Social Construction of Technological Systems: New Directions In the Sociology and History of Technology*. Edited by Bijker, Wiebe E., Thomas P. Hughes and Trevor Pinch. Cambridge: MIT Press, 2012.

Bouwsma, William J. "The Spirituality of John Calvin." In *Christian Spirituality: High Middle Ages and Reformation*. Edited by Jill Raitt. New York: The Crossroad Publishing Company, 1987.

Calvin, Jean. *Institutes of the Christian Religion*. Edited by John T. McNeil. Translated by Ford Lewis Battles. Philadelphia: The Westminster Press, 1960.

Carlson, Richard F., ed. *Science & Christianity: Four Views*. 우종학 역. 『현대과학과 기독교의 논쟁』. 서울: 살림, 2003.

Cobb, John B. and David Ray Griffin. *Process Theology*. 류기종 역. 『과정신학』. 서울: 열림, 1993.

Dawkins, Richard. *The Blind Watchmaker*. 이용철 역. 『눈먼 시계공』. 서울: ㈜사이언스북스, 2004.

_____. *The God Delusion*. 이한음 역. 『만들어진 신』. 서울: 김영사, 2006.

_____. *The Great Show on Earth: The Evidence for Evolution*, 김명남 역. 『지상 최대의 쇼』. 서울: 김영사, 2009.

_____. *Climbing Mount Improbable*. 김정은 역. 『리처드 도킨스의 진화론 강의: 생명의 역사, 그 모든 의문에 답하다』. 고양: 옥당, 2016.

Ellul, Jacques. *La technique ou l'enjeu du siècle*. 박광덕 역. 『기술의 역사』. 서울: 한울, 1996.

_____. *Le système technicien*. 이상민 역. 『기술 체계』. 대전: 대장간, 2013.

_____. *L'Empire du non-sens*. 하태환 역. 『무의미의 제국』. 대전: 대장간, 2013.

_____. *Autopsie de la révolution*. 황종대 역. 『혁명의 해부』. 대전: 대장간, 2013.

_____. *Ce que je crois*. 김치수 역. 『개인과 역사와 하나님』. 대전: 대장간, 2015.

Grenz, Stanley J. and Roger E. Olson. *20th-Century Theology: God and the World in a Transitional Age*. 신재구 역. 『20세기 신학』. 서울: IVP, 1997.

Gilkey, Langdon. *On Niebuhr: A Theological Study*. Chicago: University of Chicago Press, 2001.

Gutiérrez, Gustavo. *Teología de la Liberación*. 성염 역. 『해방신학』. 칠곡: 분도출판사, 1977.

_____. *The Power of the Poor in History*. New York: Orbis, 1983.

Harari, Yuval N. *Sapiens*. 조현욱 역. 『사피엔스』. 파주: 김영사, 2015.

_____. *Homo Deus*. 김명주 역. 『호모 데우스』. 서울: 김영사, 2017.

_____. *21 Lessons For the 21st Century*. 전병근 역. 『21세기를 위한 21가지 제언: 더 나은 오늘은 어떻게 가능한가』. 파주: 김영사, 2018.

Harari, Yaval N. et al. *Super-forecast*. Edited by Kazumoto Ohno. 정현옥 역. 『초예측』. 파주: 웅진지식하우스, 2019.

Hartt, Julian. "창조와 섭리." Edited by Robert C. Hodgson and Robert H. King. *Christian Theology: An Introduction to Its Traditions and Tasks*. 윤철호 역. 『현대 기독교 조직신학: 기독교 신학의 전통과 과제에 대한 개론』. 서울: 한국장로교출판사, 1999.

Hartwell, Herbert. *The Theology of Karl Barth: An Introduction*. London: G. Duckworth, 1964.

Hitchens, Christopher, Richard Dawkins, Sam Harris, and Daniel Dennett. *The Four Horsemen: The Conversation That Sparked an Atheist Revolution*. 김명주 역. 『신 없음의 과학: 세계적 사상가 4인의 신의 존재에 대한 탐구』. 서울: 김영사, 2019.

Hollenbach, David. *The Common Good and Christian Ethics*. Cambridge: Cambridge University Press, 2002.

Kelsey, David H. "Human Being." In *Christian Theology: An Introduction to Its Traditions and Tasks*. Edited by Peter C. Hodgson and Robert H. King. Philadelphia: Fortress, 1985.

_____. "인간." In *Christian Theology: An Introduction to Its Traditions and Tasks*. Edited by Robert C. Hodgson and Robert H. King. 『현대 기독교 조직신학: 기독교 신학의 전통과 과제에 대한 개론』. 윤철호 역. 서울: 한국장로교출판사, 1999.

Kurzweil, Ray. *The Singularity is Near*. 김명남 · 장시형 역. 『특이점이 온다』. 서울: 김영사, 2007.

Kurzweil, Ray and Terry Grossman. *Transcend: Nine Steps to Living Well Forever*. 김희원 역. 『영원히 사는 법: 의학혁명까지 살아남기 위해 알아야 할 9가지』. 서울: 승산, 2011.

Latour, Bruno. "Mixing Humans and Nonhumans Together: The Sociology of a Door Closer." *Social Problems* 35 (1988), 298-304.

_____. *Pandora's Hope: Essays on the Reality of Science Studies*. Cambridge: Harvard University Press, 1999.

_____. *Politiques de la nature: Comment faire entrer les sciences en démocratie*. Translated by Catherine Porter. *Politics of Nature: How to Bring the Sciences into Democracy*. Cambridge: Harvard University Press, 2004.

Little, David. "Calvin and the Prospects for a Christian Theory of Natural Law." In *Norm and Context in Christian Ethics*. Edited by Gene Outka and Paul Ramsey. New York: Scribner, 1968.

McGrath, Alister. *Dawkins' God*. 김태완 역. 『도킨스의 신』. 서울: SFC 출판부, 2007.

_____. *Darwinism and the Divine: Evolutionary Thought and Natural Theology*. Oxford: Wiley-Blackwell, 2011.

_____. *Surprised by Meaning: Science, Faith, and How We Make Sense of Things*. 박규태 역. 『우주의 의미를 찾아서: 맥그래스, 과학과 종교, 삶의 의미에 대해 말하다』. 서울: 새물결플러스, 2013.

_____. *A Fine-Tuned Universe: The Quest for God in Science and Theology.* 박규태 역. 『정교하게 조율된 우주: 과학과 신학의 하나님 탐구』. 서울: IVP, 2014.

McGrath, Alister. and Joanna C. McGrath. *The Dawkins Delusion?.* 전성민 역. 『도킨스의 망상: 만들어진 신이 외면한 진리』. 서울: 살림, 2007.

Moltmann, Jürgen. *Trinität und Reich Gottes: Zur Gotteslehre.* 김균진 역. 『삼위일체와 하나님의 나라: 삼위일체론적 신론을 위하여』. 서울: 대한기독교출판사, 1982.

_____. *Gott in der Schöpfung: Ökologische Schöpfungslehre.* 김균진 역. 『창조 안에 계신 하느님: 생태학적 창조론』. 서울: 한국신학연구소, 1991.

_____. *Der Geist des Lebens.* Translated by Margaret Kohl. *The Spirit of Life.* Minneapolis: Fortress Press, 1992.

_____. *Das Kommen Gottes: Christliche Eschatologie.* Translated by Margaret Kohl. *The Coming of God: Christian Eschatology.* Minneapolis: Fortress, 1996.

Moravec, Hans. *Mind Children: The Future of Robot and Human Intelligence.* 박우석 역. 『마음의 아이들: 로봇과 인공지능의 미래』. 서울: 김영사, 2011.

Mouw, Richard J. *He Shines in All That's Fair: Culture and Common Grace.* 권혁민 역. 『문화와 일반 은총: 하나님은 모든 아름다운 것 가운데 빛나신다』. 서울: 새물결플러스, 2012.

_____. *Uncommon Decency: Christian Civility in an Uncivil World.* 홍병룡 역. 『무례한 기독교: 다원주의 사회를 사는 그리스도인의 교양』. 서울: IVP, 2014.

_____. *Abraham Kuyper: A Short and Personal Introduction.* 강성호 역. 『리처드 마우가 개인적으로 간략하게 소개하는 아브라함 카이퍼』. 서울: SFC 출판부, 2015.

_____. "Thinking about 'Many-ness': Inspirations from Dutch Calvinism." 미간행 원고, 2015.

Niebuhr, H. Richard. *Christ and Culture.* 황병룡 역. 『그리스도와 문화』. 서울: IVP, 2007.

Niebuhr, Reinhold. *The Children of Light and the Children of Darkness.* New York: C. Scribner's, 1944.

_____. *The Nature and Destiny of Man: A Christian Interpretation* II. New York: C. Scribner's, 1951.

_____. *Christian Realism and Political Problems.* New York: C. Scribner's, 1953.

_____. *An Interpretation of Christian Ethics.* New York: Meridian, 1956.

_____. *Moral Man and Immoral Society: A Study in Ethics and Politics.* New York: C. Scribner's, 1960.

_____. *Christianity and Power Politics*. Hamden: Archon Books, 1969.

_____. *The Irony of American History*. Chicago: University of Chicago Press, 2008.

Ogletree, Thomas. *The World Calling: The Church's Witness in Politics and Society*. Louisville: Westminster John Knox Press, 2004.

Outka, Gene. *Agape: An Ethical Analysis*. New Haven: Yale University Press, 1972.

_____. "Following at a Distance: Ethics and the Identity of Jesus." In *Scriptual Authority and Narrative Interpretation*. Edited by Garrett Green. Philadelphia: Fortress Press, 1987.

_____. "Agapeistic Ethics." In *A Companion to Philosophy of Religion*. Edited by Philip Quinn and Charles Taliaferro. Oxford: Blackwell, 1997.

_____. "Theocentric Love and the Augustinian Legacy: Honoring Differences and Likenesses between God and Ourselves." *Journal of the Society of Christian Ethics* 22 (2002), 97-114.

Ritschl, Albrecht. *Die Christliche Lehre von der Rechtfertigung und Versohnung*. Translated by H. R. MacIntosh and A. B. Maculay. *The Christian Doctrine of Justification and Reconciliation*. Edinburgh: T. & T. Clark, 1900.

Schweiker, William. *Responsibility and Christian Ethics*. Cambridge: Cambridge University Press, 1995.

_____. *Power, Value, and Conviction: Theological Ethics in the Postmodern Age*. 문시영 역. 『포스트모던 시대의 기독교윤리』. 서울: 살림, 2003.

Stackhouse, Max L. *Public Theology and Political Economy: Christian Stewardship in Modern Society*. Grand Rapids: Eerdmans, 1987.

_____. 이상훈 역. "공공신학이란 무엇인가? - 미국 기독교의 관점에서." 새세대 교회윤리연구소 편. 『공공신학, 어떻게 실천할 것인가?』. 서울: 북코리아, 2008.

_____. *Globalization and Grace*. 이상훈 역. 『세계화와 은총』. 서울: 북코리아, 2013.

Troeltsch, Ernst. *The Social Teaching of the Christian Churches* I & II. Translated by Olive Wyon. Louisville: Westminster/John Knox Press, 1992.

Weber, Otto. *Grundlagen der Dogmatik* I. Neukirchen-Vluyn: Neukirchener Verlag, 1955.

Williams, Daniel D. "Niebuhr and Liberalism." In *Reinhold Niebuhr: His Religious, Social, and Political Thought*. Edited by Charles W. Kegley. New York: The Pilgrim Press, 1984.